Inhalt

DIE ERSTE ERZÄHLUNG

א מעשה
פון א פארלארענער
בת מלך

Vom Verlust der Königstochter

Er sagte: »Auf der Reise habe ich eine Geschichte erzählt, daß jeder, der sie hörte, an Umkehr und Buße dachte.«

Es war einmal ein König, der hatte sechs Söhne und eine Tochter. Die Tochter war ihm besonders teuer. Er liebte sie innig und fand großes Vergnügen an ihr. Eines Tages, als er mit ihr zusammen war, geriet er über sie in Zorn und ihm entfuhren die Worte: »Daß dich der Nicht-Gute hole!«
Zur Nacht ging sie in ihre Kammer, und am Morgen wußte niemand, wo sie war. Ihr Vater war sehr betrübt und suchte sie überall. Als der Stellvertreter des Königs sah, wie sehr sich der König betrübte, erhob er sich und bat, man möge ihm einen Diener, ein Pferd und Geld für die Reise geben. Er zog aus, die Königstochter zu suchen. Er suchte lange Zeit, bis er sie fand.
(Nun erzählt er, wie er sie gesucht, bis er sie gefunden hatte.)
Der Stellvertreter des Königs zog hierhin und dorthin, durch Wüsten, über Felder und in Wälder, und suchte lange nach ihr. Einmal, in einer Wüste, bemerkte er einen Pfad, der seitwärts lief. Er sagte sich: »So lange bin ich schon durch die Wüste gezogen und konnte die Königstochter nicht finden. Darum will ich diesen Pfad einschlagen. Vielleicht werde ich einen bewohnten Ort erreichen.« Lange war er unterwegs. Dann erblickte er eine Burg, die von vielen Soldaten bewacht

war. Die Burg war sehr schön anzuschauen, die Soldaten paradierten aufs ordentlichste. Er fürchtete, sie würden ihn nicht einlassen, doch er beschloß: »Ich will's versuchen.« Er ließ das Pferd zurück und ging zu Fuß hinauf. Er wurde eingelassen, und ohne daß man ihn behindert hätte, schritt er von Kammer zu Kammer. Niemand wehrte ihm, und er gelangte in einen Saal. Dort sah er den König, angetan mit der Krone und umringt von Soldaten. Viele Musikanten spielten vor ihm auf. Alles war wunderschön, und weder der König noch jemand sonst stellte ihm Fragen. Er sah die feinsten Speisen, nahm davon, aß und legte sich in einem Winkel nieder, um zu sehen, was geschehen würde. Er sah, wie der König den Befehl gab, die Königin zu holen. Als sie herbeigeführt wurde, erhob sich lauter Lärm und großer Jubel, und die Musikanten sangen und spielten nach Kräften.
Ein Thronsessel war für sie aufgestellt, und sie wurde neben jenen König gesetzt. Es war die Königstochter. Der Stellvertreter des Königs sah sie und erkannte sie. Die Königin blickte sich um, sah jemanden in einem Winkel liegen und erkannte ihn. Sie erhob sich von ihrem Sessel, trat zu ihm hinüber, berührte ihn und fragte ihn: »Erkennst du mich?« »Ja«, antwortete er, »ich erkenne dich. Du bist die Königstochter, die verlorenging.« Und er fragte sie: »Wie kommst du hierher?« Sie antwortete: »Da meinem Vater, dem König, jene Worte entfuhren. Dies ist der Ort, der nicht gut ist.«
Er erzählte ihr, daß ihr Vater sehr betrübt sei und daß er sie schon jahrelang suche. Er fragte sie: »Wie kann ich dich befreien?« Sie gab ihm zur Antwort: »Du kannst mich nicht befreien – es sei denn, du suchst dir einen Ort, an dem du ein Jahr lang verweilst. Während des ganzen Jahres sollst du dich danach sehnen, mich zu befreien. Wann immer du Zeit haben

wirst, sollst du dich sehnen, sollst wollen und hoffen, mich zu befreien. Du sollst fasten, und am letzten Tag des Jahres sollst du fasten und nicht schlafen von Abend zu Abend.« Er ging und tat, wie sie ihm aufgetragen hatte.
Am Ende des Jahres, am letzten Tag, fastete er und schlief nicht. Dann machte er sich auf zur Burg. Am Weg erblickte er einen Baum, an dem wunderschöne Äpfel wuchsen. Es gelüstete ihn sehr nach ihnen, und er aß. Sobald er aber den Apfel gegessen hatte, fiel er nieder, und Schlaf übermannte ihn. Er schlief lange Zeit. Der Diener schüttelte ihn, konnte ihn aber nicht aufwecken. Schließlich erwachte er von selbst aus dem Schlaf und fragte seinen Diener: »Wo in aller Welt bin ich?« Der erzählte ihm, was geschehen war: »Du schläfst schon lange Zeit. Jahre sind hingegangen, während du schliefst. Ich hab mich von den Früchten ernährt.« Da betrübte der Stellvertreter des Königs sich sehr. Er ging und fand die Königstochter in der Burg. Sie beklagte sich bei ihm und war sehr traurig: »Um eines Tages willen hast du's verwirkt! Wärest du gekommen, du hättest mich befreit! Ja, es ist sehr schwer, nicht zu essen, besonders am letzten Tag, wenn der böse Trieb übermächtig wird. Nun such dir wieder einen Ort, an dem du wieder ein Jahr verweilst. Am letzten Tag magst du wohl essen, doch schlafen darfst du nicht. Und du darfst keinen Wein trinken, damit du nicht schläfst. Denn der Schlaf ist das Wichtigste.« Er ging und tat, wie ihm aufgetragen.
Am letzten Tag des Jahres, schon unterwegs, sah er eine Quelle sprudeln. Ihre Farbe war rot und ihr Geruch der von Wein. Er fragte den Diener: »Hast du das gesehen? Ist das nicht eine Quelle – aber ihre Farbe ist rot und ihr Geruch ist der von Wein!« Ging und probierte davon. Er fiel nieder, schlief ein und schlief viele Jahre, schlief siebzig Jahre lang.

Viele Soldaten marschierten mitsamt ihrem Troß vorüber. Der Diener verbarg sich vor ihnen. Danach kam eine Kutsche, in der die Königstochter saß. Sie hielt an und stieg aus. Sie setzte sich neben den Schlafenden und erkannte ihn. Sie schüttelte und rüttelte ihn, aber er war nicht zu wecken. Da begann sie über ihn zu klagen: »Die vielen Mühen und die langen Leiden, Jahr um Jahr, während du dich darum mühst, mich zu befreien! Um des einen Tages willen, an dem du mich hättest befreien können, hast du's verwirkt.« Sie weinte bitterlich und sprach: »Groß ist der Jammer – wie schade um dich und um mich! Seit so langer Zeit schon bin ich da und kann nicht fort.«
Sie nahm das Tuch von ihrem Kopf, beschrieb es mit Tränen und legte es neben ihn nieder. Sie stand auf, setzte sich in die Kutsche und fuhr davon. Bald darauf erwachte er und fragte den Diener: »Wo in aller Welt bin ich?« Der erzählte ihm, was geschehen war, daß viele Soldaten vorbeimarschiert seien, daß die Kutsche dagewesen und daß die Königstochter über ihn geweint habe. Und daß sie gerufen habe: »Es ist ein großer Jammer – wie schade um dich und um mich!« und so fort. Indessen blickte er sich um, sah das Tuch neben sich liegen und fragte: »Woher ist das?« Der Diener antwortete: »Sie hat's zurückgelassen und mit ihren Tränen darauf geschrieben.« Er nahm das Tuch und hob es gegen die Sonne; da begann er die Buchstaben zu sehen und las, was geschrieben stand – ihr Klagen und ihr Schreien und daß sie nicht länger mehr in der Burg sei. Er solle vielmehr einen goldenen Berg und ein Perlenschloß suchen: »Dort wirst du mich finden.«
Da ließ er den Diener zurück und machte sich allein auf den Weg, sie zu suchen. Viele Jahre war er schon auf der Suche, als er sich dachte: »An bewohntem Ort ist ganz gewiß kein gol-

dener Berg und kein Perlenschloß zu finden« – er kannte sich auf den Landkarten wohl aus –, »also will ich in die Wüsten gehen und sie dort suchen.« Er machte sich auf in die Wüstenei, um sie dort zu suchen, viele Jahre lang. Da traf er auf einen Mann, der war unmenschlich groß und trug einen Baum, so groß, wie's keinen Baum an bewohntem Ort je gegeben. Der Mann fragte ihn: »Wer bist du?« Er antwortete: »Ich bin ein Mensch.« Da verwunderte sich der Riese sehr und sprach: »Ich bin schon so lange in dieser Wüste und hab doch noch nie einen Menschen hier gesehen.« Er erzählte dem Riesen die ganze Geschichte und daß er einen goldenen Berg und ein Perlenschloß suche. Der Riese antwortete: »Das gibt es nicht, das ist sicher.« Und wies ihn ab und sagte: »Da hat man dir etwas weisgemacht, denn so etwas gibt es sicher nicht.« Da begann der Stellvertreter des Königs zu weinen: »Doch, das gibt es! Irgendwo muß es das geben!« Jener wies ihn abermals ab: »Da hat man dir eine Torheit eingeredet.« Doch er erwiderte: »Gewiß doch, irgendwo existiert es!« Der Riese sagte: »Meiner Meinung nach ist das Unsinn. Doch weil du so sehr darauf beharrst, will ich dir helfen. Ich bin gesetzt über alle Tiere auf der Erde, dir zuliebe will ich sie zusammenrufen. Sie durchstreifen die ganze Welt. Vielleicht weiß eines von dem Berg und von dem Schloß.« Er rief alle Tiere herbei, große wie kleine, und befragte sie. Doch alle gaben zur Antwort, sie hätten's nicht gesehen. Da sagte der Riese: »Siehst du, man hat dir eine Torheit eingeredet. Wenn du auf mich hörst, kehrst du um. Du wirst nichts finden, das gibt es nicht auf der Welt.« Der Stellvertreter des Königs aber blieb beharrlich und sagte: »Doch, das muß es geben!« Da sagte der Riese zu ihm: »Ich habe einen Bruder in der Wüste. Der ist gesetzt über alle Vögel. Vielleicht wissen die, die hoch in den Lüften fliegen, etwas, vielleicht haben sie den Berg und das Schloß gesehen. Geh zu ihm und sag ihm, ich hätte dich geschickt.«

Er war Jahre auf der Suche. Und wieder traf er auf einen riesengroßen Mann. Auch der trug einen sehr großen Baum und fragte ihn, wie ihn der erste gefragt hatte. Der Stellvertreter des Königs gab ihm die ganze Geschichte zur Antwort und sagte, daß sein Bruder ihn zu ihm geschickt habe. Doch auch dieser Riese wies ihn ab: »So etwas gibt es nicht.« Der Stellvertreter des Königs drang sehr in ihn und beharrte darauf, daß es das gebe. Da sagte der zu ihm: »Ich bin gesetzt über alle Vögel. Ich will sie rufen, vielleicht, daß sie's wissen.« Und er rief alle Vögel und befragte sie alle, große wie kleine. Doch alle gaben zur Antwort, sie wüßten nichts von dem Berg und dem Schloß. Der Riese sagte ihm: »Siehst du, das gibt es nicht auf der Welt. Wenn du auf mich hörst, kehrst du um, das gibt es nicht.« Doch er beharrte darauf und erwiderte: »Doch, das gibt es auf der Welt!« Jener sagte: »Tiefer in der Wüste, da lebt mein Bruder. Der ist gesetzt über alle Winde. Sie wehen über die ganze Welt, vielleicht wissen sie's.«

Er suchte jahrelang. Wieder fand er einen riesigen Mann, der einen sehr großen Baum trug und ihn wie die anderen befragte. Auch dem antwortete er mit der ganzen Geschichte, und auch der wies ihn ab. Aber der Stellvertreter des Königs bat ihn inständig. Der Riese sagte, er wolle ihm zuliebe alle Winde zusammenrufen und sie fragen. Alle befragte er. Keiner wußte von dem Berg und dem Schloß. Da sprach er zu ihm: »Siehst du, man hat dir Unsinn erzählt!« Da begann er heftig zu weinen und sagte: »Ich weiß es, gewiß gibt es den Berg und das Schloß!« Indessen sah er, daß noch ein Wind eintraf. Der über ihn gesetzt war, zürnte: »Warum kommst du zu spät? Hab ich nicht befohlen, daß alle Winde kommen sollten?

Warum bist du nicht mit ihnen gekommen?!« Der Wind gab zur Antwort: »Ich habe mich verspätet, weil ich eine Königstochter auf einen goldenen Berg mit einem Perlenschloß tragen mußte.« Und er freute sich sehr.

Der, der allen Winden gebot, fragte den Wind: »Was ist dort teuer?« »Alles ist dort teuer!« Er wandte sich an den Stellvertreter des Königs und sagte zu ihm: »Da du so lange Zeit nach ihr suchst und so viele Mühen auf dich genommen hast und damit dir jetzt nicht des Geldes wegen ein Hindernis in den Weg tritt, will ich dir ein Gefäß geben. Wenn du die Hand hineinsteckst, kannst du ihm Geld entnehmen.« Dann gebot er dem Wind, ihn dorthin zu tragen. Der Sturmwind kam, trug ihn dorthin und brachte ihn vor das Tor. Soldaten standen davor und verwehrten ihm den Zugang.

Er streckte die Hand in das Gefäß, bestach die Soldaten und betrat die Stadt. Es war eine schöne Stadt. Bei einem reichen Bürger nahm er Kost und Wohnung, denn er würde sich dort länger aufhalten müssen und klug und weise zusehen, wie er sie befreien könnte.

Und wie er sie befreit hat, das hat er nicht erzählt.

Endlich hat er sie befreit.

DIE ZWEITE ERZÄHLUNG

א מעשה

פון א מלך און א קיסר

Von Kaiser und König

Es war einmal ein Kaiser, der hatte keine Kinder. Auch einen König gab es, der ohne Kinder war.
Der Kaiser begab sich auf Reisen, um in der Welt Rat oder Mittel zu finden, wie er Kinder bekommen könnte. Der König tat desgleichen, und so geschah es, daß beide in derselben Herberge abstiegen, ohne einander zu kennen.
Doch der Kaiser erkannte das königliche Benehmen des anderen und befragte ihn, und der gab zu, ein König zu sein. Auch der König erkannte des Kaisers herrscherliche Art, und der bekannte, ein Kaiser zu sein. Da erzählten sie einander, daß sie auf Reisen seien, um Kinder haben zu können. Sie gaben einander das Versprechen: Wenn sie nach Hause kommen und ihre Frauen einen Knaben und ein Mädchen zur Welt brächten, würden sie diese miteinander vermählen.
Der Kaiser reiste heim und bekam eine Tochter. Der König reiste heim und bekam einen Sohn. Aber das Versprechen ward vergessen. Der Kaiser sandte seine Tochter zum Studium; ebenso der König seinen Sohn. So kam es, daß die beiden sich bei demselben Lehrer begegneten. Sie gewannen einander sehr lieb und wurden sich einig zu heiraten. Der Königssohn nahm einen Ring, gab ihn an ihre Hand, und sie heirateten einander.
Später schickte der Kaiser nach seiner Tochter und ließ sie heimkommen; auch der König hieß seinen Sohn nach Hause kommen. Der Tochter des Kaisers wurden sehr gute Partien

angetragen, doch sie wies wegen ihrer Verbindung mit dem Sohn des Königs alle ihre Freier ab. Der Sohn des Königs sehnte sich sehr nach ihr. Auch die Tochter des Kaisers war stets traurig. Der Kaiser pflegte mit ihr durch seine Hallen und Höfe zu wandeln und ihr so ihre Größe zu zeigen, doch sie blieb traurig.

Der Sohn des Königs sehnte sich so sehr nach ihr, daß er krank wurde, und wann immer man ihn auch fragte: «Warum bist du krank?« wollte er's nicht sagen. Da wurde sein Diener gefragt: »Vielleicht kannst du es uns erklären?« Der Diener sagte ihnen, er wisse es, denn er hatte ihm dort gedient, wo er studiert hatte, und er erzählte ihnen die Geschichte.

Da erinnerte sich der König, daß er vor langer Zeit mit dem Kaiser einen Heiratsvertrag geschlossen hatte. Er sandte eine Botschaft an den Kaiser, er möge die Hochzeit vorbereiten, da sie vor langer Zeit einen Heiratsvertrag geschlossen hätten. Doch der Kaiser wollte die Verbindung nicht mehr, wagte es aber nicht, sich zu weigern, und antwortete dem König, er solle seinen Sohn zu ihm senden, und man würde sehen, ob er fähig sei, Regierungsgeschäfte zu führen. Wenn ja, dann wolle er ihm seine Tochter zur Frau geben. Der König sandte seinen Sohn zu ihm, und der Kaiser ließ ihn in ein Zimmer setzen und ihm Akten von Staatsgeschäften geben, um zu sehen, ob er das Land regieren könnte.

Der Sohn des Königs sehnte sich sehr danach, die Tochter des Kaisers zu sehen, aber es war ihm unmöglich. Einmal ging er an einer Spiegelwand entlang, erblickte sie darin und wurde ohnmächtig. Sie kam zu ihm, richtete ihn auf und beteuerte, sie wolle keine andere Partie, da sie ihm verbunden sei. Er fragte sie: »Was sollen wir denn tun? Dein Vater will es doch nicht!« Aber sie entgegnete: »Dennoch!«

Sie beschlossen, fort übers Meer zu fahren, mieteten ein Schiff, stachen in See und segelten übers Meer. Nach einiger Zeit wollten sie wieder an ein Ufer gelangen. Sie erreichten eine bewaldete Küste. Sie gingen in den Wald, und die Tochter des Kaisers zog den Ring von ihrer Hand, gab ihn ihm und legte sich schlafen. Als der Sohn des Königs später sah, daß sie bald erwachen würde, legte er den Ring neben sie.
Sie waren aufgestanden und schon zum Schiff unterwegs, als sie bemerkte, daß sie den Ring vergessen hatten, und sie sandte ihn, den Ring zu holen. Er kehrte um, konnte aber den Ort nicht mehr finden. Er ging an einen anderen Ort und konnte auch dort den Ring nicht finden. So ging er von Ort zu Ort und suchte nach dem Ring, bis er sich verirrt hatte und nicht mehr zurückfand. Sie begann ihn zu suchen, und auch sie verirrte sich.
Je weiter er ging, desto tiefer geriet er in die Irre. Dann stieß er auf einen Weg, der ihn in eine Siedlung führte. Da er nicht wußte, was tun, verdingte er sich als Knecht.
Auch sie wanderte umher und geriet in die Irre. Da beschloß sie, am Meer zu bleiben, und begab sich an die Küste. Da gab es Obstbäume, und so ließ sie sich dort nieder. Tagsüber ging sie an die Küste, weil sie dort auf Vorbeiziehende zu treffen hoffte, und lebte von Früchten. Des Nachts stieg sie auf einen Baum, um sich vor den wilden Tieren zu schützen.
Zu jener Zeit lebte ein unermeßlich reicher Kaufmann, der auf der ganzen Welt Handel trieb. Er hatte einen einzigen Sohn. Der Kaufmann war schon alt. Einmal sagte der Sohn zum Vater: »Da du schon alt bist, ich aber noch jung und deine Handelsagenten mich nicht respektieren, weiß ich nicht, was ich tun soll, wenn du stirbst und ich allein zurückbleibe. Gib mir ein Schiff mit Waren, und ich will zur See fahren, um Erfah-

rungen im Handel zu sammeln.« Da gab ihm sein Vater ein Schiff voll mit Waren. Er fuhr in fremde Länder, verkaufte die Waren, kaufte neue und war sehr erfolgreich dabei.
Während er so zur See fuhr, erblickte er die Bäume an der Küste, wo die Tochter des Kaisers lebte. Die Seeleute dachten, es sei eine Siedlung, und wollten landen. Als sie näher kamen, erkannten sie, daß dort nur Bäume standen, und wollten wieder umkehren. In diesem Augenblick blickte der Sohn des Kaufmanns ins Meer und sah dort einen Baum und in seiner Krone etwas wie einen Menschen. Weil er dachte, er irre sich, sagte er's den Männern, die bei ihm waren; sie blickten auch hin und sahen auch etwas wie einen Menschen in der Krone des Baums. Sie beschlossen, näher heranzufahren, und schickten einen Mann in einem Boot hinüber. Und sie schauten aufs Meer, um den Mann im Boot zu lenken, damit der nicht die Richtung verlöre, sondern geradewegs zu jenem Baum gelangte. Als er zu dem Baum kam, sah er in ihm einen Menschen sitzen und rief ihnen das zu.
Da fuhr der Sohn des Kaufmanns selbst hin und sah, daß sie, die Tochter des Kaisers, dort saß, und bat sie herunterzusteigen. Sie antwortete ihm, sie würde sein Schiff nur betreten, wenn er ihr verspreche, sie nicht zu berühren, bis sie in seine Heimat gelangt und in allen Ehren geheiratet hätten. Das versprach er ihr. Als sie auf seinem Schiff war, sah er, daß sie Musikinstrumente spielen und viele Sprachen sprechen konnte. Er freute sich, sie gefunden zu haben.
Als sie seiner Heimat schon nahe gekommen waren, sagte sie ihm, es sei doch angebracht, daß er vorausziehe und seinen Vater, seine Verwandten und alle guten Freunde benachrichtige. Alle sollten sie willkommen heißen, da er eine so besondere Frau heimführe. Dann würde er auch erfahren, wer sie

sei. (Sie hatte zuvor schon verlangt, daß er erst nach der Hochzeit frage, wer sie sei. Erst dann solle er es erfahren.) Er stimmte ihr zu. Auch sagte sie zu ihm: »Es ist wohl angebracht, daß du alle Matrosen, die das Schiff segeln, trunken machst, damit sie erfahren, mit welch einer Frau ihr Kaufherr Hochzeit feiern wird.« Er stimmte ihr zu und nahm den besten Wein, den er an Bord hatte, gab den Matrosen davon, und sie betranken sich sehr. Er zog heim, seinem Vater und seinen Freunden Mitteilung zu machen. Die Seeleute betranken sich, verließen das Schiff, fielen betrunken um und blieben liegen.

Während sich die ganze Familie vorbereitete, sie zu empfangen, machte sie das Schiff vom Ufer los, setzte Segel und stach in See. Des Kaufmanns Familie begab sich zum Hafen, fand aber nichts.

Der Kaufmann war voll Zorn über seinen Sohn. Der Sohn schrie: »Glaub mir's! Ich habe ein Schiff voll Waren gebracht, usw. . . .« Aber sie sahen nichts, und er sagte ihnen: »Fragt doch die Matrosen!« Doch die lagen betrunken da. Als sie wieder nüchtern waren, befragte er sie, aber sie wußten nicht, wie ihnen geschehen war. Sie wußten nur, daß sie ein Schiff mit vielen Waren gebracht hatten, doch wo es war, wußten sie nicht. Der Kaufmann war zornig über seinen Sohn und verjagte ihn aus seiner Heimat, damit er ihm nicht mehr vor die Augen käme.

So wurde der Sohn des Kaufmanns zum Flüchtling und Wanderer. Und die Tochter des Kaisers befuhr die Meere.

Zu jener Zeit gab es einen König, der baute sich Paläste am Meer, denn er liebte die Meereswinde und den Anblick der vorbeiziehenden Schiffe. Die Tochter des Kaisers fuhr übers Meer und kam in die Nähe des Palastes dieses Königs. Der König blickte hinaus und sah ein Schiff ohne Ruder und an Bord keinen Mann. Er glaubte sich zu irren, und befahl seinen Leuten nachzusehen, aber auch sie sahen das gleiche. Als die Tochter des Kaisers dem Palast nahe gekommen war, dachte sie: »Was soll mir der Palast?« So wendete sie das Schiff, aber der König schickte nach ihr aus und ließ sie zu sich führen.

Der König hatte keine Frau, denn er konnte keine finden. Wollte er eine, so wollte die ihn nicht und umgekehrt.

Als die Tochter des Kaisers vor ihn kam, verlangte sie von ihm, er solle ihr schwören, sie nicht zu berühren, bis er sie zur rechtmäßigen Ehefrau genommen habe. Er schwor's ihr. Sie sagte ihm auch, es gehöre sich, daß er ihr Schiff weder öffne noch antaste, daß es vielmehr bis zur Hochzeit auf dem Meere bliebe. Dann werde jedermann sehen, wieviel Waren sie gebracht, und niemand könne sagen, er habe irgendeine gewöhnliche Frau genommen. Er versprach ihr auch dies. Allen Ländern gab der König kund, daß sie zu seiner Hochzeit kommen sollten. Und er ließ Paläste für sie bauen.

Sie verlangte, man solle ihr elf junge Damen zuführen, damit sie ihr Gesellschaft leisteten. So befahl es der König, und elf Damen wurden zu ihr gesandt, Töchter vornehmer Fürsten, und für jede von ihnen wurde ein eigener Palast erbaut. Auch sie selbst hatte ihren eigenen Palast. Dort versammelten sich alle, um Musik zu machen und mit ihr zu spielen.

Einmal sagte sie zu ihren Damen, sie wolle mit ihnen auf dem Meer segeln. Sie gingen mit ihr und spielten dort. Sie sagte auch, sie wolle ihnen von dem guten Wein vorsetzen, den sie an Bord habe. Sie gab ihnen davon zu trinken, die Damen wurden trunken, fielen um und blieben liegen. Sie ging hin, machte das Schiff vom Anker los, setzte die Segel und floh mit dem Schiff.

Der König und seine Leute schauten aufs Meer, sahen, daß das

Schiff verschwunden war, und waren äußerst bestürzt. Der König sagte: »Gebt acht und sagt ihr das nicht unversehens, denn ihr Kummer über das kostbare Schiff wird sehr groß sein. Vielleicht denkt sie auch, ich hätte das Schiff jemand anderem gegeben! Schickt darum eine ihrer Damen zu ihr, damit sie es ihr schonend mitteile.« Man ging in eine ihrer Kammern und fand niemanden; dann in eine zweite, und so in alle elf Kammern, fand aber niemanden. Da kam man überein, des Nachts eine alte Edeldame zu ihr zu schicken. Die ging zu ihrer Kammer, aber dort war niemand, und alle waren sehr bestürzt.

Die Väter der Damen sahen, daß sie von ihren Töchtern keine Nachrichten mehr erhielten. Sie sandten Briefe, doch gab niemand Antwort. So kamen sie selbst, fanden aber keine von ihren Töchtern. Sie gerieten in Zorn und wollten den König (an einen Ort für die zum Tode Verurteilten) verbannen, denn sie waren die Vornehmen des Reiches. Doch sie besannen sich: »Ist der König so schuldig, daß er solche Verbannung verdiente? Er ist das Opfer höherer Gewalt!« Sie beschlossen, ihn der Herrschaft zu entheben und zu verstoßen. Entlassen und verstoßen zog er davon.

Die Tochter des Kaisers, die sich mit den elf Damen davongemacht hatte, segelte weiter. Nach einer Weile wachten ihre Damen auf und begannen zu spielen wie zuvor, weil sie nicht wußten, daß das Schiff längst die Küste verlassen hatte. Dann sagten sie zu ihr: »Laß uns heimkehren.« Sie antwortete ihnen: »Laßt uns noch etwas länger bleiben.« Nach einer Weile kam ein Sturmwind auf, und sie sagten wieder: »Laß uns heimkehren.« Da teilte sie ihnen mit, daß das Schiff schon längst die Küste verlassen hätte. Sie fragten, warum sie das getan habe. Sie sagte, sie habe befürchtet, wegen des Sturms

könne das Schiff zerbrechen, und darum hätte sie so handeln müssen.
So fuhren sie übers Meer, die Tochter des Kaisers mitsamt den elf Damen, und spielten ihre Instrumente. Sie gelangten vor einen Palast, und die Damen sagten: »Laß uns dorthin fahren«, doch sie lehnte das ab und sagte, sie bedauere es, den Palast jenes Königs, der sie heiraten wollte, angesteuert zu haben.
Später sahen sie etwas wie eine Insel im Meer und fuhren darauf zu. Auf der Insel waren zwölf Räuber, die wollten die Frauen töten. Sie fragte: »Wer ist der Größte unter euch?« Den zeigte man ihr, und sie sprach zu ihm: »Was tut ihr?« Er sagte ihr, sie seien Räuber. Sie sagte: »Auch wir sind Räuber. Seid ihr es mit eurer Kraft, sind wir es mit unserer Klugheit, denn wir sprechen Sprachen und spielen Instrumente. Was hättet ihr davon, uns umzubringen? Besser, ihr heiratet uns und werdet so auch unseren Reichtum besitzen.« Und sie zeigte ihnen, was das Schiff geladen hatte. Den Räubern gefiel ihre Rede, und sie zeigten den Frauen ihre Schätze und führten sie in ihr Versteck. Sie kamen überein, nicht alle auf einmal zu heiraten, vielmehr einer nach dem anderen, und jeder würde sich nach seinem Rang die passende Dame wählen. Später sagte sie den Räubern, sie wolle ihnen den guten Wein, den sie an Bord habe, vorsetzen, von dem sie aber noch nie gekostet habe, weil er für den Tag verwahrt werden sollte, an dem Gott ihr den vorbestimmten Partner zuführen würde. Sie reichte ihnen den Wein in zwölf Bechern und bat einen jeden, auf alle zwölf zu trinken. Sie tranken, wurden betrunken und fielen vornüber. Da rief sie ihren Damen zu: »Nun geht hin und tötet eure Männer!« Sie töteten sie alle. Sie fanden unermeßliche Schätze, wie sie bei keinem König der Erde zu finden sind. Sie beschlossen, weder Kupfer noch Silber zu nehmen, sondern

nur Gold und Juwelen. Sie warfen alles über Bord, was ihnen nicht wichtig war, und beluden das ganze Schiff mit den wertvollsten Dingen, dem Gold und den Juwelen, die sie gefunden hatten. Auch beschlossen sie, sich nicht länger wie Frauen zu kleiden. Sie nähten sich Männerkleider nach deutscher Mode und segelten wieder davon.

Zur selben Zeit trug es sich zu, daß ein alter König lebte; er hatte einen einzigen Sohn, den verheiratete er und übergab ihm sein Reich. Einmal sagte der Prinz zu seinem Vater, er wolle mit seiner Frau auf dem Meer segeln, damit sie sich an die Meeresluft gewöhne, für den Fall, daß sie jemals, behüte!, übers Meer fliehen müßten. Der Prinz, seine Frau und seine Minister bestiegen ein Schiff, waren sehr ausgelassen und rissen Possen. Sie beschlossen, ihre Kleider auszuziehen. Als sie nichts weiter auf dem Leib hatten als das Hemd, versuchten einige, ob sie auf den Mast klettern könnten. Dem Prinzen gelang es, den Mast zu erklimmen.
Indessen war die Tochter des Kaisers mit ihrem Schiff in die Nähe gekommen und sah das Schiff des Prinzen. Zuerst hatte sie Angst heranzusegeln. Dann, als sie etwas näher gekommen war, sah sie, daß es dort sehr ausgelassen zuging und daß es keine Räuber waren. Sie fuhr noch näher heran und sagte ihren Leuten: »Ich kann den Kahlschädel ins Meer werfen!« (Der Prinz, der den Mast erklettert, war kahlköpfig.) Sie sagten zu ihr: »Wie sollte das möglich sein? Wir sind noch weit entfernt!« Sie antwortete, sie habe ein Brennglas, mit dem werde sie ihn hinabwerfen. Doch sie wollte ihn nicht hinabstoßen, bevor er die Spitze des Mastbaums erreicht hatte. Wenn er erst in der Mitte wäre, würde er aufs Deck fallen, von der Mastspitze aber würde er ins Meer stürzen. Sie wartete, bis er die

Spitze erreicht hatte, nahm ihr Brennglas und richtete es so lange auf seinen Kopf, bis sein Hirn verbrannte und er ins Meer stürzte. Als die auf dem Schiff des Prinzen sahen, daß er abgestürzt war, erhob sich großes Wehgeschrei, denn wie würden sie nun nach Haus zurückkehren können? Der König würde vor Kummer sterben! Sie beschlossen, sich dem Schiff zu nähern, das sie gesehen hatten, denn auf ihm mochte ein Doktor sein, der ihnen raten könnte. Sie näherten sich dem Schiff und riefen der Mannschaft zu, sie sollten nichts befürchten, sie würden ihnen nichts antun. Sie fragten: »Gibt es unter euch wohl einen Doktor, der uns helfen kann?« Und sie erzählten ihnen, wie der Prinz ins Meer gestürzt war.
Die Tochter des Kaisers riet ihnen, den Prinzen aus dem Meer zu ziehen. Das wollten sie tun, fanden ihn und zogen ihn heraus. Sie fühlte seinen Puls und sagte: »Das Hirn ist ihm verbrannt.« Sie rissen ihm das Hirn auf und fanden, wie sie gesagt hatte. Sie staunten sehr, daß der Doktor (des Kaisers Tochter) so treffend gesprochen hatte. Sie baten, er solle doch mit ihnen heimkehren, des Königs Leibarzt werden und große Berühmtheit erlangen. Sie wollte aber nicht und sagte, daß sie gar kein Doktor sei, sondern nur derlei Dinge wisse.
Die Leute auf dem Schiff des Prinzen wollten nicht heimkehren, und so setzten die Schiffe ihre Fahrt gemeinsam fort. Die Minister kamen auf den Gedanken, daß ihre Königin (die Witwe des Prinzen) den Doktor heiraten sollte, der großen Weisheit wegen, die sie an ihm gefunden hatten. Sie wollten, daß er ihr neuer König würde, und waren bereit, ihren alten König zu töten. Es war ihnen nicht angenehm, der Königin zu sagen, sie solle einen Doktor heiraten, aber der gefiel es sehr, diesen Doktor zu heiraten. Sie fürchtete nur, das Land würde ihn nicht zum König haben wollen.

Sie kamen überein, auf ihren Schiffen Banketts zu veranstalten, so daß sie beim Trinken, in einem weinseligen Augenblick, die Angelegenheit besprechen könnten. Sie gaben Banketts, jeder an einem bestimmten Tag. Als der Tag des Doktors (d. i. der Tochter des Kaisers) gekommen war, gab er ihnen von seinem Wein, und sie wurden betrunken. In einem Augenblick bester Stimmung nahmen die Minister das Wort: »Wie hübsch wär's doch, wenn die Königin den Doktor heiraten würde!« Und der Doktor sprach: »Wie hübsch wär's, wenn sie darüber mit einem Munde reden würden, der nicht betrunken ist!« Auch die Königin nahm das Wort: »Es wäre sehr hübsch, wenn ich den Doktor zum Mann nehmen könnte, nur müßte das Land zustimmen.« Der Doktor nahm wieder das Wort: »Wie hübsch wär's, wenn sie darüber mit einem Munde reden würde, der nicht betrunken ist!« Später, als sie alle wieder nüchtern waren, erinnerten sich die Minister an ihre Äußerungen, und es war ihnen wegen der Königin unangenehm, daß sie so etwas gesagt hatten. Aber sie überlegten: »Die Königin hat es selbst auch gesagt.« Und der Königin war es der Minister wegen unangenehm, doch sie überlegte: »Sie haben es auch gesagt . . .« So begannen sie, sich zu besprechen und alles miteinander auszumachen. Sie stimmte zu, den Doktor zu heiraten, und alle kehrten in die Heimat der Königin zurück.

Als das Volk sie erblickte, jubelte es, denn es war lange her, daß der Prinz davongesegelt war. Sie wußten nicht, wo er geblieben war, und der alte König war vor ihrer Rückkehr gestorben. Dann bemerkten die Leute, daß der Prinz, der nun ihr König geworden war, nicht unter den Zurückgekehrten war. Sie fragten: »Wo ist unser König?« Die Seefahrer erzählten ihnen, daß er gestorben sei und sie bereits einen neuen König

angenommen hätten, der mit ihnen gekommen sei. Und das Volk war sehr glücklich, gleich einen neuen König zu haben.
Der König, des Kaisers Tochter, befahl, in allen Ländern zu verkünden, daß jeder, gleich wer er sei, zu seiner Hochzeit kommen solle: Wanderer und Heimatlose, Flüchtlinge und Vertriebene. Niemand dürfe fehlen, und jeder werde reiche Geschenke erhalten. Auch ließ der König Brunnen um die ganze Stadt herum anlegen, damit man nicht weit gehen müßte, wenn man trinken wollte; jeder sollte einen Brunnen in seiner Nähe finden. Bei jedem Brunnen ließ der König sein Abbild zeichnen und Wächter aufstellen. Sie sollten diejenigen festnehmen, die das Bild sehr aufmerksam betrachteten und die Stirne runzelten. So geschah es.
Es kamen alle drei: der erste Königssohn (der wahre Bräutigam der Tochter des Kaisers, die König geworden war) und der Kaufmannssohn (verstoßen von seinem Vater, da die Kaisertochter mit dem Schiff und all seinen Waren geflohen war) und der König, den man seines Königreichs enthoben hatte (da sie mit den elf Damen geflüchtet war). Jeder der drei erkannte ihr Bild. Sie betrachteten es, erinnerten und härmten sich. Also nahmen die Wächter sie gefangen.
Während der Hochzeitsfeierlichkeiten ließ der König die Gefangenen vorführen. Man brachte die drei, und sie erkannte sie. Die aber erkannten sie nicht, da sie wie ein Mann gekleidet war. Die Tochter des Kaisers ergriff das Wort und sprach: »Du, König, wurdest deiner Herrschaft enthoben wegen jener elf Damen, die verlorengingen. Hier sind deine Damen. Kehr zurück in dein Land und zu deinem Königtum.
Du, Kaufmann, wurdest von deinem Vater wegen des Schiffs und der Waren, die verlorengingen, verstoßen. Hier ist das Schiff mit allen Waren. Und weil dein Geld so lange ausstand,

sind nun in deinem Schiff doppelt und dreifach so viel Schätze wie zuvor.
Und du, Königssohn (d.i. ihr wahrer Bräutigam), komm her!
Auf, laß uns heimfahren.«
Und sie kehrten in ihre Heimat zurück.

DIE DRITTE ERZÄHLUNG

א מעשה פון א הינקענדיגען

Vom Lahmen

Es war einmal ein weiser Mann, der rief vor seinem Tode alle seine Kinder und Verwandten zu sich. Er trug ihnen als Vermächtnis auf, Bäume zu wässern: »Für euren Lebensunterhalt mögt ihr auch auf andere Weise sorgen, sollt aber immer bemüht sein, dies eine zu tun: Bäume zu wässern.«
Darauf starb der Weise. Unter den Kindern, die er hinterließ, war auch ein Sohn, der nicht gehen konnte. Wohl konnte er stehen, doch nicht gehen. Seine Brüder versorgten ihn mit dem, was er zum Leben brauchte, und gaben ihm so viel, daß ihm davon etwas übrigblieb. Nach und nach hatte er vom Übriggebliebenen eine erkleckliche Summe gespart. Da dachte er bei sich: »Was soll ich mich von ihnen versorgen lassen! Besser wär's, ich finge an, selbst Handel zu treiben.« Obwohl er nicht gehen konnte, entschloß er sich, einen Wagen, einen verläßlichen Diener und einen Kutscher zu mieten, um mit ihnen nach Leipzig zu reisen und dort Geschäftsverbindungen anzuknüpfen, auch wenn er nicht gehen konnte. Als seine Familie davon hörte, war sie erfreut, und es hieß: »Wozu sollten wir ihn ernähren. Besser, wenn er selbst für seinen Lebensunterhalt sorgt.« Sie liehen ihm noch einiges Geld dazu, damit er ins Geschäft kommen könnte.
Er ging daran, seinen Plan auszuführen, mietete einen Wagen, stellte einen Diener und einen Kutscher ein und begab sich auf die Reise. Als sie bei einem Rasthaus anlangten, schlug der Diener vor, die Nacht dort zu verbringen, doch der Lahme lehnte ab. So sehr sie ihn auch drängten, er weigerte sich ent-

schieden. Sie fuhren weiter und verirrten sich in einem Wald. Da fielen Räuber über sie her.
Mit diesen Räubern hatte es seine besondere Bewandtnis: Als einmal Hungersnot herrschte, kam ein Mann in die Stadt und verkündete, wer zu essen haben wolle, der solle zu ihm kommen. Viele kamen. Er sah sie sich sehr genau an, und alle, die er nicht würde brauchen können, wies er wieder ab. Zu dem einen sagte er: »Du kannst ein Handwerk lernen.« Zu einem anderen: »Du kannst in einer Mühle arbeiten.« Er suchte sich nur die klügsten Burschen aus, zog mit ihnen in den Wald und machte ihnen den Vorschlag, Räuber zu werden: »Hier führen die Wege nach Leipzig, nach Breslau und nach anderen Städten vorbei. Hier reisen die Kaufleute durch. Die rauben wir aus und kommen zu Geld.«
Diese Räuber also fielen über sie her. Der Kutscher und der Diener, die laufen konnten, liefen davon. Er aber blieb auf dem Wagen sitzen. Die Räuber kamen, nahmen ihm die Kassette weg und fragten ihn: »Was sitzt du da herum?« Er erwiderte, er könne nicht gehen. Da raubten sie ihm das Geld und die Pferde. Er blieb auf dem Wagen zurück.
Der Diener aber und der Kutscher sagten sich: »Wozu sollten wir nach Hause zurückkehren?« Sie hatten im voraus bezahlte Aufträge adliger Herren bei sich – da würden sie womöglich in Ketten gelegt werden. Besser, sie blieben da, wo sie jetzt waren, und würden Diener und Kutscher bei anderen.
Er aber, der nicht gehen konnte und auf dem Wagen geblieben war, lebte von dem Mundvorrat, den er von zu Hause mitgenommen hatte, bis alles aufgebraucht war. Er hatte nichts mehr zu essen und fragte sich, was tun. Er ließ sich vom Wagen hinunterfallen und lebte vom Gras. Er nächtigte allein auf dem Feld. Vor Angst verließen ihn die Kräfte, so daß er nicht ein-

mal mehr stehen, nur noch kriechen konnte. Er aß das Gras in seinem Umkreis, so weit er um sich langen und es erreichen konnte. Dann, als das Gras um ihn herum aufgezehrt war, kroch er weiter und hatte wieder zu essen. Für geraume Zeit lebte er so vom Gras.
Einmal geriet er an ein Kraut, wie er es noch nie gesehen hatte. Es mundete ihm sehr, er hatte nun lange von Kräutern gelebt und kannte sie, aber dieses Kraut hatte er noch nie gesehen. Er beschloß es mitsamt der Wurzel auszureißen. Da war unter der Wurzel ein Diamant. Dieser Diamant hatte vier Seiten, jede mit einer ganz besonderen Eigenschaft. Auf einer Seite stand geschrieben: Wer ihn an dieser Seite faßt, den wird es dahin tragen, wo Tag und Nacht zusammenkommen, das ist, wo Sonne und Mond einander treffen. Wie er das Kraut mit seiner Wurzel herauszog, bekam er den Stein an dieser Seite zu fassen. Der Stein trug ihn fort, dahin, wo Tag und Nacht sich treffen. Er schaute sich um, und siehe da, schon hört er, wie Sonne und Mond miteinander reden.
Die Sonne klagte dem Mond: »Es gibt einen Baum voller Zweige, Früchte und Blätter. Jeder Zweig, jede Frucht und jegliches Blatt besitzt eine besondere Eigenschaft. Eins ist gut gegen Kinderlosigkeit, ein anderes gut für den Lebensunterhalt. Jenes bewirkt Heilung bei dieser und wieder ein anderes bei jener Krankheit. Alles an diesem Baum ist für irgend etwas gut. Doch man hätte diesen Baum wässern müssen. Würde man ihn wässern, so wäre er sehr wirksam. Doch nicht genug, daß ich ihn nicht bewässere, ich scheine auf ihn und lasse ihn vertrocknen.«
Da antwortete der Mond und sagte: »Was kümmerst du dich um anderer Leute Sorgen! Ich will dir meine Sorgen erzählen. Ich habe tausend Berge und um die herum noch einmal tau-

send Berge. Das ist der Ort, an dem die Dämonen hausen: Dämonen mit Hühnerbeinen und darum ohne Kraft in ihren Beinen. Sie saugen mir die Kraft aus den Beinen, so daß ich völlig kraftlos bin. Ich habe einen Staub, der meinen Beinen guttäte – doch es weht ein Wind, der trägt ihn fort.«
Die Sonne sagte: »Ach, das macht dir Sorge! Ich will dir von einem Heilmittel erzählen. Es gibt einen Weg, von dem viele Wege ihren Ausgang nehmen. Einer ist der Weg der Zaddikim. Auf ihm schüttet man dem Zaddik bei jedem Schritt Staub jenes Weges unter die Füße. Jeder Schritt, den er tut, tut er auf diesem Staub. Ein anderer Weg ist der Weg der Ungläubigen. Auf ihm schüttet man dem Ungläubigen diesen Staub unter Schritt und Tritt. Es gibt auch einen Weg der Verrückten. Auf ihm wird der Staub den Verrückten unter die Füße geschüttet. Viele verschiedene Wege gibt es und so auch einen Weg für Zaddikim, die Leiden auf sich nehmen und von harten Herren in Bande geschlagen werden. Diese Zaddikim sind ohne Kraft in den Beinen. Darum wird ihnen Staub von diesem Weg unter die Füße gestreut, und sie erlangen wieder Kraft in den Beinen. Geh du also dahin, wo es so viel Staub gibt, und du wirst Heilung für deine Beine finden!« (Alles das sind die Worte der Sonne an den Mond.)
Er hörte das alles und hatte dabei einen Blick auf die andere Seite des Diamanten geworfen. Da stand geschrieben: Wer ihn auf dieser Seite faßt, den wird es zu jenem Weg hintragen, von dem viele Wege ausgehen. Er nahm den Stein bei dieser Seite und – fort war er.
Er brachte seine Beine auf den Weg, dessen Staub den Beinen Heilung verschafft, und wurde sogleich geheilt. Da ging er hin und nahm Staub von allen Wegen, füllte jeden gesondert in Säckchen – den vom Weg der Zaddikim in eines und den

von den anderen Wegen in andere – und nahm sie mit. Er dachte nach und ging zu dem Wald, wo man ihn ausgeraubt hatte. Dort angekommen, wählte er einen hohen Baum, unweit des Weges, von dem aus die Räuber auf Beute ausgehen. Er nahm vom Staub der Zaddikim und vom Staub der Verrückten, vermischte sie miteinander und bestreute damit den Weg. Dann stieg er hinauf in den Baum, wo er sich hinsetzte, um zu sehen, was sich mit den Räubern zutragen würde. Er sah, wie sie auszogen; ihr Hauptmann hatte sie auf Raub ausgeschickt. Sowie nun die Räuber den Weg betraten und einen Schritt auf dem Staub getan hatten, wurden sie zu Zaddikim und fingen an, sich die Seele aus dem Hals zu schreien, wie sie bis heute geraubt und wie viele Menschen sie umgebracht hatten! Weil aber der Staub der Verrückten daruntergemischt war, wurden sie zu verrückten Zaddikim. Sie fingen an, sich zu streiten. Dieser rief: »Deinetwegen haben wir gemordet!« Und jener: »Nein, deinetwegen!« So sehr zerstritten sie sich, daß einer den anderen umbrachte. Der Räuberhauptmann schickte wieder Räuber aus, denen es genauso erging wie den ersten – sie brachten sich gegenseitig um. So geschah's einige Male –, bis außer dem Anführer und noch einem keiner mehr übriggeblieben war. Da stieg der Sohn vom Baum und fegte den Staub vom Weg. Statt dessen verstreute er nur vom Staub der Zaddikim und setzte sich wieder in den Baum.

Der Anführer der Räuber aber wunderte sich sehr: er schickt seine Leute aus und keiner kommt zurück! Er überlegte und machte sich mit dem, der noch bei ihm geblieben war, auf den Weg. Und sowie er den Weg betrat, wurde auch er zum Zaddik und schrie sich vor dem anderen die Seele aus dem Leib, daß er so viele Menschen beraubt und getötet hatte. Er warf sich flehend auf Gräber, gab alle Zeichen der Reue und wollte

Buße tun. Als der auf dem Baum nun sah, daß der Räuber sein Tun bereute, stieg er hinunter. Der Räuber erblickte einen Menschen und begann über sich zu wehklagen: »Weh mir, das und das hab ich getan! Hilf mir und leg mir eine Buße auf!« Er antwortete ihm: »Gib mir die Geldkassette zurück, die ihr mir geraubt habt.« (Sie hatten bei jedem Raub aufgeschrieben, wann und von wem sie was geraubt hatten.) Der Räuber sagte: »Ich gebe sie dir sofort zurück und will dir auch alles geraubte Gut schenken, das ich habe – nur, leg mir eine Buße auf!«

Da sagte er zu ihm: »Deine Buße sei, in die Stadt zu gehen und laut zu bekennen: ›Ich bin der, der damals das und das kundgetan und viele zu Räubern gemacht hat. Ich habe geraubt und viele Menschen erschlagen.‹ Das sei deine Buße!« Der Räuber gab ihm alle seine Schätze, ging mit ihm in die Stadt und tat wie ihm gesagt. Die Stadt aber fällte über ihn dies Urteil: Dafür, daß er so viele Menschen ermordet habe, solle er gehängt werden, auch damit es den anderen eine Lehre sei.

Dann dachte der Sohn nach und beschloß, zu den zweitausend Bergen zu gehen, um zu sehen, was sich dort zutrüge. Er stellte sich in gehöriger Entfernung den zweitausend Bergen gegenüber auf und sah, daß es dort Tausende und Abertausende von Dämonenfamilien gab. Sie wachsen und mehren sich, ja, sie haben Kinder wie die Menschen und sind darum sehr zahlreich.

Er sah ihren König auf einem Thron – auf solch einem Thron sitzt kein vom Weibe Geborener. Und er sah, welch böse Scherze sie trieben. Der eine erzählt unter allerlei Schadenfreude und Gespött, wie er einem Säugling geschadet, jener, wie er eine Hand verletzt, ein dritter, wie er einen Fuß versehrt habe, usw. Da sah er unter ihnen einen Vater und eine Mutter weinen. Sie wurden gefragt, warum sie weinten, und antworteten: »Wir haben einen Sohn. Er geht wohl seine eigenen Wege, kehrt aber stets nach einiger Zeit zurück. Doch diesmal ist er schon lange Zeit nicht zurückgekommen.« Man führte sie vor den König, und der König sandte Boten in die ganze Welt, um ihren Sohn ausfindig zu machen.

Als die Eltern vom König zurückkehrten, trafen sie auf einen, der mit ihrem Sohn unterwegs gewesen war. Der fragte sie: »Was weint ihr?«, und sie erzählten ihm alles. Er gab zur Antwort: »Ich werde euch berichten. Wir hatten als Wohnort eine Insel im Meer. Der König dieser Insel plante große Bauten und legte dazu die Fundamente. Da sagte euer Sohn zu mir, wir sollten ihm ein Leid antun. Also gingen wir hin und nahmen dem König die Kraft. Er beriet sich mit Ärzten, aber sie konnten ihm nicht helfen. Dann begann er, Zauberer zu befragen. Einer von ihnen kannte die Familie eures Sohnes. Die meine hingegen kannte er nicht und konnte mir deswegen nichts anhaben. Die Familie eures Sohnes aber war ihm bekannt, und so konnte er ihn fangen. Der Zauberer peinigt ihn sehr.« Darauf brachten sie ihn vor den König, dem er ebenfalls alles berichtete.

Der König verlangte, daß jenem Inselkönig die Kraft zurückgegeben werde. Der Dämon antwortete: »Bei uns gab es einen, der keine Kraft hatte. An den haben wir die Kraft weitergegeben.« Der König sagte: »Man nehme die Kraft von ihm und gebe sie dem König zurück.« Der Dämon antwortete, jener sei zu einer Wolke geworden. Der König befahl die Wolke zu rufen und herbeizubringen. Ein Bote wurde nach ihr ausgesandt.

Er, der das alles hörte, dachte sich: »Da will ich hinterhergehen und sehen, wie aus diesen Leuten eine Wolke wird.«

Er ging dem Boten nach und gelangte in die Stadt, über der die

Wolke hing. Er fragte die Leute: »Wie kommt's, daß diese Wolke auf der Stadt liegt?« Die Leute antworteten: »Ach je, wir haben sonst nie Wolken hier. Erst seit kurzem bedeckt diese Wolke unsre Stadt.« Der Bote kam, rief die Wolke, und sie zog mit ihm davon. Der Sohn entschloß sich, dem Boten und der Wolke nachzugehen, um zu hören, was sie miteinander redeten. Er hörte, wie der Bote fragte: »Wie kommt es, daß du hier zu einer Wolke geworden bist?«

Die Wolke sagte:

»Ich will dir die Geschichte erzählen:

Es war einmal ein weiser Mann. Der Kaiser seines Landes war ein großer Ungläubiger, der sein ganzes Land in den Unglauben führte. Darauf rief der Weise seine ganze Familie zusammen und sprach: ›Ihr seht, daß der Kaiser ein großer Ungläubiger ist, der das ganze Land dazu bringt, vom Glauben abzufallen. Ja, selbst einige aus unserer Familie hat er zu Ungläubigen werden lassen. Laßt uns darum in die Wüste ziehen, auf daß wir in unserem Vertrauen auf Gott, Er sei gepriesen, stark bleiben.‹ Sie waren einverstanden. Der Weise sprach einen von den Gottesnamen aus, und sie wurden hinweggetragen in eine Wüste. Diese Wüste fand nicht sein Gefallen. Wiederum sprach er einen der Namen aus, und sie wurden in eine andere Wüste getragen. Auch diese Wüste mißfiel ihm. So sprach er noch einen Namen aus, und der brachte ihn in eine dritte Wüste, die sein Gefallen fand. Sie lag unweit der zweitausend Berge. Darum zog der Weise einen Kreis um sie alle, auf daß niemand ihnen zu nahe treten könnte.

Auch ist da ein Baum. Würde dieser Baum bewässert, so bliebe auch nicht einer von uns Dämonen am Leben. Darum stehen die Unsrigen bereit, graben Tag und Nacht, um kein Wasser an den Baum zu lassen.«

Da fragte der Bote die Wolke: »Wozu müssen sie Tag und Nacht bereit sein? Ist es denn nicht genug, ein für allemal dem Baum das Wasser abzugraben?« Er antwortete: »Unter uns gibt es die Aufschwätzer, die gehen hin und zetteln Streit zwischen diesem und jenem König an, so daß es zu Kriegen kommt. Die Kriege wiederum lösen Erdbeben aus. Dann stürzt die Erde um die Gräben herum ein und Wasser kann an den Baum gelangen. Deswegen sind die Unsrigen stets bereit zu graben.

Wird bei uns einer zum König gemacht, reißen wir Possen vor ihm und sind sehr lustig. Einer macht vor, wie er einem Säugling Schaden zugefügt hat und wie seine Mutter um ihn trauert. Ein zweiter reißt andere Witze, kurzum wir treiben Spott über alles Mögliche. Der König gerät allmählich in fröhliche Stimmung, macht mit seinen Ministern einen Spaziergang und versucht, Bäume auszureißen. Wenn es nämlich diesen Baum gar nicht gäbe – dann ginge es uns sehr gut. Der König nimmt seinen ganzen Mut zusammen und macht sein Herz stark, um den Baum entwurzeln zu können. Wie er aber zum Baum kommt, tut der Baum einen gewaltigen Schrei. Furcht überfällt den König, und er muß umkehren. So veranstalteten wir einmal, als ein neuer König eingesetzt worden war, ein großes Fest an Hohn und Spott. Der König geriet in ausgelassene Stimmung und machte sein Herz sehr stark. Er rannte auf den Baum zu, um ihn mit Stumpf und Stiel auszureißen. Als er aber dem Baum nahe kam, schrie ihn der gewaltig an. Furcht überfiel den König, und er zog sich voller Zorn zurück. Dabei erblickte er die Menschen, die dort wohnten. Der König schickte einen von seinen Leuten aus, um ihnen etwas anzutun. Als die Familie des Weisen diesen erblickte, fürchtete sie sich sehr. Der alte Weise aber sagte: ›Fürchtet euch nicht!‹

Als die Dämonen bei ihnen angelangt waren, konnten sie ihnen nicht nahe treten, weil der Kreis um sie gezogen war. Andere Boten wurden ausgeschickt, und auch die konnten sich ihnen nicht nähern. Da geriet der König in großen Zorn und ging selbst, konnte ihnen aber auch nicht nahe kommen. Er bat den Alten, er möge ihn hineinlassen.
Der Alte sagte: ›Weil du mich bittest, will ich dich hereinlassen. Es ist aber nicht Sitte, daß der König allein geht, also will ich dich mit einem Begleiter einlassen.‹
Er machte ihnen eine Öffnung, sie traten ein, und er schloß den Kreis wieder.
Sagte der König zum Alten: ›Wie kommst du dazu, dich an meinem Ort niederzulassen?‹
›Wieso ist dieser Ort dein Ort? Es ist mein Ort!‹
›Du hast keine Angst vor mir?‹
›Nein.‹
Und wieder: ›Du hast keine Angst vor mir?‹ Und dabei machte der König sich riesengroß, dehnte sich aus bis an den Himmel und wollte den Alten verschlingen.
Der sagte: ›Und wenn schon, ich habe keine Angst vor dir. Aber wenn ich will, so wirst du Angst vor mir bekommen!‹ Und er begann ein wenig zu beten.
Schweres Gewölk zog auf, und es fing an gewaltig zu donnern. Donner schlägt sie. Alle Minister des Königs, die bei ihm waren, wurden getötet. Einzig der König und sein Begleiter, der mit ihm dort im Kreis war, blieben übrig.
Der König bat den Alten, den Donner aufhören zu lassen, und der Donner verstummte. Da wandte sich der König an den Alten und sprach: ›Da du solch ein Mensch bist, will ich dir ein Buch schenken, das Buch der Familien aller Dämonen. Es gibt ja Baalej Schem, die nur eine Familie kennen und von dieser

nicht einmal alle Mitglieder. Ich gebe dir das Buch, in welchem alle Dämonenfamilien verzeichnet sind!‹ Sie alle sind ja beim König aufgezeichnet. Er sandte den, der mit ihm war, das Buch zu holen. Dieser brachte ihm das Buch. Der Alte schlug es auf und sah darin die Familien der Dämonen zu Tausenden und Abertausenden verzeichnet. Der König versprach dem Alten, daß die Dämonen seiner Familie niemals ein Leid zufügen würden. Er hieß den Alten, Bildnisse all seiner Familienangehörigen herbeizubringen. Auch wenn ein Kind geboren würde, sollten sie unverzüglich ein Bild bringen, damit nur keiner aus der Familie je zu Schaden käme.
Als dann die Zeit nahte, da der Alte aus der Welt scheiden sollte, rief er seine Kinder und machte ihnen ein Vermächtnis, indem er ihnen sagte: ›Ich hinterlasse euch das Buch. Ihr habt ja gesehen, daß ich die Kraft habe, mich seiner in Heiligkeit zu bedienen. Dennoch habe ich es nicht benutzt. Ich glaube und vertraue allein auf den Namen, Er sei gepriesen. Also sollt auch ihr euch des Buches nicht bedienen. Selbst wenn sich unter euch einer fände, der sich des Buches in Heiligkeit bedienen könnte, so tue er es dennoch nicht. Er vertraue allein auf den Namen, Er sei gepriesen.‹ Darauf starb der Weise. Das Buch vererbte sich von Generation zu Generation und kam an seinen Enkel. Der hatte die Kraft, sich des Buches in Heiligkeit zu bedienen. Doch er vertraute allein auf den Namen, Er sei gepriesen, und nutzte das Buch nicht, wie es der Alte geboten hatte. Die Aufschwätzer aber unter den Dämonen sprachen zu dem Enkel des Alten: ›Hast du nicht schon große Töchter? Doch du kannst sie nicht versorgen und kannst sie nicht verheiraten. So bedien dich doch des Buches!‹ Er wußte aber nicht, wer ihm zuredete. Er glaubte, sein Herz spräche zu ihm. Er fuhr zum Grab seines Großvaters und fragte ihn: ›Du hast

das Vermächtnis hinterlassen, uns des Buches nicht zu bedienen. Allein auf den Namen, Er sei gepriesen, sollen wir setzen. Nun rät mein Herz mir aber, ich solle mich seiner bedienen.‹ Sein Großvater gab ihm zur Antwort: ›Obwohl du dich des Buches in Heiligkeit bedienen kannst, ist es doch besser, daß du auf den Namen, Er sei gepriesen, vertraust und es nicht benutzt. Gott wird dir helfen.‹ Der Enkel tat, wie ihm geheißen. Eines Tages erkrankte der König des Landes, in welchem der Enkel lebte. Er beriet sich mit den Ärzten, doch sie konnten ihn nicht heilen. Wegen der großen Hitze, die in diesem Land herrschte, wirkten die Arzneien nicht. Da befahl der König des Landes den Juden, sie sollten für ihn beten. Da sagte unser König: ›Dieser Enkel hätte die Kraft, das Buch in Heiligkeit zu gebrauchen, und tut es dennoch nicht. Dafür sollten wir ihm einen Gefallen erweisen.‹
Da war's, daß er mir befahl, zur Wolke zu werden, auf daß der König Heilung durch die Arzneien fände, die er genommen hat und die er noch nehmen wird. Der Enkel aber wußte nichts davon. Das ist's, weshalb ich dort als Wolke war.«

Der, der früher keine Kraft in den Beinen gehabt hatte, war ihnen nachgegangen und hatte dies alles gehört.
Man brachte die Wolke vor den König. Er befahl, ihr die Kraft zu nehmen und sie jenem König zurückzugeben. Also erhielt der König seine Kraft zurück.
Daraufhin kehrte der Sohn der Dämoneneltern heim, zerschlagen und entkräftet von den vielen Peinigungen. Er war aufs äußerste erzürnt über den Zauberer, der ihm die Qualen zugefügt hatte, und befahl seinen Kindern und Verwandten, diesem Zauberer unablässig aufzulauern. Doch es gibt ja die Schwätzer unter ihnen! Die gingen und hintertrugen dem

Zauberer, er solle sich in acht nehmen, man stelle ihm nach. Der Zauberer tat, was in seiner Macht stand, und rief andere Zauberer, die weitere Familien kannten, um sich vor den Dämonen schützen zu können. Der Sohn und seine Familie zürnten den Aufschwätzern, daß sie den Zauberern das Geheimnis verraten hatten.
Eines Tages traf es sich, daß einige aus der Familie des Sohnes zusammen mit einigen von den Schwätzern Wache beim König zu halten hatten. Die aus der Familie des Sohnes verleumdeten die Schwätzer, und der König ließ sie töten. Das erzürnte die übrigen Aufschwätzer. Sie gingen hin und zettelten schwere Konflikte zwischen allen Königen an. Die Dämonen litten Hunger und Krankheit, litten durch das Schwert und die Pest. Alle Könige führten Krieg gegeneinander. Der Krieg löste Erdbeben aus, die Erde stürzte ein, und der Baum wurde bewässert.
Nichts blieb von ihnen übrig; sie wurden zunichte, als hätte es sie nie gegeben. Amen.

DIE VIERTE ERZÄHLUNG

א מעשה פון א מלך
וואס האט גוזר שמד געווען

Der König, der zum Abfall vom Glauben zwang oder Vom Stier und vom Lamm

Es war einmal ein König, der Verbannung über alle jene verhängte, die nicht bereit waren, ihren Glauben aufzugeben. Wer im Land bleiben wollte, mußte abschwören und sich taufen lassen. Wer sich weigerte, so hieß es, der würde vertrieben.
Einige verzichteten auf Hab und Gut und verließen arm das Land, um ihrem Glauben treu bleiben und als Juden leben zu können. Anderen tat es um Besitz und Reichtum leid, so daß sie im Land blieben und zu Marranen wurden. Da ihnen untersagt war, ihre Religion auszuüben, lebten sie insgeheim nach jüdischer Sitte.
Der König starb, und sein Sohn folgte ihm auf dem Thron. Er begann das Land mit harter Hand zu regieren, eroberte einige Länder und war sehr klug. Da er gegen seine Minister streng und unnachgiebig war, taten sie sich zusammen und verschworen sich gegen ihn, um ihn zu überfallen, zu töten und seine Nachkommen auszurotten. Unter diesen Ministern war ein Marrane. Er sagte sich: »Warum bin ich zum Marranen geworden? Weil es mir um meinen Besitz und Reichtum leid tat. Wenn aber das Land ohne König sein wird, werden die Menschen einander bei lebendigem Leib verschlingen, denn ohne König kann kein Land bestehen.«

Er faßte den Entschluß, zum König zu gehen und ihm den Plan der Minister aufzudecken. Er hinterbrachte dem König, seine Minister hätten sich gegen ihn verschworen. Der König forschte nach, ob etwas Wahres daran sei, und erkannte, daß es sich wirklich so verhielt, wie der Marrane gesagt hatte. Er stellte Wachen auf, und in der Nacht des Komplotts wurden die Minister gefaßt. Jeder erhielt seine verdiente Strafe. Dann wandte sich der König an den Minister, der Marrane war, und fragte ihn: »Welche Ehre kann ich dir dafür erweisen, daß du mich und meine Nachkommen gerettet hast? Soll ich dich zum Minister machen? Du bist bereits Minister. Soll ich dir Reichtum geben? Du verfügst darüber. Sage mir, welche Ehre du wünschest, und ich werde sie dir erweisen.« Der Marrane erwiderte: »Wirst du wirklich tun, was ich erbitten werde?« Der König antwortete: »Ja. Ich werde deine Bitte erfüllen.« Der Marrane sprach: »Schwöre bei deiner Krone und deinem Reich!« Der König tat den Schwur.

Da sagte der Marrane: »Die größte Ehre ist, Jude sein zu können. Ich möchte öffentlich Gebetsmantel und Gebetsriemen tragen dürfen.«

Der König wurde sehr zornig. Im ganzen Land waren Juden nicht geduldet, doch sein Schwur ließ ihm keine Wahl. Am nächsten Morgen trug der Marrane öffentlich Tallit und Tefillin.

Später starb der König, und sein Sohn wurde König an seiner Statt. Da er wußte, daß man seinen Vater hatte umbringen wollen, regierte er das Land mit Güte. Ihm gelangen viele Eroberungen, und er war sehr, sehr weise. Er ließ alle Sterndeuter zusammenrufen; die sollten ihm verkünden, was seine Nachkommen in Gefahr bringen könnte, damit sie davor auf der Hut seien. Die Sterndeuter weissagten ihm, wenn die

Nachkommen sich nur vor Stier und Lamm in acht nähmen, würden sie nicht zugrunde gehen. Der König ließ dies in seine Annalen schreiben. Er gebot seinen Kindern, das Land mit der gleichen Güte zu regieren, wie er es getan hatte – und starb. Sein Sohn wurde König und regierte mit harter Hand und mit Gewalt, so wie es sein Großvater getan hatte. Er eroberte viele Länder und ersann einen klugen Plan. Auch ließ er bekanntmachen, in seinem Lande dürfe es weder Stier noch Lamm geben, damit seine Nachkommen nicht ausgelöscht würden. Er dachte bei sich: »Jetzt fürchte ich nichts mehr.« Fortan regierte er mit der größten Strenge. Er wurde überaus weise und verfiel auf einen klugen Plan, wie die ganze Welt ohne Krieg zu erobern sei.

Die Welt hat sieben Regionen, da sie sich in sieben Teile gliedert. Es gibt sieben Planeten. Jeder Planet bescheint einen der sieben Teile der Welt. Es gibt sieben Metalle (d. h. siebenerlei Eisenarten wie Gold, Silber, Kupfer, Zink usw.), und jeder der sieben Planeten leuchtet in einem der sieben Metalle. Der König ging daran, alle sieben Metalle zu sammeln. Er befahl, ihm goldene Abbilder aller Könige zu bringen, wie sie in ihren Palästen hängen. Daraus formte er einen Menschen: den Kopf aus Gold, den Rumpf aus Silber und die Gliedmaßen aus den anderen Metallen, so daß alle sieben in ihm enthalten waren. Er stellte diesen Menschen auf einen hohen Berg, und alle sieben Planeten erstrahlten in ihm. Bedurfte nun jemand eines Rates oder plante ein Geschäft und war unsicher, ob er es abschließen sollte oder nicht, trat er vor das Glied, das aus dem Metall des Weltteils gemacht war, aus dem er stammte. Er dachte über seine Angelegenheiten nach. Wenn er das ausführen sollte, was er im Sinn hatte, leuchtete der entsprechende Körperteil auf und strahlte, wenn nicht, verdunkelte er sich.

Auf diese Weise häufte der König sehr viel Geld an und eroberte die ganze Welt.
Allerdings war das Menschenbild dazu nur unter einer Bedingung tauglich: Der König mußte die Mächtigen erniedrigen und die Niedrigen erhöhen. Daher befahl der König alle Generäle und andere Inhaber von Amt und Würden zu sich. Alle kamen, und alle wurden abgesetzt. Er nahm selbst denen Ämter und Vorrechte, die schon seinem Urgroßvater gedient hatten. An ihrer Statt erhöhte er die Niedrigen und setzte sie in die Ämter ein. Unter den Abgesetzten war auch jener Marrane. Der König fragte ihn nach seinem Amt und seinen Vorrechten. Er gab ihm zur Antwort: »Mein einziges Vorrecht ist, offen als Jude zu leben, wegen des Dienstes, den ich deinem Großvater erwiesen habe.« Der König nahm ihm das Recht, so daß er wieder zum Marranen wurde.
Eines Nachts hatte der König einen Traum. Er sah den Himmel hell und klar und erblickte alle zwölf Zeichen des Tierkreises. (Eins ist wie ein Lämmchen, das ist das Zeichen des Monats Nissan. Das Zeichen des Monats Ijar ist ein Stier, und so hat jeder für jeden Monat sein Zeichen.) Der König sah, daß der Stier und das Lamm ihn verlachten. Er erwachte in großem Zorn und fürchtete sich sehr. Er ließ die Annalen herbeibringen und fand darin verzeichnet, daß durch Stier und Lamm seine Nachkommen vernichtet werden würden. Da überkam ihn große Furcht, und er erzählte der Königin davon, und auch sie und ihre Kinder fürchteten sich sehr. Sein Herz war unruhig, und er rief alle Traumdeuter zu sich. Jeder von ihnen deutete den Traum auf seine Weise, aber ihre Stimme drang nicht an sein Ohr. Große Furcht lag auf ihm.
Da kam ein Weiser zu ihm und sagte, sein Vater habe ihm fol-

gendes überliefert: Die Sonne hat dreihundertfünfundsechzig Bahnen, und es gibt einen Ort, auf den alle dreihundertfünfundsechzig zugleich scheinen. An diesem Ort wächst ein eiserner Stamm. Wenn nun jemand, der voll Furcht ist, dorthin gelangt, wird er von ihr befreit. Das gefiel dem König und beruhigte ihn. Er, seine Frau, seine Kinder und all seine Nachkommen machten sich auf den Weg zu jenem Ort. Der Weise begleitete sie.

Auf dem Weg steht ein Engel, gesetzt über den Zorn. Denn durch den Zorn erschafft man einen Verderberengel, und jener Engel ist über alle Verderber gesetzt. Diesen Engel fragt man nach dem Weg, denn es gibt einen geraden Weg, der gut für den Menschen ist, und einen Weg voll Schlamm und einen Weg voller Gruben und Fallen und noch andere Wege mehr. Einen Weg gibt es, auf dem brennt ein Feuer. Es verbrennt einen schon auf vier Meilen Entfernung. (Sie fragten den Engel nach dem Weg, und er wies ihnen den Weg des Feuers.) Sie gingen diesen Weg.

Der Weise hielt stets Ausschau nach dem Feuer, denn er wußte davon durch seinen Vater. Als er das Feuer erblickte, sah er Könige und Juden mit Tallit und Tefillin durch das Feuer gehen. (Die Könige gingen unbeschadet durch das Feuer, da in ihren Ländern Juden lebten.) Der Weise sprach zum König: »Ich habe eine Überlieferung, nach der man vier Meilen vom Feuer entfernt verbrennt. Ich will darum nicht weitergehen. Du, wenn du gehen willst, geh.«

Der König dachte sich, auch er könnte dorthin gehen, da er doch auch andere Könige in dem Feuer erblickte. Der Weise wiederholte seine Worte: »Ich habe eine Überlieferung von meinem Vater. Ich will nicht weitergehen. Du, wenn du gehen willst, geh.« Der König und seine Nachkommen gingen

weiter. Das Feuer ergriff sie, und sie verbrannten; so wurde sein ganzes Haus vernichtet.
Als der Weise nach Hause zurückkehrte, waren die Minister sehr verwundert darüber, daß der König und sein ganzes Haus umgekommen waren, hatte er sich doch vor Stier und Lamm in acht genommen. Wie hatte es da geschehen können, daß er und sein ganzes Haus vernichtet worden waren?
Da nahm der Marrane das Wort: »Sie wurden durch mich vernichtet. Die Sterndeuter sahen etwas, aber sie verstanden es nicht. Aus der Haut des Stiers werden die Tefillin und aus der Wolle des Lamms die Schaufäden des Tallit gemacht. Ihretwegen wurden der König und sein Haus vernichtet. Die Könige, in deren Ländern Juden wohnen, die Gebetsmantel und Gebetsriemen anlegen, konnten ohne Schaden durchs Feuer gehen. Dieser aber wurde samt seinem Hause vernichtet, weil die Juden in seinem Land Tallit und Tefillin nicht tragen durften. Darum verlachten ihn der Stier und das Lamm im Tierkreis. Die Sterndeuter sahen es, verstanden es aber nicht. Darum kamen der König und sein ganzes Haus mit ihm um.«

DIE FÜNFTE ERZÄHLUNG

א מעשה פון א בן מלך

Vom Königssohn aus Edelsteinen

Es war einmal ein König, der hatte keine Kinder. Er zog die Ärzte zu Rate, damit sein Reich nicht in fremde Hände falle. Die Ärzte konnten ihm aber nicht helfen. Da gab er den Juden den Befehl, für ihn zu beten, damit er Kinder bekäme. Die Juden machten sich auf die Suche nach einem Zaddik, damit der bete und bewirke, daß der König Kinder hätte. Sie suchten und fanden einen verborgenen Zaddik und sagten ihm, er solle darum beten, daß der König Kinder bekomme. Er aber antwortete, er wisse gar nichts. Die Juden setzten den König davon in Kenntnis, der aber ließ den Zaddik holen, und man brachte ihn vor den König.

Der König begann wohlwollend mit ihm zu reden: »Du weißt doch, daß ich die Juden in der Hand habe. Ich kann mit ihnen machen, was ich will. Also bitte ich dich im guten: Bete, daß ich Kinder bekomme.« Der Zaddik versicherte ihm, er werde noch im selben Jahr ein Kind bekommen, und kehrte heim.

Die Königin brachte eine Tochter von außerordentlicher Schönheit zur Welt. Mit vier Jahren kannte sie alle Wissenschaften, war aller Sprachen mächtig und wußte Musikinstrumente zu spielen. Aus allen Ländern kamen Könige, sie zu sehen, und der König war voll Freude.

Später sehnte sich der König nach einem Sohn, um sein Reich nicht einem Fremden vererben zu müssen. Also gab er den Juden wieder den Befehl zu beten, damit er einen Sohn bekäme.

Sie gingen und suchten den Zaddik, fanden ihn aber nicht, da er schon gestorben war. Sie suchten weiter, fanden einen anderen verborgenen Zaddik und sagten ihm, er solle dem König einen Sohn geben. Der Zaddik sagte aber, er wisse gar nichts. Wieder setzten sie den König davon in Kenntnis. Also sagte der König diesem Zaddik das gleiche: »Du weißt doch, daß die Juden in meiner Hand sind . . .«, usw. Der Weise, (das ist) der Zaddik, sprach: »Wirst du auch tun können, was ich dich heiße?« Der König bejahte.

Der Weise sagte zu ihm: »Du mußt mir Edelsteine aller Arten bringen, denn jeder Edelstein hat seine besondere Eigenschaft.« Die Könige besitzen ein Buch, in dem alle Arten von Edelsteinen beschrieben sind. Der König antwortete: »Das halbe Königreich gebe ich, wenn ich nur einen Sohn bekomme.« Darauf ging er und brachte ihm Edelsteine aller Arten. Der Weise nahm die Steine, zerstieß sie zu Pulver und schüttete es in einen Becher Wein. Die eine Hälfte des Bechers ließ er den König, die andere Hälfte die Königin trinken. Er sagte ihnen, sie würden einen Sohn haben, ganz aus Edelsteinen und mit den Eigenschaften aller Steine – und kehrte heim.

Die Königin gebar einen Sohn. Der König freute sich sehr – allein, aus Edelsteinen war der Sohn nicht. Als er vier Jahre zählte, war er sehr schön, sehr weise in allen Wissenschaften und sprach alle Sprachen. Könige kamen gereist, ihn zu sehen. Da sah die Prinzessin, daß sie nicht mehr so angesehen war, und wurde eifersüchtig. Nur ein Trost war ihr geblieben: Der Zaddik hatte gesagt, der Sohn werde aus lauter Edelsteinen sein. »Nur gut, daß er es nicht ist!« Eines Tages schnitzte der Königssohn Holz und schnitt sich dabei in den Finger. Die Prinzessin sprang herbei, seinen Finger zu verbinden. Da er-

blickte sie einen Edelstein und wurde sehr eifersüchtig auf ihn. Sie stellte sich krank. Viele Ärzte kamen, konnten sie aber nicht heilen. Man rief die Zauberer. Einem von ihnen gestand sie die Wahrheit – daß sie sich krank stelle ihres Bruders wegen, der . . . usw. Sie fragte den Zauberer, ob es wohl möglich sei, jemanden so mit einem Zauber zu belegen, daß er die Krätze bekäme. Der Zauberer antwortete: »Ja.« Da wandte sie ein: »Und wenn er sich einen anderen Zauberer sucht, der diesen Zauber aufhebt und er wird wieder geheilt?!« Der Zauberer gab zur Antwort: »Wenn man den Zauber ins Wasser wirft, läßt er sich nicht mehr aufheben.«
Das tat sie, warf den Zauber ins Wasser, und Krätze befiel den Königssohn. Er hatte die Krätze auf der Nase, im Gesicht, ja am ganzen Körper. Der König beriet sich mit den Ärzten und mit den Zauberern, doch sie vermochten nicht, ihm zu helfen. Er befahl den Juden zu beten. Die Juden suchten nach dem Zaddik und brachten ihn vor den König. Der Zaddik hatte stets zu Gott gebetet, denn er hatte ja versprochen, der Königssohn werde aus lauter Edelsteinen sein und war es doch nicht. Er rechtete mit Gott: »Hab ich's denn um meiner Ehre willen getan? Allein zu Deiner Ehre habe ich gehandelt! Doch es hat sich nicht erfüllt, was ich gesagt habe!« Der Zaddik kam vor den König und betete, doch es half nichts. Da erfuhr er, daß ein Zauber wirke. Der Zaddik, der weit über allen Zauberern stand, teilte dem König mit, daß ein Zauber auf seinem Sohn läge; da man den Zauber ins Wasser geworfen habe, könne der Königssohn nicht geheilt werden – es sei denn, der, der den Zauber auf ihn geworfen habe, würde ertränkt. Da sprach der König: »Ich gebe alle Zauberer in deine Hand, auf daß sie ins Wasser geworfen werden, nur soll mein Sohn geheilt werden!«

Die Prinzessin geriet in große Furcht und lief zum Wasser, um den Zauber herauszunehmen, denn sie wußte, wo er lag. Da fiel sie ins Wasser. Groß war die Bestürzung darüber. Da kam der Zaddik zum König und sagte, der Königssohn werde nun geheilt werden – und er wurde geheilt. Die Krätze vertrocknete und fiel von ihm ab, seine Haut schälte sich, er war ganz aus Edelsteinen und besaß die Eigenschaften aller Edelsteine. (Denn als sich seine Haut zu schälen begann, sah man, daß der Königssohn ganz aus Edelsteinen war, wie es der Zaddik gesagt hatte.)

א מעשה
פון א מלך מיט א חכם

Vom demütigen König oder Der König und der Weise

Es war einmal ein König, der einen Weisen bei sich hatte. Der König wandte sich an ihn und sagte: »Es gibt da einen König, der seinen Namen wie folgt unterzeichnet: ›Großer Held, Mann der Wahrheit und Demütiger.‹ Daß er ein großer Held ist, weiß ich wohl. Sein Land ist von Meer umgeben, Kriegsschiffe patrouillieren darauf und lassen niemanden herankommen. Vom Ufer aus landeinwärts ist das Land von einem großen Sumpf umgeben. Durch diesen führt nur ein Pfad, so schmal, daß ihn nur *ein* Mensch begehen kann, und auch dort stehen Kanonen. Kommt jemand in kriegerischer Absicht, wird mit Kanonen geschossen. Es ist unmöglich, sich Zutritt zu verschaffen. Warum er aber als ›Mann der Wahrheit und Demütiger‹ unterzeichnet, das weiß ich nicht. Ich will, daß du mir sein Bildnis bringst.«

Der König besaß nämlich die Bildnisse aller Könige. Das Bildnis des Königs aber, der seinen Namen so unterzeichnete, wie erzählt, fand sich bei keinem König. Jener König ist den Menschen verborgen. Er thront hinter einem Vorhang und bleibt den Leuten seines Landes fern.

Der Weise machte sich zu jenem Land auf. Er überlegte, daß er das Wesen des Landes kennen sollte. Doch woran erkennt man das Wesen eines Landes? An seinem Witz und Spott! Um etwas genau zu erkennen, muß man den Witz und den Spott, die dazugehören, kennen. Es gibt verschiedene Arten von Witz und Spott. Eine ist die, absichtlich mit seinen Worten den Nächsten treffen zu wollen, dann aber, wenn der einem in die Augen schaut, zu sagen: »Ich mache nur Scherz!« – so wie die Schrift sagt (Sprüche 26,18): »Wie ein Verrückter, der Geschosse schleudert, Pfeile und Tod – so der, der seinen Freund betrügt und sagt: ›Ich mache nur Scherz!‹« Eine andere Art ist, wenn man's zwar scherzhaft gemeint hat, der Nächste aber durch das Wort zu Schaden kommt. So gibt es vielerlei Arten von Witz und Spott.

Unter allen Ländern gibt es ein Land, das in sich alle Länder enthält. In diesem Land liegt eine Stadt, die in sich alle Städte des Landes enthält, das alle Länder enthält. In dieser Stadt steht ein Haus, das in sich alle Häuser der Stadt enthält, die alle Städte des Landes enthält, das alle Länder enthält. In diesem Haus ist ein Mensch, der all dies in sich enthält – und dort gibt es einen, der allein allen Witz und Spott des Landes macht.

Der Weise nahm viel Geld mit sich und ging dorthin. Er sah, daß es da vielerlei Arten von Witz und Spott gab, und erkannte daran, daß das Land voller Lügen war. Er sah, wie man sich belustigte, wenn jemand bei Handel und Wandel getäuscht und betrogen wurde. Geht er dann zum Magistrat, um sein Recht einzufordern, ist dort nur Lüge und Bestechlichkeit. Geht er vor eine höhere Instanz, ist auch da alles Lüge. Nichts, was sie nicht mit heuchlerischer Verstellung zum Gespött gemacht hätten! Da erkannte der Weise, daß das Land voller Lug und Trug war und keine Wahrheit darin.

Also ging er hin und nahm an Handel und Wandel teil. Er ließ sich bei seinen Geschäften betrügen und forderte sein Recht vor den Richtern. Die waren aber verlogen und bestechlich: Heute lassen sie sich bestechen, morgen kennen sie einen nicht

mehr. Er ging vor eine höhere Instanz; auch dort nichts als Lüge und Bestechlichkeit – bis er zum König selber kam.
Als er vor den König kam, sprach er: »Über wen bist du König? Dieses Land ist doch von Anfang bis Ende voller Lügen; Wahrheit gibt es hier nicht!« Und er begann, alle Lügen des Landes aufzuzählen. Als der König das hörte, neigte er sein Ohr zum Vorhang, um den Worten des Weisen zu lauschen. Er war erstaunt, daß es einen Menschen gab, der alle Lügen des Landes kannte. Die Minister des Königs aber, die seine Worte hörten, waren sehr zornig über ihn, doch der Weise fuhr fort, die Lügen des Landes aufzuzählen, und sprach: »Man möchte fast sagen, daß auch ihr König so ist wie sie, daß er wie das Land die Lüge liebt. Doch im Gegenteil, hieraus ersehe ich, wieso du ein Mann der Wahrheit bist: Du bist ihnen fern, weil du die Falschheit des Landes nicht ertragen kannst!«
Und er begann, den König hoch zu preisen. Der König war sehr demütig, und seine Größe und Demut waren eins – wie es Art des Demütigen ist: Je mehr man ihn preist und verherrlicht, desto geringer und demütiger wird er. Da der Weise ihn so hoch pries und verherrlichte, geriet der König in große Demut und wurde so gering, daß er gar nichts mehr war. Er konnte sich nicht zurückhalten und schlug den Vorhang beiseite, um den Weisen zu sehen: Wer ist der, der all das weiß und versteht?
Das Antlitz des Königs wurde enthüllt, der Weise sah es, malte sein Bild und brachte es zum König.

DIE SIEBTE ERZÄHLUNG

א מעשה מיט א מלך
וואס האט אײַנגענומען
כמה מדינות

Der König, der viele Kriege führte oder Von Spinne und Fliege

Er sagte: »Ich will euch meine Reise erzählen.«

Es war einmal ein König, der hatte schwere Kriege zu führen. Er gewann sie und machte viele Gefangene.

(Als er diese Geschichte zu erzählen begann, sagte er: »Ihr meint vielleicht, ich würde euch alles erzählen und ihr könntet es verstehen?«)

Alljährlich gab der König an dem Tag, da er den Krieg beendet hatte, einen großen Ball. Auf diesem Ball kamen alle Fürsten und Minister zusammen, wie bei Königen üblich. Man führte Komödien auf und machte sich darin über die Völker lustig – über die Türken und auch die anderen. Sitten und Bräuche eines jeden Volkes wurden nachgeahmt und parodiert. Und wahrscheinlich auch die der Juden.

Der König befahl, das Buch zu bringen, darin die Sitten und Bräuche aller Welt beschrieben sind. Wie nun der König das Buch aufschlug, fand er darin Sitten und Bräuche eines jeden Volkes genau so aufgezeichnet, wie die Komödianten sie dargestellt hatten. Also kannte auch der, der die Komödien in Szene gesetzt hatte, dieses Buch.

Während der König über dem Buch saß, sah er, wie eine Spinne über den Schnitt der Seiten lief; oben auf den Blättern saß eine Fliege. Die Spinne – wohin? Zur Fliege! Wie sich die

Spinne auf die Fliege zubewegte, kam ein Windstoß und hob das Blatt an – da konnte die Spinne nicht an die Fliege heran. Sie machte kehrt und tat, als kehre sie um und als wolle sie nicht zur Fliege. Da legte sich das Blatt wieder zurück. Und wieder wollte die Spinne zur Fliege, und wieder hob sich das Blatt und ließ es nicht zu – also kehrte die Spinne wieder um. So ging es etliche Male. Wenig später versuchte die Spinne wiederum, die Fliege zu erreichen, und war so weit gekommen, daß sie schon ein Bein auf das Blatt setzen konnte. Und wieder hob sich das Blatt, die Spinne war schon ein wenig darauf. Da senkte sich das Blatt und legte sich ganz zurück, so daß die Spinne unter ihm blieb, zwischen den Blättern. Dort kroch sie umher, und sie blieb darunter, bis nichts mehr von ihr übrig war. (Und die Fliege? – Ich erzähle euch nicht, was mit ihr geschah.)

All das sah der König und war nicht wenig verwundert. Er verstand, daß dies nicht unwichtig war, sondern ihm damit etwas bedeutet werden sollte. (Alle Minister sahen, daß der König verwundert dreinblickte.) Er begann darüber nachzusinnen, was das denn sein könnte und was es bedeuten mochte; indessen schlief er über dem Buch ein.

Und der König hatte einen Traum: Er hielt einen Edelstein, einen Diamanten, in der Hand, den er betrachtete: Da traten absonderliche Menschen aus dem Edelstein hervor. Er warf ihn von sich. (Könige haben gewöhnlich ihr Bildnis über sich hängen und darüber die Krone.) Er sah im Traum, wie jene Wesen, die aus dem Diamanten hervorgetreten waren, sein Bildnis abnahmen und ihm den Kopf abschnitten. Dann ergriffen sie die Krone, warfen sie in den Kot und liefen auf ihn selbst zu, um ihn zu töten. Da hob sich das Blatt des Buches, auf dem er lag, und beschützte ihn. So konnten sie ihm nichts anhaben und ließen von ihm ab. Darauf legte sich das Blatt wieder an seinen Platz zurück. Abermals wollten sie ihm ans Leben, doch wieder hob sich das Blatt, wie schon erzählt. So war es einige Male. Der König hätte sehr gern gesehen, welches Blatt ihn beschützt hatte, welche Sitten darauf verzeichnet waren und von welchem Volk sie stammten. Er fürchtete sich aber nachzuschauen und fing an zu schreien: »Hilfe, Hilfe!« Alle Minister, die um ihn saßen, hörten es wohl und hätten ihn gern geweckt, da es aber gegen die Etikette verstößt, einen König zu wecken, klatschten sie laut in die Hände, doch er hörte nichts. Unterdessen kam ein hoher Berg zu ihm und fragte ihn: »Was schreist du so? Ich schlafe schon lange Zeit und nichts hat mich geweckt, du aber hast mich aufgeweckt!« (So sprach der Berg zum König.) Der König sagte: »Wie sollte ich nicht schreien, da sie sich wider mich erheben und mich töten wollen, und nur das Blatt mich schützt!« Der Berg antwortete ihm: »Wenn das Blatt dich beschützt, brauchst du nichts zu fürchten, denn auch wider mich erheben sich Feinde in Menge, aber das Blatt beschützt mich. Komm, ich will dir's zeigen.« Er zeigte ihm, wie Tausende und Abertausende von Feinden den Berg umstanden, fröhliche Feste feierten, Musik machten und tanzten. Der Grund ihrer Freude: In einer ihrer Gruppen hat jemand einen Plan ausgeheckt, wie man den Berg ersteigen könnte. Deshalb bereiten sie ein großes Festmahl, spielen auf und tanzen. So ist es in einer jeden von ihren Gruppen. »Allein das Blatt mit jenen Sitten, das dich schützt, beschützt auch mich« (sagte der Berg).

Auf dem Gipfel des Berges steht eine Tafel, auf der ist geschrieben, welchem Volk die Sitten auf dem Blatt, das ihn beschützt, zu eigen sind. Doch da der Berg hoch war, konnte man die Schrift nicht lesen. Am Fuße des Berges aber war eine Tafel, auf der geschrieben stand, daß jeder, der alle seine Zähne habe, den Berg ersteigen könne. Der Heilige, Er sei gepriesen, ließ dort, wo der Berg zu ersteigen war, ein Gras wachsen, das jedem, der daherkommt, die Zähne ausfallen ließ – gleichviel, ob er zu Fuß oder beritten war oder sich in einer Kutsche fahren ließ, jedem fielen die Zähne aus. Die Zähne lagen dort haufenweise, weißen Bergen gleich.

Darauf nahmen die Menschen, die aus dem Diamanten gekommen waren, das Bildnis des Königs, stellten es wieder auf, nahmen auch die Krone, reinigten sie und hängten sie wieder an ihren Platz.

Der König erwachte und schaute sogleich auf das Blatt, das ihn beschützt hatte, um zu sehen, von welchen Sitten und welchem Volk es handle. Er sah, daß die Sitten der Juden darauf verzeichnet waren. Da begann er auf dem Blatt den Weg der Wahrheit zu erkennen, und er erkannte sie in vollkommener Einsicht. Er dachte bei sich, daß er gewiß schon Jude sei. Was aber ist zu tun, um die ganze Welt zum Guten zurückzubringen und alle zur Wahrheit zu führen? Er beschloß, sich aufzumachen und einen Weisen zu suchen, der ihm seinen Traum deuten sollte.

Er nahm zwei Leute und zog mit ihnen in der Welt umher, doch nicht als König, sondern als ein einfacher Mann. Er reiste von einer Stadt zur anderen und fragte: »Wo ist ein Weiser zu finden, der meinen Traum deuten könnte?« Man erzählte ihm, dort und dort sei dieser Weise zu finden. Er reiste dorthin, kam zu dem Weisen und erzählte ihm die Wahrheit – daß er ein König sei und schon viele Kriege geführt habe – und alles, was geschehen war, wie schon erzählt. Und er bat ihn, er möge doch seinen Traum deuten. Der Weise antwortete ihm: »Ich selbst kann ihn nicht deuten. Es gibt aber eine Zeit, an einem bestimmten Tag eines bestimmten Monats, da sammle ich alle Ingredienzien für Räucherwerk (d. h. alle Kräuter, aus denen man Räucherwerk herstellt) und mische sie zu einer Mixtur. Damit wird der Mensch beräuchert, und er wird all dessen inne, was er zu wissen und zu sehen begehrt, und so wird er alles erfahren.«

Der König fand, er habe bereits so viel Zeit daran gewendet, daß er auch bis zu dem genannten Tag in jenem Monat warten könnte. Der Tag kam, und der Weise tat mit ihm, wie erzählt, er beräucherte ihn mit Räucherwerk. Der König begann, alles zu sehen – sogar das, was ihm noch vor seiner Geburt geschehen war, damals, als seine Seele noch in der höchsten Welt (d. i. in jener Welt) weilte. Er sah, wie seine Seele durch alle Welten geführt wurde. Es wurde ausgerufen: »Wer etwas gegen diese Seele vorzubringen hat, der möge kommen!« Niemand fand sich, der etwas vorzubringen gehabt hätte.

Doch da kam einer gelaufen und schrie: »Herr der Welt, höre auf mein Gebet! Wenn dieser da auf die Welt kommt, was bleibt mir dann noch zu tun? Und wozu hast du mich erschaffen?«

Samael selbst war es, der dies rief. Er erhielt zur Antwort: »Diese Seele muß auf die Welt hinabsteigen. Du aber schaffe dir Rat!« Samael ging davon, und die Seele wurde weiter durch die Welten geführt, bis man sie vor den Gerichtshof der höchsten Welt brachte, um sie schwören zu lassen, daß sie auf die Welt hinabsteigen werde.

Samael, der vorher geschrien hatte, war noch nicht gekommen. Man entsandte einen Boten. Da kam er und mit ihm ein krummer Alter, mit dem er, der Ankläger, schon seit langem bekannt war. Er lachte und sprach: »Ich hab mir schon Rat gefunden. Mag die Seele in die Welt hinabsteigen!«

Man entließ sie, und sie stieg hinab in die Welt. Und der König sah, was mit ihm von Anfang bis Ende geschehen war: wie er König wurde, die Kriege, die er führte, usw. Er nahm auch Gefangene, und unter diesen war eine Frau von schöner Gestalt. Sie besaß alle Arten der Anmut, wie sie nur immer auf der Welt vorkommen. Allein, die Anmut kam nicht von ihr selbst. Einen Diamanten trug sie um den Hals, von diesem kam all die Anmut.

Auf jenen Berg können nur Weise und Reiche gelangen, usw. (Weiter hat er nicht erzählt. Es ist noch vieles darin enthalten. Das, was da von »er nahm Gefangene« bis zum Schluß steht, ist nicht richtig aufgeschrieben worden, wie er es erzählt hat.)

DIE ACHTE ERZÄHLUNG

א מעשה מיט א רב
און מיט א בּן יחיד

Vom Raw und dem einzigen Sohn

Es war einmal ein Raw, der hatte keine Kinder. Später bekam er einen Sohn, seinen einzigen. Er zog ihn groß und verheiratete ihn. Der einzige Sohn pflegte im Obergeschoß zu sitzen und Tora zu lernen, wie es bei Vornehmen Sitte ist. Stets lernte und betete er – und fühlte dennoch, daß ihm irgend etwas fehlte. Er wußte nicht, was es war. Er hatte keinen rechten Geschmack am Lernen und am Beten. Er erzählte zwei jungen Leuten davon, und sie gaben ihm den Rat, er solle zu einem bestimmten Zaddik fahren.

Der einzige Sohn hatte eine Mizwa getan, wodurch er der Kleinen Leuchte gleich wurde.

Er ging zu seinem Vater und erzählte ihm, er fände keinen Geschmack an der Arbeit, mit der er Gott diene – d. i. Beten, Lernen und andere Gebote befolgen –, und etwas gehe ihm ab, er wisse nicht, was. Er wolle darum zu jenem Zaddik fahren. Der Vater erwiderte ihm: »Wie kommst du darauf, zu ihm zu fahren? Du bist gelehrter als er und von besserer Herkunft als er. Es ziemt sich für dich nicht, zu ihm zu fahren. Geh und gib diesen Gedanken auf!«

So redete der Vater und brachte ihn davon ab, zu dem Zaddik zu fahren.

Der einzige Sohn begab sich wieder ans Toralernen. Wiederum empfand er den Mangel, wie erzählt. Er beriet sich mit den jungen Leuten, und sie gaben ihm denselben Rat wie zuvor – zu dem Zaddik zu fahren. Von neuem ging er zum Vater, doch der schlug seinen Wunsch abermals ab und ließ ihn nicht fahren. So geschah es etliche Male. Doch immer fühlte der einzige Sohn, daß ihm etwas fehlte, und er hatte große Sehnsucht danach, das Fehlende auszufüllen. Aber er wußte nicht, welcher Mangel es war. Noch einmal ging er zu seinem Vater und bat ihn so inständig, daß der Vater nicht umhinkonnte, mir ihm zu fahren.

Der Vater wollte ihn nicht allein fahren lassen, er war doch sein einziger Sohn. »Sieh«, sagte der Vater, »ich werde mit dir zu ihm fahren und dir zeigen, daß er ein Nichts ist!« Sie spannten die Pferde an und fuhren los. Da sagte der Vater zum Sohn: »Das soll das Zeichen sein: Wenn alles gut verläuft, ist unsere Fahrt vom Himmel. Wenn nicht, so ist sie nicht vom Himmel und wir kehren um.«

Also fuhren sie, und wie sie fuhren, kamen sie an eine kleine Brücke. Da stürzte ein Pferd, die Kutsche überschlug sich, und beinahe wären sie ertrunken.

»Du siehst«, sagte der Vater, »daß es nicht gut verläuft und diese Reise nicht vom Himmel ist.«

Sie kehrten um, der einzige Sohn gab sich wieder ans Lernen und sah wieder, daß ihm etwas fehlte. Was es aber war, wußte er nicht. Und wieder drängte er seinen Vater, und der Vater mußte noch einmal mit ihm fahren. Als sie unterwegs waren, stellte der Vater wiederum die Bedingung, daß die Reise gut verlaufen müsse. Und wie sie fuhren, brachen beide Achsen.

»Sieh«, sagte der Vater, »es ist eine Fügung, daß wir nicht fahren sollen! Ist das denn natürlich, daß beide Achsen brechen? Wie oft sind wir mit dieser Kutsche gefahren und nichts dergleichen ist passiert!«

Sie kehrten wieder um, der Sohn nahm sein Lernen wieder auf

und empfand wieder den Mangel. Wieder rieten ihm die jungen Leute zu, er solle doch fahren.
Wieder ging der einzige Sohn zum Vater und drängte ihn wie zuvor, und der mußte noch einmal mit ihm fahren. Der einzige Sohn sagte dem Vater, sie sollten keine Bedingungen mehr aufstellen, liegt es doch in der Natur der Dinge, daß mal ein Pferd stürzt oder daß Achsen brechen. Es sei denn, es geschähe etwas ganz besonders Auffälliges.
Sie fuhren, bis sie zu einer Herberge gelangten, um zu übernachten. Sie trafen einen Kaufmann und fingen an, sich mit ihm zu unterhalten, wie's die Art von Kaufleuten ist. Sie sagten ihm nicht, wohin sie fuhren, denn der Raw schämte sich zuzugeben, daß er zu dem Guten Juden, dem Zaddik, führe. Sie unterhielten sich über Allerweltsangelegenheiten, bis sie auf Gute Juden zu sprechen kamen und wo es die gäbe. Der Kaufmann erzählte von einem Guten Juden hier und einem anderen dort. Da fingen sie an, von dem Guten Juden zu reden, zu dem sie unterwegs waren. »Der«, entgegnete ihnen der Kaufmann, »der – ein Guter Jude? Ein loser Jude das! Gerade komme ich von ihm. Ich war dabei, wie er eine Verfehlung beging!«
Der Vater wandte sich an seinen Sohn: »Da siehst du, mein Sohn, was dieser Kaufmann uns ganz ohne Hintergedanken erzählt; er kommt ja gerade von ihm!«
Sie kehrten nach Hause zurück. Der Sohn starb. Er kam im Traum zu seinem Vater und erschien ihm in großem Zorn. »Warum bist du so zornig?« fragte der Vater. Der Sohn antwortete, er solle zu jenem Guten Juden, dem Zaddik, fahren. »Der wird dir sagen, warum.«
Als der Raw erwachte, dachte er: »Ein Zufall.« Später träumte ihm wieder, und er dachte wieder – ein leerer Traum. So ge-

schah's dreimal. Da verstand er, daß der Traum von Bedeutung war und fuhr los.
Unterwegs traf er den Kaufmann, dem er begegnet war, als er mit seinem Sohn auf der Reise gewesen war. Der Raw erkannte ihn und sagte: »Du bist doch der, den ich in der Herberge gesehen habe!« Und der erwiderte: »Sicher hast du mich gesehen«, reißt den Mund auf und sagt: »Wenn du willst, schling ich dich runter!« »Was redest du?« fragte der Raw.
»Erinnerst du dich nicht«, antwortete der Kaufmann, »wie du mit deinem Sohn auf Reisen warst? Beim ersten Mal stürzte das Pferd auf der Brücke, und du bist umgekehrt. Später brachen die Achsen, und schließlich bist du mir begegnet. Ich sagte dir, daß der Zaddik ein loser Jude sei. Jetzt, da ich deinen Sohn beseitigt habe, magst du ruhig fahren. Der Sohn war der Kleinen Leuchte gleich – der Zaddik, zu dem er fahren wollte, der Großen Leuchte. Und wären sie einander begegnet – Messias wäre gekommen. Jetzt, da ich ihn beseitigt habe, magst du ruhig fahren.« Mitten im Wort verschwand er, und niemand war da, mit dem der Raw hätte reden können.
Der Raw fuhr zum Zaddik und schrie: »Weh, weh! – Weh um derer willen, die verlorengingen und nicht mehr zu finden sind!«

DIE NEUNTE ERZÄHLUNG

א מעשה מיט א חכם
און א תם

Vom Klugen und vom Einfältigen

Es waren einmal in einer Stadt zwei Hausväter. Sie waren sehr reich und besaßen große Häuser. Beide hatten einen Sohn. Beide Knaben gingen in dieselbe Schule. Der eine war klug und weise, der andere schlicht und einfältig. (Nicht, daß er dumm gewesen wäre, aber sein Verstand war einfach und gewöhnlich.) Obwohl der eine klug und weise war, der andere schlicht und einfältig und sein Verstand gewöhnlich, hatten sie einander sehr lieb.

Im Laufe der Zeit begann es mit diesen Hausvätern und ihrem Reichtum abwärtszugehen. Sie sanken immer tiefer, bis sie alles verloren hatten und zu armen Leuten geworden waren. Außer ihren Häusern blieb ihnen nichts. Unterdessen waren die Söhne herangewachsen, und die Väter sagten zu ihnen: »Wir können euren Lebensunterhalt nicht mehr aufbringen. Versucht, auf eigenen Füßen zu stehen.« Der Einfältige ging und erlernte das Schusterhandwerk. Der Kluge war ein verständiger Mensch und mochte sich nicht mit einem so gewöhnlichen Handwerk abgeben. Er faßte den Entschluß, sich in der Welt umzutun und zu sehen, was er anfangen sollte. Er sah sich auf dem Markt um. Da bemerkte er eine große vierspännige Kutsche, die auf der Durchreise war. Er sprach die Kaufleute an und fragte sie: »Woher seid ihr?«

»Aus Warschau.«

»Wohin fahrt ihr?«

»Nach Warschau.«
Er fragte sie: »Vielleicht könntet ihr einen Gehilfen gebrauchen?«
Die Kaufleute sahen, daß er ein kluger und flinker Junge war. Er gefiel ihnen, und sie nahmen ihn mit. Er reiste mit ihnen und bediente sie unterwegs sehr manierlich.
Als er in Warschau angekommen war, begann er als verständiger Kopf zu überlegen: »Wozu soll ich mich an diese Kaufleute halten, wenn ich nun schon in Warschau bin? Vielleicht gibt's hier Besseres als sie. Ich will etwas suchen und werde dann ja sehen.« Er tat sich auf dem Markt um und begann, Auskunft über die Leute, die ihn hergebracht hatten, einzuholen und zu fragen, ob es nicht Besseres als sie gäbe. Er bekam zur Antwort, daß diese Leute ehrlich seien und daß er es bei ihnen gut haben würde. Nur eins sei beschwerlich: ihre Geschäfte führten sie an weit entfernte Orte.
Auf seinen Gängen beobachtete er die Art der Ladendiener, auf den Markt zu gehen – mit Hut und spitzen Schuhen und allem Schick in Kleidung und Gang. Verständig und gewitzt, wie er war, gefiel ihm das sehr: eine feine Sache, die sich zudem daheim abspielt, an ein und demselben Ort. Also stattete er den Leuten, die ihn hergebracht hatten, seinen Dank ab und sagte, es sei nicht gut, länger bei ihnen zu bleiben. Und daß sie ihn hierher gebracht hatten, das hätte er ja unterwegs abgedient. Dann verdingte er sich bei einem reichen Hausherrn.
Und so verläuft die Karriere eines Dieners: Man fängt als Unterdiener an, muß schwere Arbeiten verrichten und erhält nur geringen Lohn. Der Hausherr ließ ihn schwere Arbeiten verrichten. Er schickte ihn mit Waren zu Adligen, wie Diener, die zum Beispiel Kleider über die verschränkten Arme gelegt austragen. Die Arbeit kam ihn schwer an, manchmal mußte er

mit der Ware in die oberen Stockwerke hinaufsteigen, was ihm nicht leichtfiel. Er überlegte, da er doch ein Philosoph und ein verständiger Kopf war:

»Was taugt mir diese Arbeit? Eigentlich sind ihr Ziel und Zweck doch nur, zu heiraten und sich selbst zu ernähren. Darauf brauche ich aber jetzt noch nicht zu achten. Dazu ist später noch Zeit genug. Derweil will ich in die Welt ziehen und mich satt sehen!«

Er tat sich auf dem Markt um und sah Kaufleute mit großen Reisewagen. Er fragte sie:

»Wohin fahrt ihr?«

Sie antworteten:

»Nach Livorno.«

Er fragte:

»Würdet ihr mich mitnehmen?«

Sie antworteten: »Ja« und nahmen ihn mit. Von Livorno reiste er durch Italien und weiter nach Spanien. Mit den Jahren wurde er noch klüger, weil er eine ganze Anzahl von Ländern kennenlernte.

Er überlegte sich:

»Jetzt wär's wohl an der Zeit, an das Ziel zu denken.« Und er begann philosophisch zu bedenken, was er nun anfangen sollte. Es gefiel ihm, das Goldschmiedehandwerk zu erlernen, ein großartiges und schönes Handwerk, das viel Geschick erfordert und zudem sehr einträglich ist. Als verständiger und philosophischer Kopf, der er war, hatte er es nicht nötig, Jahre mit dem Erlernen des Handwerks zu vertun. Nach einem Vierteljahr hatte er es zum Handwerksmeister gebracht. Ja, er verstand sich besser darauf als sein Lehrmeister. Dann überlegte er: »Obgleich ich dieses Handwerk nun beherrsche, will ich mich doch nicht damit begnügen. Heute ist dieses wichtig, morgen vielleicht schon etwas anderes!« Er verdingte sich bei einem Edelsteinschleifer. In seiner Klugheit begriff er auch dieses Handwerk in sehr kurzer Zeit, in einem Vierteljahr.

Darauf philosophierte er: »Zwar beherrsche ich nun zwei Handwerkskünste, aber wer weiß denn, ob nicht vielleicht beide unwichtig werden? Es wird also von Nutzen sein, etwas zu erlernen, was immer wichtig bleibt.« Mit Verstand und Philosophie kam er zu dem Schluß, Medizin zu studieren – das ist etwas, was immer gebraucht wird und immer wichtig ist. Allerdings setzt das Studium der Medizin Lateinkenntnisse in Wort und Schrift und Philosophie voraus. Auch diese eignete er sich in kürzester Zeit an, in einem Vierteljahr. Er wurde ein großer Arzt und ein Philosoph, er wurde klug in aller Wissenschaft und Weisheit.

Allmählich erschien ihm die Welt wie nichts, denn er kam zu der Auffassung, eigentlich besitze doch niemand Verstand. Wegen seiner Klugheit – war er doch ein großer Kunsthandwerker, Weiser und Arzt – bedeutete ihm niemand auf der Welt etwas. Er überlegte sich, daß er sich nun dem Ziel widmen und sich eine Frau nehmen sollte. Er dachte aber nach und sagte sich:

»Wenn ich mich hier verheirate, wer wird dann wissen, was aus mir geworden ist? Besser wär's, ich kehrte nach Hause zurück, damit die Leute sehen, wozu ich es gebracht habe. Als junger Bursche fortgezogen, bin ich jetzt zu dieser Größe aufgestiegen!« Er machte sich auf den Weg nach Hause. Unterwegs hatte er viel zu leiden, denn seiner Klugheit wegen konnte er sich mit niemandem unterhalten. Und Herbergen nach seinem Geschmack fand er nicht. Also hatte er stets zu leiden.

(Laßt uns für eine Weile die Geschichte vom Klugen beiseite tun und mit der Geschichte vom Einfältigen beginnen.)
Der Einfältige erlernte das Schusterhandwerk. Einfältig, wie er war, brauchte er lange, bis er's sich angeeignet hatte, ohne es doch vollendet zu beherrschen. Er nahm sich eine Frau und lebte von seinem Handwerk. Da er einfältig war und sein Handwerk nicht so, wie es hätte sein sollen, beherrschte, fand er nicht einmal Zeit zum Essen, sondern mußte immer arbeiten. Beim Einstechen der Ahle und beim Durchziehen des Fadens biß er in ein Stück Brot und aß. Er war stets fröhlich und lebte in Freuden. Er hatte alle Speisen und Getränke, auch alle Arten von Kleidung. Seiner Frau pflegte er zu sagen: »Frau, gib mir zu essen«, und sie gab ihm ein Stück Brot. Er aß und sagte: »Gib mir Suppe mit Kascha.« Sie schnitt ihm noch ein Stück Brot ab, und er lobte sie und sagte: »Was für eine köstliche und bekömmliche Suppe!« Genauso ließ er sich Fleisch geben, und sie gab ihm wieder Brot. Er aß es und lobte: »Was für ein Leckerbissen, dieses Fleisch!« Er ließ sich alle guten Speisen geben, und für jede, die er wünschte, gab sie ihm ein Stückchen Brot. Er fand großen Genuß daran und lobte die Gerichte, als hätte er sie wirklich gegessen. Und in der Tat, in seinem Brot kostete er den Geschmack aller dieser Speisen.
Genauso sagte er zu seiner Frau: »Frau, gib mir einen Schluck Bier!«, worauf sie ihm Wasser gab, und er lobte: »Welcher Genuß, dieses Bier!« Dann bat er sie: »Gib mir Honigwein.« Sie gab ihm Wasser, und er spendete sein Lob: »Ausgezeichnet, der Met!« »Gib mir Wein« (oder etwas anderes zu trinken), stets gab sie ihm Wasser. Er genoß es und lobte das Getränk, als hätte er davon gekostet. Dasselbe mit den Kleidern. Die beiden besaßen ein Fell. Brauchte er das Fell, etwa um auf den Markt zu gehen, sagte er zu seiner Frau: »Gib mir das Fell«, und

sie gab ihm das Fell. Brauchte er einen Mantel aus Lammpelz, um unter die Leute zu gehen, bat er: »Frau, gib mir den Lammpelzmantel.« Und sie gab ihm das Fell. Er erfreute sich daran und lobte, wie schön doch dieser Lammpelz sei. Wenn er einen Kaftan brauchte, um ins Bethaus zu gehen, bat er seine Frau: »Frau, gib mir den Kaftan.« Sie gab ihm das Fell, und er lobte es: »Wie fein und elegant doch dieser Kaftan ist!« Und wenn er einen Gehrock anzuziehen hatte – gab sie ihm das Fell. Auch da lobte er die Feinheit und Eleganz des Rocks wie ein Genießer.

So ging es ihm mit allem. Er war voll Freude und Fröhlichkeit und stets guter Dinge. Und wenn er dann einen Schuh fertig hatte – gewöhnlich einen mit drei Ecken, weil er sein Handwerk nicht so recht beherrschte –, nahm er ihn in die Hand, lobte ihn und hatte größtes Vergnügen daran und sagte: »Frau, schau doch mal her, wie hübsch und elegant dies Schühchen ist! Wie süß dies Schühchen ist! Zucker und Honig!«

Sie fragte ihn:

»Wenn das so ist, warum nehmen dann andere Schuster drei Gulden für ein Paar Schuhe und du nur anderthalben?!«

Er antwortete ihr:

»Was geht mich das an? Das ist ihre Sache, und was ich mache, das ist meine Sache! Und wozu über andere Leute reden? Laß uns doch lieber ausrechnen, wieviel Reingewinn ich an diesem Schühchen habe. Das Leder kostet mich soundsoviel, Pech und Faden soundsoviel, die Sohlen soviel, die Zutaten nochmal soviel. Macht heute einen Reingewinn von zehn Groschen. Na, sollte ich mich über so einen Gewinn ärgern?!«

Immer war er fröhlich und guter Dinge. Die Leute hatten ihren Spaß an ihm. Stets bekamen sie, was sie wollten, denn an ihm hatten sie einen gefunden, über den sie nach Herzenslust

spotten konnten. Sie hielten ihn für einen Verrückten. Sie kamen, mit ihm zu reden, um sich über ihn lustig zu machen. Der Einfältige sagte stets: »Aber bitte ohne Spott!« Und wenn man antwortete: »Ja sicher, ohne Spott!«, dann hörte er ihnen zu und unterhielt sich mit ihnen. Nach tieferem Eindringen in Wissen und Weisheit verlangte es ihn nicht. Vielleicht wäre dies auch frivol gewesen, denn er war einfältig. Und wenn er dann sah, daß man doch darauf aus war, ihn zu verspotten, sagte er: »Was soll's schon, wenn du auch klüger bist als ich, so bist du doch ein Narr. Was bin ich schon! Wenn du auch klüger bist als ich, so bist du doch immer noch nur ein Narr!«
(So war der Einfältige. Und jetzt wollen wir wieder vom Klugen erzählen.)

Unterdessen entstand große Aufregung bei der Nachricht, daß der Kluge unterwegs sei und mit höchster Würde und Weisheit nach Hause zurückkehre. Auch der Einfältige lief ihm in großer Freude entgegen und sagte zu seiner Frau: »Gib mir schnell den Rock, ich will meinem lieben Freund entgegengehen und ihn sehen!« Sie reichte ihm das Fell, und er lief ihm entgegen. Der Kluge reiste in einer Kutsche in großem Stil. Der Einfältige trat ihm entgegen und entbot ihm freudig und herzlich den Willkommensgruß: »Mein lieber Bruder, wie geht es dir? Gelobt sei Gott, der dich hergebracht und der mir vergönnt hat, dich zu sehen!« Der Kluge sieht ihn sich an – wie nichts war ihm die ganze Welt, um wieviel mehr so ein Mensch, der aussieht wie ein Verrückter! Nur um der Jugendfreundschaft willen, die sie einmal verbunden hatte, war er freundlich zu ihm und fuhr mit ihm in die Stadt ein.
Ihre Eltern, jene zwei Hausväter, waren gestorben, während der Kluge die Welt durchreist hatte. Sie hatten ihre Häuser

hinterlassen. Der Einfältige war am Ort geblieben und in seines Vaters Haus gezogen, das er geerbt hatte. Der Kluge dagegen hatte in fremden Ländern geweilt und niemanden gehabt, der das Haus verwaltet hätte. So war das Haus des Klugen zur Ruine verfallen, bis nichts mehr davon übrig war. Da nun der Kluge kein Haus hatte, wo er hätte bleiben können, zog er in eine Herberge. Sie war nicht nach seinem Geschmack, und er litt dort sehr.

Der Einfältige hatte eine neue Beschäftigung gefunden: Immer wieder lief er voll Freude und Herzlichkeit zum Klugen hinüber. Er sah, daß der Kluge in der Herberge litt, und sagte zu ihm: »Bruder, komm zu mir, zieh in mein Haus. Du kannst bei mir wohnen. Alles, was mein ist, geht in eine Ecke, und du kannst mein ganzes Haus haben.« Das gefiel dem Klugen, er zog ein und blieb dort.

Der Kluge aber litt vielerlei Leid, denn er hatte den Ruf, klug und weise und ein großer Künstler und großer Arzt zu sein. Ein Edelmann beauftragte ihn, einen goldenen Ring anzufertigen. Er schuf einen kostbaren Ring, in den er wunderschöne Formen eingravierte, auch einen wunderbaren und ganz besonderen Baum. Der Edelmann kam, und der Ring gefiel ihm ganz und gar nicht. Da litt der Kluge großes Leid, wußte er doch: Wäre dieser Ring mit dem Baum darauf in Spanien geschaffen worden, man hätte ihn als sehr wertvoll hoch geschätzt. Und hier gefällt er überhaupt nicht! Desgleichen kam einmal ein hoher Fürst mit einem kostbaren Edelstein, den man ihm aus fernen Ländern gebracht hatte, zu ihm. Er verlangte, der Kluge solle die Gravur eines anderen Steins exakt auf jenen kostbaren Stein übertragen. Er führte dies aufs allergenaueste aus und irrte nur in einem Detail, was aber kein Mensch außer ihm selbst erkennen konnte. Der Fürst kam, das

Juwel abzuholen, und die Arbeit gefiel ihm sehr. Der Kluge aber litt wegen des Fehlers, der ihm unterlaufen war, großes Leid und dachte: »So klug wie ich bin, muß mir ein Fehler passieren!« Auch die Heilkunst brachte ihm nur Leid. Er verabreichte einem Schwerkranken Arzneien, von denen er sicher war, daß die Heilung ihnen zu verdanken wäre, wenn der Kranke wieder genesen sollte, denn es waren ganz hervorragende Arzneien. Aber der Kranke starb, und die Leute sagten, er sei seinetwegen gestorben. Darunter litt er sehr. Gab er aber einem Kranken Arznei und der Kranke wurde gesund, hieß es: »Zufall!« Nichts, was ihm nicht Leid gebracht hätte!

Wenn er einen Anzug brauchte, ließ er den Schneider kommen und plagte sich mit ihm ab, bis er ihm beigebracht hatte, den Anzug nach seinen Wünschen der Mode gemäß zu schneidern. Der Schneider gab sich große Mühe und schneiderte den Anzug, so wie der Kluge ihn haben wollte. Nur bei einem Aufschlag traf er's nicht ganz recht. Das brachte dem Klugen großes Leid, denn er wußte doch: »Hier versteht keiner was davon, und der Aufschlag gilt als schön. Wenn ich aber mit ihm nach Spanien käme, man lachte mich aus, und ich stünde da wie ein Narr!« So litt er stets großes Leid.

Und immer kommt der Einfältige fröhlich und freudig zu ihm gelaufen, und immer trifft er ihn betrübt und leidend an. Da fragte er ihn: »Wie kommt's, daß ein so kluger und reicher Mann wie du allzeit leidet? Ich bin doch immer voll Freude!« Da machte er sich in den Augen des Klugen zum Gespött und erschien ihm als Verrückter.

Der Einfältige sagte: »Schon die gewöhnlichen Menschen, die mich verspotten, sind doch nur Narren; denn sind sie auch klüger als ich, so sind sie doch Narren. Um wieviel mehr ein Kluger, so wie du es bist. Wer bist du schon, wenn

du auch klüger bist als ich!« Er fuhr fort und sagte zu dem Klugen:
»Gebe Gott, daß du auf meine Stufe gelangst!«
Der Kluge entgegnete ihm:
»Es mag wohl sein, daß ich auf deine Stufe komme – wenn mir, bewahre, der Verstand genommen werden sollte oder ich, bewahre, krank würde und verrückt. Denn was bist du anders als ein Verrückter. Daß du aber auf meine Stufe gelangtest und so klug würdest, wie ich es bin, ja das ist völlig unmöglich!«
Der Einfältige gab zur Antwort:
»Bei Gott, Er sei gepriesen, ist alles möglich. Eh man sich's versieht, könnte ich deine Klugheit bekommen.«
Wie ihn der Kluge da auslachte!

Jedermann hatte die beiden Kinder mit ihrem Beinamen gerufen, den einen »der Kluge«, den anderen »der Einfältige«. Gewiß, es gibt eine Menge von Klugen und Einfältigen auf der Welt, doch bei ihnen waren diese Eigenschaften besonders ausgeprägt. Beide stammten aus einem Ort, und beide hatten dieselbe Schule besucht. Einer war der ganz außergewöhnlich Kluge geworden, der andere der besonders große Einfältige.
In den königlichen Registern ist jeder mit dem Namen seiner Familie verzeichnet. Bei ihnen aber fügte man ihre Beinamen hinzu: »Kluger« bei dem einen, »Einfältiger« bei dem anderen. Als der König einmal die Registratur besuchte, stieß er auf diese zwei, die mit ihren Beinamen registriert waren. Der König verwunderte sich über ihre Namen und hätte beide gern gesehen. Doch dann dachte er: »Wenn ich plötzlich nach ihnen schicken lasse, daß sie zu mir kommen sollen, könnten sie sich

sehr erschrecken. Der Kluge würde nicht wissen, was zu antworten, und der Einfältige könnte vielleicht vor Angst verrückt werden.« Der König beschloß, einen Klugen zum Klugen und einen Einfältigen zum Einfältigen zu entsenden. Nur, woher in der königlichen Hauptstadt einen Einfältigen nehmen? Denn da zählen die meisten Leute zu den Klugen! Aber ist nicht gerade der, der die Schätze verwaltet, ein Einfältiger? Einen Klugen wird man ja nicht gerade die Schatzkammer verwalten lassen, da er womöglich mit seiner Klugheit und seinem Verstand alles Geld durchbringt. Also hatte man einen Einfältigen über die Schatzkammer gesetzt.

Der König rief einen Klugen und den besagten Einfältigen, gab jedem einen besonderen Brief und sandte sie zu jenen beiden. Er gab ihnen auch einen Brief an den Gouverneur der Provinz, in der diese beiden Untertanen, der Kluge und der Einfältige, wohnhaft waren. Dieser Brief des Königs befahl dem Gouverneur, er solle Briefe in des Königs Namen an den Klugen und den Einfältigen richten, damit sie sich nicht erschreckten. Außerdem solle er ihnen auch schreiben, daß die Sache nicht zwingend sei: der König gäbe nicht etwa den Befehl, daß sie kommen müßten, sondern es hinge von ihnen ab. Wenn sie wollten, sollten sie kommen. Der König würde sie gern sehen.

Die beiden Abgesandten, der Kluge wie der Einfältige, reisten ab, gelangten zum Gouverneur und übergaben die Briefe. Der Gouverneur erkundigte sich nach jenen beiden, und es wurde ihm mitgeteilt, daß der eine ein außergewöhnlich kluger und reicher Mann, der andere aber ein besonders einfältiger sei, der für allerlei Kleider ein Fell habe, usw. Der Gouverneur überlegte, es wäre gewiß nicht passend, wenn man den Einfältigen in einem Fell vor den König führte. Er ließ ihm

passende Kleider anfertigen, legte sie in den Wagen des Einfältigen und gab den Boten die gewünschten Briefe mit.
Die Abgesandten reisten zu den beiden und übergaben ihnen die Briefe, der Kluge dem Klugen, der Einfältige dem Einfältigen.
Als der Einfältige den Brief entgegennahm, wandte er sich an den Überbringer: »Ich weiß nicht, was in dem Brief steht. Lies ihn mir vor!«
Der antwortete ihm:
»Ich kann dir sagen, was darin steht. Der König will, daß du zu ihm kommst.«
Der Einfältige sagte sogleich:
»Bloß kein Scherz!«
»Kein Scherz, das ist die reine Wahrheit!«
Da wurde der Einfältige von Freude erfüllt, lief zu seiner Frau und sagte ihr:
»Frau, der König hat nach mir geschickt!«
Sie fragte:
»Was soll das heißen? Wozu hat er nach dir geschickt?«
Er hatte keine Zeit, ihr zu antworten. Voller Freude beeilte er sich und setzte sich in den Wagen, um mit dem Boten abzureisen. Da sah er die Kleider darin liegen und freute sich darüber, daß er nun auch Kleider hatte, und war sehr fröhlich.
Indessen war beim König eine Anzeige wegen Veruntreuung gegen den Gouverneur eingelaufen. Der König setzte ihn ab und kam auf den Gedanken, daß es gut sei, wenn ein gewöhnlicher Mensch, ein Einfältiger, Gouverneur würde. Würde nicht ein Einfältiger das Land in Wahrheit und Geradheit lenken, weil er keine Klügeleien und Spitzfindigkeiten kennt?! Es gefiel dem König, jenen Einfältigen zum Gouverneur zu machen. Er erließ einen Ukas, daß der Einfältige, nach dem aus-

gesandt worden war, neuer Gouverneur werden sollte. Und da der Einfältige durch die Provinzhauptstadt kommen mußte, sollte man die Tore der Stadt bemannen, um ihn sogleich bei seiner Ankunft dort anzuhalten und ihm seine Ernennung zum Gouverneur mitzuteilen.

Und so geschah es. Sowie er in die Stadt einfuhr, hielt man ihn an und teilte ihm mit, er sei Gouverneur geworden. Er fragte: »Ist das ein Scherz?«

Er bekam die Antwort:

»Aber nein, kein Scherz!«

Und sogleich trat der Einfältige sein Amt an, voll Autorität und Kraft. Nun, da das Glück ihm günstig war und Glück klüger macht, kam er schon zu etwas mehr Verstand. Dennoch benutzte er seine Klugheit nicht, sondern handelte in Einfalt wie zuvor.

Er lenkte das Land einfältig, wahrhaftig und lauter. Niemandem tat er Unrecht oder Falsch an. Um ein Land zu leiten, ist nicht großer Verstand und Klügelei notwendig, sondern Geradheit und Einfalt. Kamen zwei Leute mit einem Prozeß vor ihn, sagte er: »Du bist im Recht, du im Unrecht«, gemäß seiner Einfalt und ganz wahrhaftig, ohne Wenn und Aber, ohne List und Tricks.

Die Bewohner des Landes liebten ihn sehr. Auch hatte er getreue Ratgeber um sich, die ihm sehr zugetan waren. Und aus Zuneigung gab ihm einer davon den Rat: »Du wirst gewiß vor den König treten müssen, da er bereits nach dir geschickt hat und es üblich ist, daß ein Gouverneur zum König kommt. Wohl bist du sehr ehrlich, und der König wird keinen Fehl daran finden, wie du das Land lenkst. Der König hat aber die Gewohnheit, in der Unterhaltung auch auf andere Dinge zu kommen und von den Sprachen und Wissenschaften zu re-

den. Es ziemte sich und wäre wohl angebracht, wenn du ihm Rede und Antwort stehen könntest. Darum ist es recht, wenn ich dich Wissenschaften und Sprachen lehre.«
Das gefiel dem Einfältigen. Er überlegte: »Was sollte ich dagegen haben, Wissenschaften und Sprachen zu erlernen.« Er begann zu lernen und erwarb Kenntnisse von Wissenschaften und Sprachen. Da kam ihm in den Sinn, wie sein Freund, der Kluge, ihm gesagt hatte, daß es absolut unmöglich sei, je seine Klugheit zu erreichen. Nun, jetzt hatte er sie schon erreicht!
Wenig später ließ der König den einfältigen Gouverneur zu sich kommen. Zunächst unterhielt sich der König mit ihm über die Staatsführung. Der Gouverneur gefiel dem König gut, denn er sah, daß der Einfältige gerade, ehrlich, ohne jeden Fehl und Tadel handelte. Danach begann der König von Wissenschaften und Sprachen zu reden, und der Einfältige antwortete, wie es sich gehört. Das gefiel dem König immer besser. Er sagte sich: »Ich sehe, daß er klug ist und doch mit Einfalt handelt.« Er gefiel dem König sehr gut. Der König ernannte ihn zum Ersten aller Minister und wies ihm eine eigene Residenz zu. Er befahl, sie prächtig auszubauen und mit Mauern zu umgeben, wie es ihm gebührte. Er überreichte ihm die Urkunde seiner Ernennung zum Ersten aller Minister. Die Residenz wurde prächtig ausgebaut, und der Einfältige bekleidete sein Amt mit Kraft und Würde.

Als der Brief des Königs bei dem Klugen eintraf, sagte dieser zu dem klugen Überbringer des Briefs: »Warte und bleibe hier über Nacht. Wir sollten das überlegen und darüber nachdenken.« Abends gab er für ihn ein großes Essen. Dabei begann der Kluge in seiner Klugheit und mit seiner Philosophie zu grübeln und zu klügeln und sprach:

»Was kann es bedeuten, daß ein solcher König nach einem so kleinen Menschen, wie ich es bin, sendet? Was bin ich, daß der König nach mir schickt? Was soll das heißen – ein König dieser Macht und Größe – und ich so gering gegenüber diesem großen König? Wie läßt es sich mit der Vernunft vereinbaren, daß so ein König nach mir schicken läßt? Sollte ich sagen: Wegen meiner Klugheit hat er nach mir geschickt – was bin ich denn gegen den König, hat denn der König keine klugen Männer? Und der König ist doch gewiß selbst sehr klug. Was mag es bedeuten, daß der König nach mir schickt?«
Er wunderte sich sehr darüber, und wandte sich an den Klugen, der den Brief überbracht hatte:
»Weißt du was? Ich will es dir sagen: Man muß den logischen Schluß ziehen, daß es gar keinen König gibt. Die ganze Welt irrt sich, wenn sie glaubt, es gäbe einen König. Im Gegenteil, verstehst du! Ziemt es sich denn, daß sich die ganze Welt einem Menschen in die Hand gibt, daß der König sein soll?! Nein, es gibt keinen König!«
Der Abgesandte aber sagte:
»Ich habe dir einen Brief des Königs überbracht!«
Der Kluge fragte:
»Hast du den Brief aus der Hand des Königs selbst entgegengenommen?«
Der Bote antwortete:
»Nein, ein anderer hat mir den Brief übergeben.«
Da sprach der Kluge:
»Also bitte, jetzt siehst du mit eigenen Augen, daß ich recht habe und daß es keinen König gibt!«
Und er fuhr fort:
»Da du doch aus der königlichen Hauptstadt kommst und dort aufgewachsen bist, sag mir, hast du je den König gesehen?«

Der Bote antwortete:
»Nein.«
Der Kluge sagte:
»Jetzt siehst du, daß ich recht habe und es ganz sicher keinen König gibt, da selbst du den König nie gesehen hast.«
Der kluge Bote fragte zurück:
»Wenn es so wäre, wer lenkte dann das Land?«
Der Kluge gab ihm zur Antwort:
»Das kann ich dir genau sagen, denn ich kenne mich wohl aus und mich mußt du fragen, denn ich habe viele Länder gesehen. So war ich auch in Italien, und da macht man es so: das Land wird von siebzig Ratsherren geleitet, sie teilen sich die Herrschaft auf und wechseln miteinander ab.«
Seine Rede fand bei dem anderen Klugen Gehör und fing an, ihm einzuleuchten. Schließlich waren beide einer Meinung und kamen zu dem Urteil, es sei gewiß, daß es keinen König auf der Welt gebe. Der Kluge sagte:
»Warte bis zum Morgen, und ich werde dir beweisen, daß es keinen König gibt.«
Früh am Morgen stand der Kluge auf, weckte den anderen Klugen, den Boten, und sagte:
»Komm mit mir auf die Straße, und ich werde dir zeigen, wie die ganze Welt im Irrtum befangen ist und es gar keinen König gibt!«
Sie gingen auf den Markt, sahen dort einen Söldner stehen, sprachen ihn an und fragten:
»Wem dienst du?«
Der antwortete:
»Dem König.«
»Hast du den König je gesehen?«
»Nein.«

»Sehe sich einer diese Dummheit an!«
Sie wandten sich an einen Offizier und unterhielten sich mit ihm, bis sie ihn fragten:
»Und wem dienst du?«
Der antwortete:
»Dem König.«
»Hast du den König je gesehen?«
»Nein.«
Da sprach der Kluge:
»Nun siehst du mit eigenen Augen, daß alle im Irrtum sind und daß es keinen König gibt.«
Damit stand es für sie fest, daß es keinen König gibt.
Der Kluge sprach:
»Komm, laß uns die Welt bereisen. Ich werde dir zeigen, wie sich die ganze Welt vor lauter Dummheit irrt.«
Sie gingen auf die Reise, und wo immer sie hinkamen, fanden sie die Welt im Irrtum befangen. Wann immer sie einen Irrtum entdeckten, diente ihnen die Idee vom König als Beispiel, und sie verglichen: »Ist dies nicht genauso wahr, wie's wahr ist, daß es einen König gibt?!«
Sie reisten überall umher, bis ihnen das Geld ausging. Zuerst verkauften sie ein Pferd, dann das zweite, und schließlich hatten sie alle Habe verkauft und mußten zu Fuß gehen. Doch stets forschten sie die Vorstellungen der Leute aus und fanden, daß alle im Irrtum waren. Sie wurden zu fahrenden Bettlern, ihr Ansehen und der Respekt vor ihnen schwanden dahin, und niemand gab mehr auf die beiden Streuner acht. So zogen sie herum, bis es sich traf, daß sie in die Stadt kamen, wo jener Erste Minister, der Einfältige, wohnte. In dieser Stadt lebte ein wirklicher Baal Schem, der sehr geachtet war, denn er wußte Großes zu wirken. Selbst bei den Mächtigen war er angesehen

und geachtet. Die Klugen kamen in die Stadt, sahen sich um und gerieten vor das Haus jenes Baal Schem. Sie sahen viele Wagen davor stehen, etwa vierzig oder fünfzig, mit Kranken darin. Der Kluge meinte, dort wohne ein Arzt; und weil auch er ein großer Arzt war, wollte er ihn besuchen, um ihn kennenzulernen. Er fragte, wer da wohne, und man antwortete ihm: »Ein Baal Schem.« Da brach er in großes Gelächter aus und sagte zum zweiten Klugen: »Noch eine Lüge, noch eine Dummheit mehr! Eine noch größere Dummheit als der Irrtum über den König. Bruder, laß mich dir von dieser Lüge erzählen und dir erklären, wie tief die Welt im Irrtum steckt!« Sie hatten Hunger, fanden noch drei, vier Groschen in ihren Taschen und gingen in eine Garküche – wo man sogar für drei, vier Groschen zu essen bekommt – und ließen sich etwas geben. Beim Essen unterhielten sie sich und verspotteten die Lügen und den Irrtum über den Baal Schem. Der Besitzer der Garküche hörte ihre Unterhaltung, und sie verdroß ihn sehr, denn der Baal Schem war dort sehr geachtet. Er forderte sie auf: »Eßt auf, was vor euch steht, und macht euch davon!« Dabei trat ein Sohn des Baal Schem ein, und sie fuhren fort, in dessen Anwesenheit über den Baal Schem zu spotten. Der Besitzer der Garküche schrie sie an, warum sie den Baal Schem in Gegenwart seines Sohnes verspotteten, verprügelte sie und jagte sie aus dem Haus. Sie waren darüber sehr verdrossen und wollten ihn verklagen. Sie gingen zu ihrem Wirt, bei dem sie ihre Bündel abgelegt hatten, um ihn um Rat zu fragen, wie sie ihr Recht gegen den Garkoch, der sie verprügelt hatte, einklagen könnten. Als sie ihrem Wirt erzählten, daß der Garkoch sie verprügelt hatte, fragte er sie nach dem Grund. Sie antworteten, daß sie sich über den Baal Schem lustig gemacht hätten. Er antwortete:

»Es ist sicher nicht richtig, Menschen zu schlagen. Aber ihr habt auch nicht recht getan. Warum habt ihr gegen den Baal Schem geredet? Der Baal Schem ist hier sehr geachtet.«
Sie stellten fest, daß auch er dem Irrtum anhing, und verließen ihn.
Sie wandten sich an einen Stadtbeamten, einen Nichtjuden, und erzählten ihm, wie man sie geschlagen hatte. Er fragte sie nach dem Grund, und sie antworteten, sie hätten gegen den Baal Schem geredet. Da gab ihnen auch der Stadtbeamte Schläge und jagte sie davon. Sie gingen vor eine höhere Instanz, erreichten aber keinen Prozeß, da zogen sie zum Nächsthöheren und immer so weiter, bis sie endlich an den Minister kamen. Die Wachen vor des Ministers Haus meldeten, daß jemand zu ihm wolle. Er befahl, ihn hereinzulassen.
Der Kluge trat ein und stand vor dem Minister, der ihn gleich erkannte: der Kluge, sein Freund! Der Kluge aber erkannte ihn nicht, da er jetzt mit großer Würde bekleidet war. Der Minister sprach ihn gleich an und sagte:
»Sieh, wohin mich meine Einfalt gebracht hat, zu dieser Würde, und sieh, wohin dich deine Klugheit geführt hat!«
Der Kluge sprach:
»Daß du der Einfältige bist, mein Freund, darüber können wir uns später unterhalten. Jetzt verschaff mir erst mein Recht, denn ich bin geschlagen worden.«
Der Einfältige fragte ihn:
»Warum hat man dich geschlagen?«
Der Kluge antwortete ihm:
»Ich habe von dem Baal Schem gesagt, daß er ein Lügner und alles ein Schwindel sei.«
Der Einfältige, der Minister, entgegnete ihm:
»Hältst du immer noch an deinen Klügeleien fest? Hast du

nicht gesagt, du könntest leicht auf meine Stufe geraten, ich aber nie auf die deine kommen? Nun bin ich schon lange auf der deinen, aber du bist noch nicht auf der meinen. Und ich sehe, es ist weit schwerer für dich, zu meiner Einfalt zu kommen.«

Da aber der einfältige Minister ihn seit der Zeit kannte, als er noch ein bedeutender Mann war, ließ er ihm Kleider geben und lud ihn ein, mit ihm zu speisen. Beim Mahl fingen sie an, sich zu unterhalten, und der Kluge suchte ihm seine Meinung zu beweisen, daß es gar keinen König gebe. Da rief der Einfältige, der Minister, aus:

»Was redest du da, ich habe den König mit eigenen Augen gesehen!«

Der Kluge lachte und entgegnete:

»Ah, das weißt du von dir selber, daß es der König war! Du kennst ihn? Du hast wohl seinen Vater und seinen Großvater gekannt, um zu wissen, daß sie Könige waren? Woher willst du denn wissen, daß es der König war? Die Leute haben dir gesagt, das sei der König. Belogen und betrogen haben sie dich!«

Der Einfältige war sehr verdrossen und erzürnt, daß der Kluge den König verleugnete. Da trat jemand herein und sagte:

»Der Teufel hat nach euch geschickt.«

Der Einfältige erzitterte und war verstört. Er eilte voller Furcht zu seiner Frau und erzählte ihr, daß der Teufel nach ihm geschickt habe. Sie gab ihm den Rat, den Baal Schem zu holen. Der Baal Schem kam, gab ihm Amulette und Abwehrmittel und sagte ihm, nun werde er sich nicht mehr erschrecken. Er glaubte daran und vertraute darauf. Danach saßen beide, der Einfältige und der Kluge, wieder beisammen, und der Kluge fragte ihn:

»Warum hast du dich vorhin so erschrocken?«
Der Einfältige antwortete:
»Wegen des Teufels, der nach uns geschickt hat.«
Der Kluge lachte ihn aus und sagte:
»Wie, du glaubst, daß es einen Teufel gibt?«
Und der Einfältige fragte ihn:
»Wer sonst hätte nach uns geschickt?«
Die Antwort des Klugen war:
»Das wird gewiß mein Bruder sein, der mich wiedersehen wollte und der unter diesem Vorwand nach mir geschickt hat.«
Der Einfältige fragte ihn:
»Aber wie ist er an allen Wachen vorbeigekommen?«
Er antwortete:
»Oh, er hat sie gewiß bestochen, damit sie lügen und sagen, sie hätten ihn nicht gesehen.«
Indessen trat wieder jemand herein und sagte:
»Der Teufel hat nach euch geschickt.«
Der Einfältige ließ sich nicht erschrecken und fürchtete sich nicht, da der Baal Schem ihm Schutz gegeben hatte. Er sagte zum Klugen:
»Und was sagst du jetzt?«
Der antwortete:
»Ich will dir's erzählen – ich habe einen Bruder, der mir zürnt. Er spielt mir einen Streich, um mich zu erschrecken.« Der Kluge stand auf und wandte sich an den, der zu ihnen hereingekommen war:
»Wie sah der aus, der nach uns geschickt hat? Welche Farbe haben seine Haare?«
Jener gab Antwort, und der Kluge sagte:
»Ja, genauso sieht mein Bruder aus.«

Der Einfältige fragte ihn:
»Willst du mit ihnen gehen?«
Der Kluge antwortete:
»Ja, ich will mit ihnen gehen, aber gib mir einige Soldaten zum Schutz, damit man mir kein Leid antut.«
Er gab ihm eine Wache mit, und die beiden Klugen gingen mit dem, der sie gerufen hatte. Als später die Soldaten zurückkehrten und der Einfältige sie fragte, wo die Klugen seien, antworteten sie, sie wüßten überhaupt nicht, wie sie verschwunden wären.
Der Teufel und sein Bote hatten die Klugen gepackt und sie in Schmutz und Schlamm geworfen. Inmitten des Schmutzes, in den die Klugen geworfen wurden, saß der Teufel auf seinem Thron. Der Schmutz war zäh und klebrig wie Leim, so daß sich die Klugen darin nicht rühren konnten. Sie schrien:
»Ihr Verbrecher, warum tut ihr uns solche Qualen an? Gibt es denn einen Teufel in der Welt? Nichts als Schufte seid ihr; ihr Verbrecher, ihr quält uns um nichts.«
Die beiden Klugen lagen im dicken Schmutz und suchten sich ihre Lage zu erklären: Das können nur die Gauner sein, mit denen wir uns einmal gezankt haben, daß sie uns jetzt so peinigen. So lagen die Klugen ein paar Jahre lang im Schmutz, unter großer Qual und Pein.
Als einmal der Einfältige, der Minister, am Hause des Baal Schem vorbeikam, erinnerte er sich seines Freundes, des Klugen. Er trat beim Baal Schem ein, verneigte sich nach vornehmer Sitte und fragte ihn, ob es wohl möglich sei, ihm den Klugen zu zeigen und ihn von dort herauszuholen. Der Einfältige fragte den Baal Schem:
»Erinnert Ihr Euch jenes Klugen, den der Teufel holen ließ und den ich seither nicht mehr gesehen habe?«

Der Baal Schem antwortete:
»Ja, ich erinnere mich seiner!«
Der Einfältige, der Minister, bat ihn, er möchte ihm den Ort, an dem sich der Kluge befinde, zeigen und ihn von dort herausholen. Der Baal Schem sagte ihm:
»Gewiß, ich kann dir zeigen, wo er ist, und kann ihn herausholen. Es soll aber niemand anders dorthin gehen als wir beide, ich und du.«
Sie machten sich beide auf, und der Baal Schem bewirkte, was in seiner Macht war; sie kamen dorthin, und er sah, wie jene beiden in Schmutz und Schlamm lagen. Als der Kluge den Einfältigen, den Minister, sah, rief und schrie er: »Bruder, sieh her, sie schlagen mich, diese Verbrecher peinigen mich für nichts!«
Da schalt ihn der Minister und schrie:
»Hältst du dich immer noch an deine Klügeleien und willst noch immer an nichts glauben! Du sagst, daß das Menschen seien? Jetzt sieh, hier ist der Baal Schem, den du geleugnet hast. Du wirst jetzt sehen, daß nur er euch herausholen kann!« Der Einfältige bat den Baal Schem, er möge sie herausholen und sie sehen lassen, daß es Teufel sind und nicht Menschen.
Der Baal Schem wirkte, was er wirkte. Da fanden sie sich auf trockenem Boden stehen – kein Schmutz und kein Schlamm. Ihre Peiniger waren zu Staub geworden. Da endlich erkannte der Kluge die Wahrheit und mußte zugeben und bekennen: daß es einen König gibt und einen wirklichen Baal Schem . . .

א מעשה פון בערגיר
מיט אן אָרימאן

Vom reichen Bürger und vom Armen

Es war einmal ein Bürger, ein reicher Kaufmann, der handelte mit vielen Waren. Seine Wechsel- und Kreditbriefe gingen um die ganze Welt, und alle guten Dinge waren sein. Unten im Hause wohnte einer, der war bettelarm – in allem das Gegenstück zum reichen Bürger. Beide aber waren kinderlos, der reiche Bürger hatte keine Kinder und auch der Arme nicht.

Einmal träumte dem Bürger, daß Leute zu ihm kämen und Bündel um Bündel schnürten. Er fragte sie: »Was tut ihr da?« Sie antworteten, sie trügen alles fort, hinunter zum Armen. Das verdroß ihn, und er wurde sehr zornig, daß sie seinen Reichtum zum Armen tragen wollten. Sein Zürnen half aber nichts, denn es waren ihrer viele. Sie schnürten Bündel um Bündel mit allem, was er an Waren und Hab und Gut besaß, und trugen alles hinunter zum Armen. Nichts blieb ihm als kahle Wände. Er war aufs äußerste verärgert. Da wachte er auf und erkannte – es war ein Traum. Und doch, wiewohl er sah, daß es nur ein Traum gewesen und, Gott sei Dank, all sein Vermögen noch bei ihm war, machte ihm der Traum schwer zu schaffen, und sein Herz war von nun an sehr unruhig. Der Traum ging ihm nicht mehr aus dem Sinn.

Schon früher hatte sich der Bürger um den Armen und seine Frau gekümmert und ihnen oft etwas gegeben. Jetzt aber kümmerte er sich noch mehr um sie als zuvor. Kamen sie zu

ihm herein, der Arme oder auch seine Frau, so veränderte sich seine Miene, und er erschrak vor ihnen, denn immer erinnerte er sich des Traumes. Der Arme und seine Frau waren es gewohnt, zu ihm zu gehen und sich bei ihm aufzuhalten. Einmal kam die Frau des Armen zu ihm herein; er gab ihr, was er immer gab, doch seine Miene veränderte sich dabei, und er war verstört. Da fragte sie ihn: »Verzeiht mir, Euer Ehren, aber bitte, sagt mir, was ist das: wann immer wir zu Euch kommen, wird Eure Miene ganz anders?«
Da erzählte er ihr die ganze Sache, daß er dies und das geträumt habe und sein Herz seither voll Unruhe sei. Sie erwiderte: »Träumtet Ihr diesen Traum nicht in der und der Nacht?« Er sagte: »Ja, wohl, aber was soll's?« Und sie antwortete: »In jener Nacht hat auch mir geträumt, daß ich sehr reich sei und Leute zu mir ins Haus kämen und Bündel um Bündel schnürten. Ich fragte sie: ›Wohin wollt ihr das tragen?‹ Sie antworteten: ›Zum Armen‹ (d.h. zu dem Bürger, den man schon den Armen nannte). Also, was gibst du auf einen Traum! Ich habe auch geträumt.«
Als er ihren Traum gehört hatte, war der Bürger noch tiefer erschrocken, und sein Herz war ganz verstört. Der Traum deutete darauf hin, daß man seinen Reichtum, sein ganzes Hab und Gut, zum Armen bringen, ihm aber den Mangel des Armen lassen wollte. Er war zutiefst verstört.

Eines Tages unternahm des reichen Bürgers Frau eine Spazierfahrt in ihrer Kutsche. Sie hatte Freundinnen mitgenommen, darunter auch die Frau des Armen. Wie sie spazieren fuhren, traf es sich, daß ein General mit einem Trupp Soldaten auf dem Durchzug war. Die Frauen fuhren zur Seite, machten den Weg frei, und der Trupp marschierte vorbei. Als der General

»Der Bürger hatte geträumt,
daß man seinen Reichtum . . .

. . . sein ganzes Hab und Gut zum Armen bringen, ihm aber den Mangel des Armen lassen wollte. Er war zutiefst verstört. «
Das ist verständlich – wer sieht sich schon gern um seinen gesamten Besitz gebracht! Dem armen Reichen wären Schloß und Riegel zu empfehlen; noch sicherer ist das Vermögen aber schwarz auf weiß.

sah, daß da Frauen unterwegs waren, befahl er, eine herauszugreifen und mitzunehmen. Die Soldaten holten die Frau des Armen aus der Kutsche, schleppten sie in den Wagen des Generals und fuhren mit ihr davon. Unmöglich, sie zurückzuholen, denn er war sofort auf und davon – noch dazu Militär, ein General und seine Truppen! Der General nahm die Frau und fuhr mit ihr in sein Land. Sie aber war gottesfürchtig und wollte überhaupt nichts von ihm wissen und weinte sehr. Man drang in sie, suchte sie zu locken, doch sie war sehr gottesfürchtig.

Die Frauen kamen von der Spazierfahrt zurück – ohne die Frau des Armen. Der weinte sehr, schlug mit dem Kopf gegen die Wand und trauerte ohne Unterlaß um seine Frau. Einmal kam der Bürger an des Armen Wohnung vorbei und hörte, wie der Arme bitterlich weinte und den Kopf an die Wand schlug. Er ging zu ihm hinein und fragte: »Was weinst du denn so bitterlich?« Der Arme erwiderte: »Soll ich etwa nicht weinen? Was ist mir denn geblieben? Dem einen bleibt der Reichtum, dem anderen bleiben die Kinder. Ich habe gar nichts, und meine Frau ist mir nun auch noch genommen. Was also bliebe mir?« Das ging dem Bürger sehr ans Herz, und er empfand großes Mitleid mit dem Armen, denn er sah seine Bitterkeit und tiefe Trauer. Da ging er hin und tat etwas Tollkühnes, ja, etwas ganz Verrücktes! Er erkundigte sich danach, in welchem Land jener General zu Hause war, reiste dorthin und tat etwas Verwegenes: Er ging zum Haus des Generals. Dort waren Wachen postiert, in seiner Erregung aber achtete er nicht auf sie, sondern drang ganz einfach ein. Die Wachen erschraken und waren verwirrt, als sie einen ganz aufgeregten Menschen neben sich sahen: Wie kommt denn der hierher? Und vor lauter Aufregung ließen sie ihn durch. Er lief an allen Wachen

vorbei, bis in die Gemächer des Generals, dorthin, wo die Frau des Armen lag. Als er zu ihr gelangt war, weckte er sie auf und sagte: »Komm!« Als sie ihn sah, erschrak sie, doch er sagte: »Schnell, komm mit mir!«
Sie ging mit. Und auch jetzt gelangten sie an allen Wachen vorbei, bis sie draußen waren. Da erst blickte er sich um und erkannte, was er getan hatte – etwas Tollkühnes! Er begriff, daß gleich darauf beim General ein ungeheurer Tumult ausbrechen würde. Und so war es. Der reiche Bürger versteckte sich mit ihr in einer Zisterne, die voll Regenwasser war, bis der Tumult sich legte. Zwei Tage blieb er mit ihr in der Zisterne. Sie sah die Größe seiner Aufopferung und die Drangsal, die er um ihretwillen erlitt. Da tat sie einen Schwur bei Gott: Alles Glück, das sie je haben würde – und vielleicht hätte sie einmal Glück, Größe und Wohlergehen –, aller Erfolg solle auch ihm nicht vorenthalten werden, ja, er möge ihre Größe und ihren Erfolg für sich haben, wenn er wolle; sie wolle bleiben wie zuvor, ihm aber solle das Glück nicht vorenthalten werden. Allein, wen konnte man in dieser Lage zum Zeugen des Schwurs nehmen? Also rief sie die Zisterne zum Zeugen an.
Nach zwei Tagen stieg er mit ihr aus der Zisterne, und sie entwichen immer weiter, aber er sah sehr wohl, daß man sie auch dort suchte. Da versteckte er sich noch einmal mit ihr in einem Tauchbad, einer Mikwe. Wieder sah sie seine große Hingabe und die Not, die er ihretwegen litt, und neuerlich schwor sie: Alles Glück, das sie je haben würde, solle ihm gehören usw., und rief die Mikwe zum Zeugen an. Auch in der Mikwe verblieben sie ungefähr zwei Tage, kamen dann wieder hervor und zogen weiter. Wieder erkannte er, daß man auch dort nach ihnen suchte, und versteckte sich abermals mit ihr. So geschah es etliche Male, daß er sich mit ihr an immer anderen Orten ver-

barg – in siebenerlei Gewässern: in einer Zisterne und in einer Mikwe, in Teichen, Brunnen, Bächen, Flüssen und Seen.
An jedem Ort, an dem sie sich versteckten, gedachte sie seiner Aufopferung und der Mühen, die er ihretwegen auf sich nahm. Jedes Mal tat sie ihren Schwur und rief den Ort zum Zeugen an. So gingen und gingen sie und verbargen sich an all jenen Orten, bis sie endlich ans Meer gelangten. Da der Bürger ein großer Kaufmann war, der die Seewege kannte, tat er alles, um auf dem Seeweg wieder in sein Land zu kommen, bis er endlich den Weg zurückgelegt hatte und mit der Frau des Armen zu Hause ankam. Er gab sie dem Armen zurück, und dessen Freude war sehr groß.
Darum, daß er dies getan und der Versuchung mit ihr widerstanden hatte, wurde seiner gedacht und ihm im selben Jahr ein Sohn geboren. Auch sie, die Frau des Armen, wurde schwanger und gebar eine Tochter zum Lohn für ihre Standhaftigkeit in den Versuchungen. Die Tochter war wunderschön, ja so außergewöhnlich schön anzusehen, daß sie alle menschliche Schönheit übertraf, denn unter Menschen läßt solche Schönheit sich nicht finden. Die Leute sagten immer: »Hoffentlich wird sie heranwachsen!« (Denn ein solches Wunder wächst nicht leicht heran und wird nicht leicht erwachsen.) Ihre Schönheit war unglaublich und etwas nie zuvor Gesehenes. Alle Welt kam zu ihr, sie zu sehen, und alle waren entzückt und verwundert. Die Zuneigung zu ihr ließ sie viele Geschenke bekommen. Der Arme wurde reich, und dem Bürger kam es in den Sinn, sich mit dem Armen zu verbinden, seinen Sohn mit der Tochter des Armen zu verheiraten, ihrer großen Schönheit wegen. Er dachte, vielleicht sei das die Bedeutung seines Traumes. Das Seine trägt man zum Armen und das des Armen zu ihm, das könnte doch bedeuten, daß sie die

Kinder miteinander verheiraten und sich so einander verbinden sollten. Einmal, als die Frau des Armen zu ihm kam, sagte er zu ihr, daß er wohl Lust hätte, sich mit ihr zu verschwägern. Vielleicht werde das jenen Traum verwirklichen. Sie sagte ihm: »Auch mir ist das in den Sinn gekommen. Ich hatte aber nicht den Mut, mit Euch darüber zu reden, daß ich mich Euch verschwägern wollte. Doch ich bin gewiß dazu bereit, wenn Ihr wollt, und werde Euch nicht abweisen, da ich geschworen habe, all mein Hab und Gut und mein Glück sollten Euch nicht vorenthalten werden.«

Der Sohn und die Tochter lernten beide gemeinsam auf derselben Schule Sprachen und andere Fächer, wie es üblich war. Besucher kamen, um die Tochter zu sehen, und überhäuften sie mit Geschenken, so daß der Arme reich wurde. Edelleute kamen, ihre Schönheit zu sehen, die ihnen sehr gefiel und sie etwas nie Gesehenes dünkte. Ihre wie überirdische Schönheit brachte diese Edelleute auf den Gedanken, mit dem Armen eine Heirat zu arrangieren. Ein Edelmann hatte große Lust, seinen Sohn mit ihr zu verheiraten. Es hätte sich aber für einen Edelmann nicht geziemt, sich mit ihr zu verbinden. Darum mußten sie zusehen, ihrem Vater Bedeutung zu verschaffen. Sie erreichten, daß er beim Kaiser diente, zuerst als Unteroffizier, dann in höherer und immer höherer Stellung. Sie waren sehr darauf bedacht, ihn schnell aufsteigen zu lassen. Schließlich wurde er zum General ernannt, und die Edelleute waren nun willens, sich mit ihm zu verbinden. Inzwischen waren aber viele daran interessiert, der Gedanke war mehreren gekommen, und alle waren bemüht, den Mann schnell nach oben zu bringen. Aber er konnte mit niemandem eine Abmachung treffen, denn es war ja bereits mit dem Bürger vereinbart, daß sie ihre Kinder einander verbinden wollten.

Der Arme, nun schon General, war auch weiterhin sehr erfolgreich. Der Kaiser sandte ihn aus, Kriege zu führen, und auch dabei hatte er großen Erfolg. Zum Dank ließ ihn der Kaiser noch höher steigen, und stets war er erfolgreich. Als schließlich der Kaiser starb, faßte das ganze Land den Beschluß, den Armen zum Kaiser zu machen. Alle Edelleute versammelten sich und kamen überein, er solle Kaiser werden, und so geschah es. Er bekriegte und eroberte ganze Länder, setzte die Kriege fort und blieb dabei stets siegreich und eroberte so ein Land nach dem andern, bis die übrigen Länder sich freiwillig unterwarfen, da sie sahen, wie groß sein Erfolg war. Alle Pracht und alles Glück der Welt gehörten ihm, also traten alle Könige zusammen und einigten sich darauf, daß er Kaiser über die ganze Welt sein solle. Sie übergaben ihm ein Dokument mit goldenen Lettern.

Der Kaiser war nun nicht länger bereit, eine Verbindung mit dem Bürger einzugehen. Es ziemt sich nicht für einen Kaiser, sich mit einem Bürger zu verbinden. Seine Frau aber, die Kaiserin, ließ den Bürger nicht im Stich. Der Kaiser sah, daß es wegen des Bürgers unmöglich war, seine Tochter zur Ehe zu geben, insbesondere, da seine Frau zu dem Bürger hielt. Da begann er, böse Gedanken gegen ihn zu hegen. Anfangs trachtete er danach, ihn ins Elend zu stoßen, und bediente sich dabei allerlei Listen, damit nicht bekannt werden sollte, daß er es war, der dem Bürger Schaden zufügte. Einem Kaiser ist das leicht möglich. So verlor der Bürger allmählich sein Vermögen, bis er Not litt, ja, völlig verarmte. Die Kaiserin aber hielt weiter zu ihm. Da sah der Kaiser, daß er keinen anderen Heiratsvertrag eingehen konnte, solange der Sohn des Bürgers noch lebte. Er setzte alles daran, den jungen Mann aus der Welt zu schaffen, und trachtete ihm nach dem Leben. Er schmiedete Ränke gegen ihn und setzte Kläger auf ihn an. Die Richter verstanden, daß es des Kaisers Wunsch und Wille war, ihn zu beseitigen. Sie fällten das Urteil. Der Sohn sollte in einen Sack gesteckt und ins Meer geworfen werden. Das tat der Kaiserin im Herzen weh – doch nicht einmal eine Kaiserin vermag etwas gegen den Kaiser. Also wandte sie sich an diejenigen, die das Urteil vollstrecken und ihn ins Meer werfen sollten, ging zu ihnen und warf sich ihnen zu Füßen. Inständig bat sie, den jungen Mann doch ihr zuliebe zu verschonen, denn womit hätte er den Tod verdient? So inständig flehte sie darum, statt seiner einen anderen zum Tode Verurteilten ins Meer zu werfen, den Jüngling aber freizulassen, daß ihr Bitten Erfolg hatte und sie ihr schworen, ihn freizulassen. Sie warfen einen anderen ins Meer, ließen diesen frei und sagten: »Geh, geh schon!« (Und da er ein vernünftiger junger Mann war, ging er davon.)

Bevor dies sich ereignete, hatte die Kaiserin ihre Tochter zu sich gerufen und ihr gesagt: »Meine Tochter, du sollst wissen, daß der Sohn des Bürgers dein Verlobter ist.« Sie erzählte ihr alles, was ihr widerfahren war: »Der Bürger setzte um meinetwillen sein Leben aufs Spiel. Er war mit mir an jenen sieben Orten, in den siebenerlei Wassern, und ich schwur ihm Mal um Mal bei Gott, daß ich ihm all mein Gut nicht vorenthalten würde. Ich rief die sieben Orte zu Zeugen an. Nun, jetzt bist du all mein Gut, mein Glück und mein Erfolg. So gehörst du ihm gewiß. Sein Sohn ist dein Bräutigam. Dein Vater will ihn einzig aus Hochmut töten. Ich habe mich darum bemüht, ihn zu retten, und habe erreicht, daß man ihn am Leben läßt. Darum wisse, daß er dein Bräutigam ist. Nie sollst du einen anderen begehren!«

Ihr Herz nahm die Worte der Mutter willig auf, denn auch sie war gottesfürchtig. Sie gab der Mutter zur Antwort, daß sie ihr Wort gewiß halten werde, und sandte dem Sohn des Bürgers einen Brief ins Gefängnis, daß sie treu zu ihm halte und daß er ihr Bräutigam sei. Und sie sandte ihm etwas, das einer Landkarte ähnlich war. Darauf hatte sie alle die Orte verzeichnet, in denen sich ihre Mutter mit seinem Vater verborgen gehalten hatte und die zu Zeugen geworden waren, die Zisterne, die Mikwe und die übrigen Orte, d. h. sie malte darauf etwas wie eine Zisterne, wie eine Mikwe usw. und ermahnte ihn, dieses Dokument aufs sorgfältigste zu bewahren. Sie siegelte es mit ihrem Namen.

Danach geschah das, was schon erzählt ist. Die Henker nahmen einen anderen, ihn ließen sie frei. Er ging davon, wanderte und wanderte, bis er ans Meer gelangte. Er bestieg ein Schiff, das brachte ihn übers Meer. Ein großer Sturmwind kam auf und verschlug das Schiff an eine unwirtliche Küste. Der Orkan zerbrach das Schiff, doch die Leute darauf konnten sich aufs Trockene retten. Sie fanden sich in einer Wüste, und jeder machte sich allein auf, nach Nahrung zu suchen. Weil dieses Land Wüste war, gelangten gewöhnlich keine Schiffe dorthin. Man konnte also nicht auf ein Schiff hoffen, um damit nach Hause zurückzukehren. Sie zogen durch die Wüste und suchten etwas Eßbares. Alle verstreuten sich, der eine hierhin und der andere dorthin, ein jeder für sich. Der Jüngling ging so lange, bis er sich weit von der Küste entfernt hatte. Als er daran dachte umzukehren, war's schon nicht mehr möglich. Je mehr er zurückstrebte, um so mehr entfernte er sich, bis er einsah, daß es unmöglich war. Er wanderte so durch die Wüste, in der Hand einen Bogen, mit dem er sich gegen wilde Tiere schützte. Er fand auch ein wenig zu essen und ging weiter und weiter, bis er aus der Wüste herausfand und auf eine verlassene Siedlung stieß. Dort fand er Wasser und Bäume mit Früchten und aß und trank. Er dachte nach und glaubte, dort sein Leben verbringen zu müssen. In jedem Fall würde es schwer sein, in die bewohnte Welt zurückzufinden; wer weiß, ob er noch einmal an einen solchen Ort gelangen würde, wenn er diesen hier verließe und wieder davonginge. Also wollte er bleiben und sein Leben dort verbringen. Es ging ihm ja gut: er hatte Früchte zu essen und Wasser zu trinken. Gelegentlich zog er aus und erlegte mit seinem Bogen einen Hasen oder einen Hirsch, so daß er Fleisch zu essen hatte. Und da es Fische in dem Gewässer gab, fing er sich auch Fische. Es gefiel ihm, da zu leben.

Der Kaiser dachte, jetzt könne er endlich seine Tochter verheiraten, denn das Urteil gegen den Sohn des Bürgers war vollstreckt, und er war ihn los. Also wurden ihr Partien vorgeschlagen, mit diesem König, mit jenem König. Ihr Vater richtete ihr einen Hof ein, wie es Sitte war, und dort residierte sie. Sie nahm Fürstentöchter zu Freundinnen, die ihr Gesellschaft leisteten, und hielt Hof. Oft machte sie Musik, wie es der Sitte entsprach. Wann immer man mit ihr einen Heiratsantrag besprechen wollte, antwortete sie, man möge nicht lange darüber reden, sondern der Bewerber solle selber kommen. Sie war in der Dichtkunst aufs beste bewandert und entwarf kunstfertig einen erhöhten Ort, den jeder Bewerber besteigen mußte, um sich ihr gegenüber aufzustellen und ein Liebeslied vorzutragen, das Lied eines Liebenden an seine Geliebte. Könige kamen, um sie zur Frau zu gewinnen, und bestiegen diesen Ort. Jeder trug sein Lied vor. Einigen ließ sie eine Antwort durch ihre Gefährtinnen zukommen, auch ein Lied der Zuneigung. Einigen, die ihr besser gefielen, antwortete sie selbst und ließ ihre Stimme in einem Liebeslied hören. Anderen, die ihr noch besser gefielen, zeigte sie sich von Angesicht zu Angesicht, ließ ihr Antlitz sehen und antwortete mit einem Liebeslied. Allen aber sagte sie zum Schluß: »Die Wasser aber sind nicht über dich gekommen!« Es gab keinen unter ihnen, der diese Worte verstanden hätte. Zeigte sie ihr Antlitz, so fielen die Bewerber ihrer übergroßen Schönheit wegen in Ohnmacht. Einige blieben schwach, andere wurden ob ihrer Schönheit vor Liebe wahnsinnig. Und wiewohl sie wahnsinnig wurden oder liebeskrank blieben, kamen doch weitere Könige zu ihr, um sie zur Frau zu gewinnen. Allen aber antwortete sie schließlich: »Die Wasser aber sind nicht über dich gekommen!«

Der Sohn des Bürgers hatte sich an seinem Ort wohnlich eingerichtet. Da lebte er und musizierte, wie auch er es verstand, und dichtete Lieder. Er wählte Hölzer, aus denen sich Musikinstrumente bauen ließen, und fertigte Instrumente. Aus den Sehnen von Tieren machte er die Saiten und musizierte. Oft nahm er das Dokument zur Hand, das sie ihm damals geschickt hatte, sang und spielte und erinnerte sich an alles, was sich mit ihm zugetragen hatte. Wie sein Vater ein reicher Bürger war . . . usw., und nun hatte es ihn hierher verschlagen. Er nahm das Dokument, ging, machte sich ein Zeichen an einem Baum, schnitt ein Loch hinein und versteckte das Dokument im Baum. So wohnte er dort eine ganze Zeit.

Einmal brach ein großer Sturm los und fällte alle Bäume, die dort wuchsen. Er konnte den Baum, in dem er das Dokument verborgen hatte, nicht wiedererkennen. Solange die Bäume an ihrem Platz standen, hatte er das Zeichen. Nun aber, da sie gefallen waren, lag der Baum irgendwo unter allen anderen

Bäumen; und es waren so viele, daß er den Baum nicht mehr erkennen konnte. Es war unmöglich, alle Bäume zu spalten, um das Dokument wiederzufinden, denn es waren sehr viele Bäume. Da weinte er und war tief betrübt. Er erkannte, daß er vor Kummer wahnsinnig werden würde, wenn er weiter dort sitzen bliebe. Er entschloß sich, fortzugehen, ganz gleich, was aus ihm werden mochte. Ginge er nicht, so würde ihn sein Kummer in große Gefahr bringen. Er steckte Fleisch und Früchte in einen Sack und ging seines Weges. Er machte Zeichen an dem Ort, den er verließ, und ging so lange, bis er eine Siedlung erreichte. Er erkundigte sich: »Welches Land ist dies?« Man sagte es ihm. Er fragte, ob man wohl von jenem Kaiser gehört habe. Die Antwort lautete ja. Dann fragte er, ob man von dessen Tochter, der Schönen, gehört habe. Ja, doch sei es unmöglich, sie zu heiraten. Er dachte sich, daß es für ihn unmöglich sei, zu ihr zu gelangen. Also ging er zum König dieses Landes und schüttete ihm sein Herz aus und erzählte, daß er der Bräutigam sei und daß sie seinetwillen keinen anderen wolle. Weil er aber nun nicht zu ihr gelangen könnte, wollte er dem König alle seine Zeichen bekannt machen – die sieben Wasser. Möge doch der König hinziehen und sich mit ihr vermählen! Dafür verlangte er Geld. Der König erkannte, daß er die Wahrheit sprach, denn so etwas erfindet man nicht. Die Sache gefiel dem König. Er überlegte aber: Es wäre gar nicht gut für ihn, wenn er sie in sein Reich brächte, der Jüngling aber noch hier sei. Sollte er ihn deshalb umbringen? Das mochte er nicht tun – warum ihn umbringen für den Gefallen, den er ihm getan hatte? Also beschloß der König, ihn zweihundert Meilen weit zu verbannen. Das verdroß den Jüngling sehr, und er verstand nicht, warum er verbannt wurde für einen Gefallen, den er dem König getan hatte.

Er machte sich auf zu einem anderen König und erzählte ihm dasselbe. Er machte ihm alle Zeichen bekannt und fügte noch eines mehr hinzu. Auch drängte er ihn, gleich loszufahren. Vielleicht würde er ja jenen König überholen können und noch vor ihm ankommen. Doch auch, wenn er ihm nicht zuvorkommen sollte, so hätte er doch ein Zeichen mehr vorzuweisen als der erste. Dieser König hatte denselben Gedanken wie der erste und verbannte ihn ebenfalls zweihundert Meilen weit fort.

Wieder verdroß das den Jüngling aufs äußerste, und er machte sich zu einem dritten König auf, dem er noch mehr an guten Merkmalen mitteilte.

Der erste König machte sich sogleich auf den Weg, reiste zum Hof der Kaiserstochter, jener Schönen, und dichtete ein Lied, in das er alle sieben Orte geschickt einfügte. Es ergab sich aber, daß er, um den Forderungen der Dichtkunst zu genügen, die Orte wegen des Versmaßes nicht in ihrer rechten Reihenfolge hintereinander nannte. Er trat auf das Podium und trug sein Lied vor. Als sie die Orte vernahm, war sie sehr überrascht, und es schien ihr, als sei dieser ihr Freund aus der Kindheit. Wohl fand sie es seltsam, daß er die Orte nicht in ihrer rechten Reihenfolge aufgezählt hatte, doch dachte sie sich: »Vielleicht hat ihn das Versmaß zu dieser Anordnung gezwungen.« Ihr Herz kam zu dem Schluß, er sei es. So schrieb sie ihm, sie sei mit ihm verlobt. Da herrschte große Aufregung und große Freude, hatte doch die Schöne ihren Bräutigam gefunden, und man bereitete sich sogleich auf die Hochzeit vor.

Derweil kam der andere König an und begab sich auch zu ihr. Man sagte ihm, sie habe sich bereits verlobt. Doch er achtete nicht darauf, sondern rief, er habe ihr etwas Bestimmtes mitzuteilen, was seine Wirkung gewiß nicht verfehlen werde. Er trat auf und trug sein Lied vor. Er hatte alle Orte in die rechte Abfolge gebracht und gab noch ein Zeichen dazu. Sie fragte ihn: »Woher wußte der erste davon?« Die Wahrheit zu sagen, wäre nicht gut für ihn gewesen, also antwortete er ihr, er wisse es nicht. Das kam ihr sehr sonderbar vor, und sie blieb verwirrt. Auch der erste hatte die Orte genannt, aber woher hatte jener die Zeichen? Und dennoch erschien es ihr, als sei der zweite ihr Jugendfreund und Bräutigam. Sie hatte ja gesehen, daß er die Orte in ihrer Reihenfolge vorgetragen wie auch ein Zeichen mehr genannt hatte. Aber vielleicht hatte der erste die Orte um der Dichtkunst willen so angeordnet? Sie wußte nicht, was tun, und konnte zu keinem Entschluß kommen.

Der Jüngling, der Sohn des Bürgers, war tief erzürnt, als der zweite König ihn verbannt hatte. Er begab sich zu einem dritten König und erzählte auch dem die ganze Geschichte und teilte ihm noch mehr Zeichen und auffällige Merkmale mit. Er legte nun alles offen, auch daß er ein Dokument hatte, auf dem alle die Orte verzeichnet waren. Darum sollte der König alle diese Orte auf ein Papier zeichnen und es ihr bringen. Der dritte hatte dieselben Gedanken wie die beiden anderen und verbannte den Jüngling zweihundert Meilen weit fort.

Auch dieser dritte König machte sich auf den Weg. Als er ankam, sagte man ihm, die beiden ersten seien schon da. Er antwortete nur, er habe da etwas, was seine Wirkung ganz gewiß nicht verfehlen werde. Die Leute verstanden gar nicht, warum sie sich gerade diesen beiden geneigter gezeigt hatte als allen anderen. Der dritte kam also, trug sein Lied mit sehr guten und noch besseren Merkmalen als die ersten vor. Und dazu wies er das Dokument mit den darauf verzeichneten Orten vor. Da erschrak sie sehr und war völlig verstört. Nun vermochte sie gar nichts mehr zu tun, denn auch von dem ersten hatte sie gemeint, er sei es. Danach vom zweiten. Nun aber sagte sie, sie glaube nichts mehr, bis man nicht das von ihr selbst geschriebene Dokument brächte.

Der Jüngling aber dachte: »Wie oft noch wird man mich immer weiter verbannen?« Er beschloß, sich selbst auf den Weg zu ihr zu machen, vielleicht würde es ihm doch gelingen. Er wanderte und wanderte, bis er endlich ankam und sagte, er habe etwas Wichtiges zu sagen. Er trug sein Lied vor und nannte noch mehr Zeichen und dazu sehr, sehr gute Merkmale. Er erinnerte sie daran, daß sie beide gemeinsam die Schule besucht hatten und offenbarte noch andere Merkmale.

Auch bekannte er ihr alles – wie er die Könige zu ihr geschickt habe, daß ihr Dokument in einem Baum verborgen sei und alles, was sich mit ihm zugetragen hatte. Sie aber achtete gar nicht darauf. Ihn zu erkennen war unmöglich; lange Zeit war vergangen, und sie wollte nichts mehr von irgendwelchen Zeichen wissen, bis ihr nicht ihr eigenhändiges Dokument gebracht würde. Denn vom ersten hatte sie gemeint, daß er gewiß der Richtige sei; so von dem anderen usw., also wollte sie nun keinerlei Merkmale und Zeichen mehr, außer dem einen.

Der Jüngling besann sich, daß er nicht lange am Hof bleiben konnte (wegen des Kaisers), und beschloß, wieder an seinen Ort in der Wüste zurückzukehren, an dem er zuvor gelebt hatte – dort wollte er sein Leben verbringen. Er ging und reiste, und schließlich kam er auch wieder in der Wüste an.

Über all dem waren gewiß manche Jahre vergangen, und der Jüngling war fest entschlossen, in der Wüste zu bleiben und den Rest seines Lebens dort zu verbringen. Er überdachte das menschliche Leben, und es wurde ihm klar, wie gut es war, in der Wüste zu leben. Er ließ sich dort nieder und ernährte sich von Früchten, wie schon erzählt.

Auf dem Meer lebte ein Mörder. Der hatte von der Kaiserstochter und ihrer weltbekannten Schönheit gehört und wollte sie entführen. Nicht, daß er sie gebraucht hätte; er war Eunuch. Er wollte sie vielmehr entführen, um sie irgendeinem König für viel Geld zu verkaufen. Er begann, alles Notwendige dazu vorzubereiten. Ein Mörder hat keine Skrupel: »Wenn's mir gelingt – ausgezeichnet. Wenn nicht, dann eben nicht! Was hab ich schon zu verlieren?« Ohne Skrupel und ganz rücksichtslos, wie's zu einem Mörder paßt! Er begann damit, die verschiedenartigsten Waren in großen Mengen einzukaufen. Dann konstruierte er Vögel aus Gold mit einer solchen Kunstfertigkeit, daß man meinen konnte, sie seien lebendig. Auch verfertigte er goldene Halme und Ähren, auf denen die Vögel saßen. Schon das war etwas ganz Besonderes: Die großen Vögel saßen auf den Halmen, ohne daß diese knickten. Aber mehr noch: Die Vögel waren so kunstvoll gemacht, daß man glauben konnte, sie sängen – einer schnatterte und schnalzte, einer zwitscherte, ein dritter flötete und sang. Allein, das geschah mit Hilfe einer Täuschung: In einem Raum seines Schiffes saßen Männer hinter den Vögeln verborgen und täuschten die Rufe der Vögel vor. Man glaubte, es seien die Vögel selbst, so geschickt war alles mit Hilfe von Drähten bewerkstelligt.
Mit alldem reiste der Mörder zu jenem Land, in dem die Tochter des Kaisers lebte, und warf Anker vor der Stadt, in der sie sich aufhielt. Er gab sich als großer Kaufmann aus, und die Leute kamen zu ihm, um kostbare Waren zu erwerben. Für geraume Zeit lag er dort vor Anker, länger als ein Vierteljahr.

Man kaufte bei ihm stets feinste Waren. So bekam auch die Kaiserstochter Lust, bei ihm etwas zu kaufen. Sie ließ ihm ausrichten, er solle ihr seine Waren bringen. Er ließ ihr antworten, er habe es nicht nötig, Käufern die Ware ins Haus zu bringen. Und wenn sie auch des Kaisers Tochter sei – wer seine Ware kaufen wolle, der möge bitte zu ihm kommen. Da man einen Kaufmann nicht zwingen kann, entschloß sich die Kaiserstochter, ihn aufzusuchen. Sie pflegte aber ihr Antlitz zu verschleiern, wenn sie auf den Markt ging, damit man es nicht sehen konnte. Die Leute könnten sonst ohnmächtig und liebeskrank nach ihrer Schönheit werden. Darum ging sie verschleiert, nahm ihre Gefährtinnen mit, und eine Wache folgte ihnen nach. Sie kamen zum Kaufmann, kauften Waren ein und kehrten nach Hause zurück. Er sagte ihr: »Wenn du noch einmal kommst, will ich dir weit schönere Dinge zeigen, Wundersames!« Sie kehrte nach Hause zurück, kam später nochmals, kaufte Waren bei ihm und ging wieder nach Hause. Der Mörder verweilte noch länger dort, und so war sie schon daran gewöhnt, zu ihm zu gehen und öfter bei ihm zu kaufen. Als sie wieder einmal zu ihm kam, ging er und öffnete ihr den Raum, in dem sich die goldenen Vögel befanden. Sie sah, daß dies etwas ganz Außergewöhnliches war, und alle, die sie begleiteten, wollten ebenfalls den Raum betreten. Er aber sagte: »Nein, nein! Das will ich niemandem außer dir zeigen, weil du des Kaisers Tochter bist. Den anderen auf keinen Fall.« Also trat sie allein in den Raum, er aber verschloß die Türe. Es war dann ganz einfach für ihn: Er nahm einen Sack, zwängte sie mit Gewalt hinein und zog ihr alle Gewänder aus, die dann ein Matrose anziehen mußte. Er verschleierte dessen Gesicht und stieß ihn hinaus: »Los, geh!« Der Matrose wußte gar nicht, wie ihm geschah. Als er verschleiert heraustrat, begleitete ihn die ahnungslose Wache. Alle dachten, es sei die Kaiserstochter, und der Matrose ging mit dem Trupp, wohin man ihn führte. Er wußte nicht, wo ihm der Kopf stand, bis man ihm endlich im Gemach der Kaiserstochter den Schleier vom Gesicht nahm und entdeckte, daß es ein Matrose war. Eine schreckliche Aufregung entstand. Der Mörder hatte die Kaiserstochter gefangen und wußte, daß man ihn verfolgen würde. Er verließ mit ihr das Schiff und versteckte sich in einer Zisterne voller Regenwasser, so lange, bis die Aufregung vorüber sein würde. Vorher hatte er den Matrosen befohlen, sofort die Anker zu lichten und zu fliehen, denn man würde sie sicher verfolgen, doch nicht auf sie schießen, weil man des Kaisers Tochter an Bord vermutete. »Sie werden euch nur verfolgen, also flieht sofort. Und wenn sie euch fassen, nun, dann fassen sie euch. Was ist schon dabei!« Wie es zu Mördern paßt, die keine Rücksicht kennen. – Und genauso kam es auch. Große Aufregung entstand, und man verfolgte sie auf der Stelle, fand die Kaiserstochter aber nicht. Der Mörder war mit ihr in einer Zisterne verborgen. Sie lagen darinnen, und er drohte ihr, nur ja nicht zu schreien, damit niemand sie hören sollte. Er sagte zu ihr: »Ich habe mein Leben aufs Spiel gesetzt, um dich zu fangen; wenn ich dich aber wieder verliere, ist mir mein Leben nichts mehr wert. Nun bist du endlich in meiner Hand, solltest du mir weggenommen werden, ist mir mein Leben nichts mehr wert. Gibst du nur einen Laut von dir, erwürg ich dich auf der Stelle, ganz gleich, was dann mit mir geschehen mag, denn mein Leben gilt mir gar nichts!« Sie fürchtete sich vor ihm. Später verließ er mit ihr dieses Versteck und führte sie in eine Stadt, sie gingen und gingen und kamen an einen anderen Ort. Der Mörder erkannte, daß man ihn auch dort suchte. Er versteckte sich wieder mit ihr, in einer Mikwe. Die verließ er wieder und gelangte an einen anderen Ort, wo er sich wieder mit ihr in einem anderen Wasser verbarg. So jedes Mal in einem anderen der Gewässer, in denen sich der Bürger mit ihrer Mutter versteckt gehalten hatte, in den sieben Zeugen, wie oben erzählt. Schließlich gelangte er mit ihr ans Meer. Dort suchte der Mörder ein Schiff, zumindest aber ein Fischerboot, um das Meer mit ihr zu überqueren. Er fand ein Schiff und nahm die Kaiserstochter darauf mit sich. Nicht, daß er sie hätte brauchen können, er war ja ein Eunuch, vielmehr wollte er sie einem König verkaufen. Er fürchtete, sie könnte ihm weggenommen werden, und so kleidete er sie wie einen Matrosen, und sie sah aus wie ein Mann. Er fuhr mit diesem Schiff über das Meer. Sturmwind kam auf, verschlug das Schiff an eine Küste, und das Schiff zerbrach dabei. So kamen sie an die Küste jener Wüste, in der der Jüngling lebte. Als sie gestrandet waren, sah der Räuber – wie alle Räuber kannte er sich in den Verkehrswegen und -straßen aus –, daß es eine Wüste war, an deren Stränden keine Schiffe vorbeikommen. Darum hatte er keine Angst vor Menschen und ließ sie frei gehen. So suchten sie beide nach Nahrung, der hier, sie dort: Sie entfernte sich vom Räuber, und der ging seiner Wege. Plötzlich merkte er, daß sie nicht mehr in seiner Nähe war, und fing an, nach ihr zu rufen. Sie überlegte sich's und gab keine Antwort. Sie dachte bei sich: »Mein Ende ist, daß er mich verkaufen wird. Wozu ihm antworten! Wenn er zu mir zurückfindet, werde ich ihm sagen, ich hätte ihn nicht gehört, zumal er mich nicht töten wird, er will mich ja schließlich verkaufen.« Sie antwortete nicht und ging ihres Weges. Der Räuber suchte sie hier und dort und konnte sie nirgends finden. Er suchte weiter, aber es gelang ihm nicht, sie wiederzufinden. Die wilden Tiere werden ihn gefressen haben.

Sie ging weiter und immer weiter und fand etwas zu essen. So gelangte sie zu dem Ort, an dem jener Jüngling lebte. Ihre Haare waren lang gewachsen, und sie war als Matrose gekleidet. Sie erkannten einander nicht. Er war sehr erfreut, daß ein Mensch gekommen war, und fragte sie: »Woher kommst du?« Sie gab zur Antwort: »Ich war mit einem Kaufmann auf dem Meer, usw.« Und fragte ihn: »Und wie kommst du hierher?« Er antwortete genauso: »Durch einen Kaufmann.« Und beide lebten dort.

Als die Tochter des Kaisers entführt worden war, brach die Kaiserin in großes Wehklagen aus und schlug ihren Kopf gegen die Wand, weil ihre Tochter verloren war. Sie setzte dem Kaiser mit ihren Worten sehr zu und schalt ihn: »Wegen deines Hochmuts hast du jenen Jüngling verdorben, und jetzt ist unsere Tochter verloren.« Sie sagte zu ihm: »Sie war unser ganzes Glück und all unser Wohlergehen. Jetzt haben wir sie verloren. Was ist mir nun geblieben?« Auch ihm selbst dürfte es bitter angekommen sein, die Tochter verloren zu haben, außerdem setzte ihm die Kaiserin zu und erbitterte ihn sehr. Es kam zu großem Zank und Streit zwischen ihnen. Sie gab ihm viele böse Worte, bis sie ihn aufs äußerste erzürnt hatte und er befahl, sie zu verbannen. Er bestellte Richter gegen sie, die ein Verbannungsurteil über sie fällten. So wurde sie in die Verbannung geschickt.
Danach rüstete der Kaiser zum Krieg, doch blieb er ohne Erfolg. Er machte den General verantwortlich: »Weil du so und so taktiert hast, ist der Krieg verloren!« Der General wurde verbannt. Dann rief der Kaiser aufs neue zum Krieg, doch wieder ohne Erfolg. Und wieder schickte er seine Generäle in die Verbannung. So machte er es mit gar nicht wenigen, und

das Land erkannte, daß er sehr befremdliche Dinge tat: Erst hatte er die Kaiserin verbannt, dann die Generäle. Da dachte sich das Land: »Vielleicht ist es umgekehrt richtiger: die Kaiserin wiederzuholen, ihn aber zu verbannen. Ja, die Kaiserin soll das Land regieren!« Gesagt – getan. Man schickte den Kaiser in die Verbannung und holte die Kaiserin zurück. Sie regierte das Land und ließ sogleich den Bürger und seine Frau zurückholen und nahm sie in ihrem Palast auf.

Als der Kaiser in die Verbannung geschickt wurde, bat er die, die ihn fortführten, sie möchten ihn doch freilassen: »Ich war doch einmal euer Kaiser und habe euch gewiß Gutes getan. Jetzt tut doch mir etwas zuliebe und laßt mich laufen. Ich werde sicher nicht in das Land zurückkehren, ihr braucht nichts zu befürchten. Laßt mich gehen und für das bißchen Leben, das ich noch vor mir habe, frei sein.« Da ließen sie ihn laufen und er ging davon.

Jahre verrannen, während der Kaiser unterwegs war, bis er schließlich aufs Meer gelangte. Der Sturm verschlug sein Schiff, und so kam er in jene Wüste – und gelangte an jenen Ort, an dem die beiden lebten. Sie erkannten einander nicht. Des Kaisers Haare waren wild gewachsen, Jahre waren vergangen, und auch sie waren mit Haaren überwachsen. Sie fragten ihn: »Wie kommst du hierher?« Er antwortete: »Durch einen Kaufmann.« Sie gaben ihm die gleiche Antwort. So saßen die drei dort beisammen, aßen, tranken und machten Musik. Alle verstanden sie, auf Instrumenten zu spielen. Der Jüngling war der Geschickteste von ihnen, denn er hatte dort am längsten gelebt. Oft brachte er ihnen Fleisch, das sie aßen, und sie machten Feuer mit Holz, das teurer war als es Gold in der bewohnten Welt ist. Der Jüngling wollte sie davon überzeugen, daß es gut sei, das Leben an diesem Ort zu verbringen. Verglichen mit allem Guten, das die Menschen in der bewohnten Welt haben, sei es besser, hier zu leben und hier das Leben zu verbringen. Sie fragten ihn: »Was hattest du denn Gutes, daß du sagst, hier sei es für dich besser?« Er antwortete und erzählte, was sich mit ihm zugetragen hatte, daß er eines reichen Bürgers Sohn sei, und wie er hierher gekommen war. Und was hatte er davon, daß er eines Bürgers Sohn war? Er hatte alles Gute. Auch hier hatte er alles Gute! Er suchte sie davon zu überzeugen, daß es weit besser sei, das Leben hier zu verbringen. Der Kaiser fragte ihn: »Hast du von dem Kaiser gehört?« Er bejahte. Da fragte er ihn auch nach der Schönen, ob er von ihr gehört habe. Auch das bejahte er. Da wurde der Jüngling zornig und rief: »Dieser Mörder!« Da fragte der: »Wieso, ein Mörder?« Er entgegnete ihm: »Wegen seiner Grausamkeit und wegen seines Hochmuts bin ich hierhergekommen.« Er fragte: »Wie ist denn das geschehen?« Der Jüngling überlegte und fand, daß er hier niemanden zu fürchten hatte. Also erzählte er die ganze Geschichte, die sich mit ihm zugetragen hatte. Da fragte der Kaiser ihn: »Und wenn dir der Kaiser in die Hände fiele, würdest du dich an ihm rächen?« Da antwortete er: »Nein, im Gegenteil, ich würde ihn genauso ernähren, wie ich dich ernähre.« Da begann der Kaiser wieder zu seufzen und sagte: »Wie schlecht und wie bitter doch die alten Jahre dieses Kaisers sind!« Er habe nämlich gehört, daß seine Tochter, die Schöne, verlorengegangen und der Kaiser selbst verbannt worden sei. Da sagte der Jüngling wieder: »Wegen seiner Grausamkeit und wegen seines Hochmuts hat er sich und seine Tochter verdorben. Und ich, ich bin nur seinetwegen hierher verschlagen worden.« Der Kaiser fragte ihn wieder: »Und wenn er dir in die Hände fiele – würdest du dich an ihm rächen?« Er antwortete und sagte: »Ich würde ihn genauso ernähren, wie ich dich ernähre.« Da gab er sich ihm als der Kaiser zu erkennen und erzählte, was ihm widerfahren war. Der Jüngling fiel ihm um den Hals und küßte ihn. Sie aber, die Schöne, hörte alles, was die beiden miteinander redeten.

Jeden Tag ging der Jüngling hin und machte sich an drei Bäumen ein Zeichen. Er suchte das Dokument. Es gab Tausende und Abertausende von Bäumen. Also bezeichnete er die drei Bäume, die er abgesucht hatte, damit er sie nicht am morgigen Tag noch einmal untersuchen müßte. So tat er jeden Tag, vielleicht würde er das Dokument doch einmal finden. Wenn er zurückkam, standen ihm Tränen in den Augen. Er weinte, denn er hatte gesucht, aber nicht gefunden. Sie fragten ihn: »Was suchst du zwischen den Bäumen, und warum kommst du so traurig zurück?« Da erzählte er ihnen die ganze Geschichte, wie die Kaiserstochter ihm ein Dokument geschickt und er es in einem Baum verborgen hatte, dann aber ein Sturm losgebrochen war, usw. Jetzt suche er und vielleicht würde er es finden. Sie sagten ihm: »Morgen wollen wir mit dir auf die Suche gehen. Vielleicht finden wir es.« Und so war es. Sie gingen mit ihm, und die Kaiserstochter fand das Dokument in einem Baum. Sie öffnete es und erkannte ihre eigene Handschrift. Sie überlegte sich: »Wenn ich ihm gleich sage, daß ich selbst es bin, und wenn ich diese Kleider ablege, zu meiner Schönheit zurückfinde, so schön bin wie früher, so könnte er wohl zusammenbrechen und sterben.« Auch wollte sie die Ehe nach Recht und Frommen schließen. Sie gab ihm also das Dokument und sagte, sie habe es gefunden. Da brach er zusammen und wurde ohnmächtig. Sie brachten ihn wieder zu sich, und ihre Freude war groß. Der Jüngling aber sagte: »Was taugt mir schon das Dokument? Wie soll ich sie denn finden können? Sie ist jetzt sicher irgendwo bei irgendeinem König. Was soll ich also damit? Ich will mein Leben hier verbringen!« Ging hin, gab es ihr zurück und sagte: »Hier, nimm du es, geh und gewinne sie für dich!« Sie wollte wohl gehen und bat ihn mitzugehen: »Ich werde sie ja ganz gewiß gewinnen – es wird mir gut ergehen und ich möchte dich gern daran teilhaben lassen.« Der Jüngling verstand, daß jener klug und weise war und die Kaiserstochter gewiß für sich gewinnen würde. Er war's zufrieden und wollte mitgehen. Der Kaiser aber bestand darauf zu bleiben, denn er fürchtete sich, in sein Land zurückzukehren. Sie bat ihn, er solle auch mitgehen, denn er würde ja gewiß die Schöne für sich gewinnen: »Du brauchst also keine Angst zu haben, und man wird dich auch zurückholen lassen.«

So gingen sie gemeinsam, alle drei. Sie heuerten ein Schiff an und gelangten in das Land, in dem die Kaiserin lebte, und zu der Stadt, in der sie residierte. Sie vertäuten das Schiff, und die Kaiserstochter überlegte sich: Sagte sie der Mutter sogleich, daß sie da sei, so könnte die Mutter sterben. Also ließ sie der Mutter ausrichten, da sei ein Mensch, der Nachricht von ihrer Tochter bringe. Dann ging sie selbst zur Kaiserin und erzählte ihr, was sich mit ihrer Tochter zugetragen hatte, die ganze Geschichte. Schließlich sagte sie ihr: »Und sie selbst ist auch hier«, und entdeckte ihr die Wahrheit: »Ich bin es selbst.« Sie erzählte der Mutter, daß auch ihr Bräutigam da sei, des Bürgers Sohn. Dann aber sagte sie der Mutter, sie wünsche nichts anderes, als daß man auch ihren Vater, den Kaiser, wieder einsetze. Die Mutter wollte das ganz und gar nicht, weil sie sehr zornig auf ihn war, war doch alles seinetwegen geschehen. Doch ihrer Tochter zuliebe mußte sie nachgeben. Sie wollte den Kaiser zurückholen lassen und ließ ihn suchen, er war aber nicht zu finden. Da sagte ihr die Tochter, daß auch der Kaiser bei ihnen sei. Die Hochzeit fand statt, und die Freude war vollkommen. Das Paar erhielt Königtum und Kaisertum, und sie herrschten königlich über die ganze Welt.

א מעשה
פון א פארביטענעם בן מלך
מיט א פארביטענעם בן שפחה

Vom Königssohn und dem Sohn der Magd, die vertauscht wurden

Es war einmal ein König; in dessen Haus gab es eine Magd, die der Königin diente. (Wahrscheinlich darf eine einfache Köchin nicht beim König eintreten; doch handelte es sich um eine niedrige Magd für irgendeinen kleinen Dienst.) Es kam die Zeit, da die Königin gebären sollte. Zur gleichen Zeit sollte auch ihre Magd niederkommen. Da ging die Hebamme hin und vertauschte die beiden Säuglinge, um zu sehen, was sich wohl daraus ergeben würde. Das Kind des Königs nahm sie und legte es neben die Magd; das Kind der Magd legte sie neben die Königin.

Beide Söhne wuchsen heran, und der Sohn des Königs (d. h. das Kind, das beim König aufwuchs und von dem man meinte, es sei sein Sohn) wurde großgezogen und gefördert, Stufe um Stufe, bis er ein kräftiger Bursche geworden war. Der Sohn der Magd (d. h. der in Wirklichkeit der Sohn des Königs war) wuchs bei der Magd auf. Beide Kinder lernten gemeinsam in ein und derselben Schule. Der wahre Königssohn war von Natur aus zu königlicher Art hingezogen, wiewohl er im Hause eines Knechts aufwuchs. Umgekehrt sah sich der Sohn der Magd von Natur aus zu einer anderen, nicht königlichen Art hingezogen. Da er aber im Hause des Königs aufwuchs, mußte er sich nach königlicher Art verhal-

ten, denn so wurde er erzogen, und so ging man mit ihm um.
Die Hebamme aber – Frauenart ist leichtfertig – ging hin und vertraute jemandem an, daß sie die Kinder vertauscht hatte. Jeder Mensch hat einen Freund, und auch der Freund hat seinen Freund; so sagt einer dem anderen das Geheimnis, bis es offenkundig ist: Alle Welt redet heimlich davon, daß der Königssohn vertauscht worden ist. Natürlich kann man nicht offen darüber reden. Der König darf es nicht erfahren, denn was könnte er in dieser Sache schon tun? Richtigzustellen ist so etwas nicht. Er kann es nicht glauben – es ist vielleicht erlogen. Und wie sollte man den Tausch wieder rückgängig machen? Also darf man es auf keinen Fall dem König mitteilen. Heimlich aber redete das Volk darüber.
Es kam der Tag, an dem jemand den Königssohn das Geheimnis wissen ließ: man sage von ihm, er sei vertauscht worden. »Du kannst das aber nicht herausfinden, denn es steht dir nicht an; und wie will man auch so etwas herausfinden! Ich erzähl es dir, weil du es wissen mußt. Vielleicht wird es einmal eine Verschwörung gegen das Königshaus geben, und diese Verschwörung wird dadurch an Macht gewinnen, daß man sagt, sie wollten den Königssohn zum König, d. h. den, von dem sie sagen werden, er sei der wahre Königssohn. Du solltest dir also Gedanken über diesen Jüngling machen und wie du ihn loswerden kannst!«
Da machte sich der Königssohn daran, den Vater des anderen zu schikanieren. Er verlegte sich darauf, ihm stets nur Böses anzutun. Er drangsalierte ihn auf vielerlei Art, um ihn zu zwingen, mit seinem Sohn fortzuziehen. Solange der König noch lebte, hatte der Prinz nicht die Macht, ihn zu vertreiben; darum tat er ihm nur Böses an. Der König aber wurde alt und

starb. Der Sohn übernahm die Herrschaft und fügte daraufhin dem Vater des anderen noch mehr Böses zu, was er aber vertuschte, damit man nicht merkte, daß es von ihm kam; denn es würde keinen guten Eindruck auf die Leute machen. Ein Übel nach dem anderen tat er ihm an, und der Vater erkannte, daß es ihm jenes Gerüchtes wegen geschah. Er nahm den Sohn beiseite, erzählte ihm die ganze Geschichte und sagte: »Ich habe großes Mitleid mit dir. Solltest du mein Kind sein, habe ich gewiß großes Mitleid mit dir; solltest du aber nicht mein Kind sein, sondern wirklich der Sohn des Königs, hab ich gewiß noch größeres Mitleid mit dir, denn der junge König will dich, Gott bewahre, zugrunde richten. Du mußt fort von hier.« Es bekümmerte ihn sehr und kam ihn übel an. Aber der König fügte ihm immer mehr Schlechtigkeiten zu. Der Sohn sah ein, daß er fortziehen müsse. Der Vater gab ihm Geld, und er ging davon. Es verdroß ihn sehr, ohne Grund aus seinem Land vertrieben worden zu sein. Er fragte sich: »Warum und wozu trifft es mich, vertrieben zu werden? Bin ich der Königssohn, so habe ich es gewiß nicht verdient. Doch selbst dann, wenn ich nicht der Königssohn sein sollte, hab ich es nicht verdient, grundlos auf der Flucht zu sein. Was habe ich denn gefehlt, wie denn bin ich schuldig?« Er war sehr verdrossen, begann zu trinken und ging in die Hurenhäuser. Er wollte sein Leben damit verbringen, sich zu betrinken und das zu tun, wonach es ihn gelüstete, weil er ohne Grund vertrieben worden war.

Der junge König regierte sein Land mit harter Hand. Wenn er erfuhr, daß Leute über jene Vertauschung tuschelten und redeten, nahm er Rache an ihnen und bestrafte sie aufs strengste. Er herrschte machtvoll und mit großer Gewalt.

Es kam ein Tag, da ging der König mit seinen Fürsten auf die

Jagd. Sie kamen an einen lieblichen Ort, an dem ein Wasser vorbeifloß. Dort verweilten sie, um auszuruhen und sich zu ergehen. Der König legte sich eine Weile zur Ruhe. Da kam ihm in den Sinn, daß er jenen anderen ohne Grund vertrieben hatte. Wenn jener wirklich der Königssohn ist, war es dann nicht genug, daß er vertauscht wurde? Warum ihn noch vertreiben? Ist er aber nicht der Königssohn, dann verdient er es auch nicht, vertrieben zu werden. Worin hätte er denn gefehlt?
Der König dachte darüber nach und empfand Reue über das große Unrecht, das er begangen hatte. Er wußte sich keinen Rat, denn über so etwas kann man sich mit niemandem beratschlagen. Der König verfiel in Trauer und Sorge. Er hieß die Fürsten umkehren, denn da ihn Sorge befallen hatte, wollte er nicht länger spazierengehen. Sie kehrten nach Hause zurück. Dort aber hatte der König die verschiedensten Dinge und Angelegenheiten zu regeln, so daß er die Sache wieder aus dem Sinn verlor.
Der, der vertrieben worden war, tat, was er tat, und brachte sein Geld durch. Einmal war er allein auf einem Spaziergang und legte sich nieder, um auszuruhen. Da kam ihm in den Sinn, was ihm widerfahren war, und er begann nachzudenken: »Warum hat Gott, Er sei gepriesen, mir dieses angetan? Bin ich der Königssohn, so hab ich das gewiß nicht verdient. Und bin ich nicht der Königssohn, hab ich's auch nicht verdient, flüchtig und vertrieben zu sein.«
Dann überlegte er und dachte: »Im Gegenteil. Wenn Gott, Er sei gepriesen, so etwas zulassen kann, daß man einen Königssohn vertauscht und es ihm so ergeht, ist es dann recht, daß ich mich so benehme? Ist das richtig, was ich getan habe? Ziemt es sich für mich, daß ich mich so verhalte, wie ich es tue?«

Er begann, seine schlechten Taten zu bedauern und zu bereuen. Er kehrte zu dem Ort, an dem er wohnte, zurück. Wohl fuhr er fort zu trinken, doch da er anfing, Reue zu empfinden, verwirrten ihn die Gedanken an Reue und Umkehr, die ihm immer wieder in den Sinn kamen. Einmal, als er sich schlafen gelegt hatte, träumte ihm: An dem und dem Ort findet an dem und dem Tag ein Markt statt. Dorthin soll er gehen und die erstbeste Möglichkeit, mit irgendeiner Arbeit etwas zu verdienen, sogleich ergreifen, auch wenn sie unter seiner Würde ist.

Er wachte auf, und der Traum blieb in seinen Gedanken haften. Oft verfliegen die Träume wieder, doch dieser Traum drängte sich in seine Gedanken. Es schien ihm aber sehr schwer, dem Traum zu folgen, und er fuhr fort zu trinken. Mehrere Male noch träumte er denselben Traum, der ihn sehr verwirrte. Einmal wurde ihm im Traum gesagt: »Wenn du mit dir selbst Erbarmen haben willst, so führ es aus!«

Da mußte er den Traum erfüllen, ging hin, nahm sein letztes Geld und bezahlte damit die Herberge, in der er wohnte, ließ dort seine guten Kleider zurück, kleidete sich wie ein gewöhnlicher Händler und fuhr zu jenem Markt.

Dort angelangt, stand er frühmorgens auf und ging auf den Markt. Da begegnete ihm ein Händler und sagte zu ihm: »Willst du was verdienen?«

Er antwortete: »Ja.«

Sagte der Händler: »Ich habe Vieh zu treiben. Du kannst dich bei mir verdingen.«

Er hatte keine Zeit zu überlegen und sagte des Traumes wegen gleich zu. Der Händler stellte ihn ein und begann mit ihm umzuspringen wie der Herr mit dem Knecht.

Und er begann nachzudenken über das, was er da tat, denn

solche Knechtsarbeit paßte gewiß nicht zu ihm, der er doch ein empfindsamer, ein feiner Mensch war. Aber jetzt wird er Vieh treiben müssen und neben den Tieren zu Fuß dahertraben. Doch schon ist es unmöglich, die Abmachung wieder aufzuheben, denn der Händler behandelt ihn bereits wie der Herr den Knecht.

Also fragte er den Händler: »Wie soll ich allein mit dem Vieh gehen?«

Der entgegnete: »Ich habe noch andere Hirten, die mein Vieh treiben, mit ihnen wirst du ziehen.«

Er übergab ihm einige Tiere, die er treiben sollte, die führte er aus der Stadt hinaus, dahin, wo sich die übrigen Hirten, die Viehtreiber, versammelt hatten. Gemeinsam zogen sie davon, und er trieb die Tiere. Der Händler ritt neben ihnen her, hochmütig und ohne jedes Mitgefühl, und den Königssohn behandelte er noch unbarmherziger. Der war zutiefst vor dem Händler erschrocken, weil er sah, daß dieser grausam und voll Zorn gegen ihn war. Er fürchtete, wenn der Händler ihn nur einmal mit dem Stecken schlüge, wäre er auf der Stelle tot. So trieb er das Vieh, und der Händler ritt mit ihnen. Sie gelangten an einen Ort, und man nahm den Sack, in dem das Brot der Hirten war, und sie bekamen davon zu essen. Auch er aß von dem Brot. Danach kamen sie in die Nähe eines sehr tiefen Waldes. Da liefen zwei von den Tieren des Königssohnes, der zum Hirten geworden war, in den Wald hinein. Der Händler schrie ihn an, und er lief ihnen nach, um sie wieder einzufangen, aber sie flohen weiter, und er verfolgte sie. Da der Wald dicht und tief war, konnte einer den anderen nicht mehr sehen. Seine Genossen verloren ihn bald aus den Augen, und er verfolgte die beiden fliehenden Tiere, bis er ins tiefste Dickicht geriet und dachte: »Sei es wie es will, ich muß sterben. Komme ich

ohne die Tiere zurück, sterbe ich durch die Hand des Händlers« – denn er hatte große Angst vor ihm; er glaubte, der Händler werde ihn umbringen, wenn er ohne die Tiere zurückkäme –, »und auch wenn ich hierbleibe, muß ich sterben, durch die wilden Tiere des Waldes.«
Und er überlegte: »Wozu soll ich zu dem Händler zurückkehren? Wie könnte ich ohne die Tiere zu ihm kommen?« – Denn er hatte große Angst vor ihm.
Er ging und jagte den Tieren weiter nach, die ihm jedesmal wieder entliefen.
Darüber wurde es Nacht. Noch nie war es ihm zugestoßen, allein in einem solch tiefen Wald übernachten zu müssen. Er hörte das Brummen und Brüllen der wilden Tiere, die nach ihrer Art schrien. In der Frühe blickte er sich um und sah seine Tiere ganz in der Nähe stehen. Er sprang vom Baum herunter, um sie einzufangen, aber sie liefen wieder fort, immer weiter, blieben hier und da stehen, um zu grasen, doch er konnte sie nicht einholen. So ging es immer weiter, bis er schließlich weit weg von jeder menschlichen Wohnstatt in einen dichten Wald geriet, in dem die wilden Tiere vor einem Menschen überhaupt keine Scheu hatten. Wieder wurde es Nacht, und er hörte die Stimmen der wilden Tiere und fürchtete sich sehr. Er sah einen sehr hohen Baum und stieg hinauf. Wie er oben auf dem Baum war, sah er dort einen Menschen liegen. Er erschrak, aber es war ihm auch tröstlich, auf einen Menschen zu stoßen.
Sie fragten einander: »Wer bist du?«
»Ein Mensch! Und wer bist du?«
»Ein Mensch.«
»Von wo kommst du hierher?«
Er aber wollte jenem nicht erzählen, was sich mit ihm zugetra-

gen hatte und antwortete: »Zwei von den Tieren, die ich gehütet habe, haben sich hierher verlaufen. Und wie bist du hierhergekommen?«
Der andere gab zur Antwort: »Ich bin durch mein Pferd hierhergekommen. Ich war zu Pferd unterwegs, und bei einer Rast lief das Pferd in den Wald. Ich bin ihm nach, um es einzufangen, aber es ist immer weiter entlaufen, bis ich hierhergekommen bin.«
Sie verabredeten miteinander, daß sie zusammenbleiben wollten. Selbst dann, wenn sie zu einer Siedlung gelangen würden. Sie verbrachten die Nacht dort und hörten die wilden Tiere brummen und brüllen und schreien.
Gegen Morgen war ein ungeheures Gelächter über den ganzen Wald hin zu hören – so gewaltig, daß der Baum erzitterte. Er erschrak sehr und verspürte große Furcht. Da sagte der andere: »Ich habe davor schon keine Angst mehr, denn ich verbringe hier schon mehrere Nächte. So ist es jede Nacht. Wenn es zu tagen beginnt, hört man ein Gelächter, daß alle Bäume erbeben.«
Er war sehr erschrocken und sagte: »Es scheint, als sei dies der Ort der Dämonen, denn da, wo es Menschen gibt, hört man solches Gelächter nicht. Hat man je auf der Welt solches Gelächter vernommen?«
Gleich darauf wurde es Tag. Sie schauten sich um, und er sah seine Tiere dastehen, und auch das Pferd des anderen war da. Hinunter vom Baum und ihnen nachgesetzt! Dieser den beiden Tieren, jener seinem Pferd. Die Tiere entflohen, und er setzte ihnen nach. Genauso jagte der andere dem Pferde nach, doch das Pferd entlief jedesmal – bis sie einander aus den Augen verloren hatten und einer vom anderen nichts mehr wußte. Da fand er einen Sack mit Brot – etwas Lebenswichti-

ges in dieser Wildnis –, nahm den Sack auf die Schulter und lief weiter, den Tieren hinterdrein. Und es begegnete ihm ein Mensch. Er war zuerst erschrocken, aber er war's auch zufrieden, einen Menschen zu finden. Der Mensch fragte ihn: »Wie kommst du hierher?« Er fragte zurück: »Und wie kommst du hierher?«
Der antwortete ihm: »Ich und meine Eltern und die Eltern meiner Eltern sind hier aufgewachsen. Aber du, wie kommst du hierher? Denn hierhin gelangt kein Mensch von dort, wo Menschen wohnen.«
Er erschrak mächtig, denn er verstand, daß der andere gar kein Mensch war. Denn er sagt, daß seine Eltern hier aufgewachsen sind und kein Mensch aus der bewohnten Welt je hierher gelangt. Doch der andere tat ihm nichts an, sondern war freundlich zu ihm.
Der Waldmensch sagte: »Was tust du hier?«
Er antwortete ihm, er jage Tieren nach. Da sagte ihm jener Mensch: »Hör auf, deinen Übeltaten nachzujagen. Es sind ja gar keine Tiere! Es sind deine Übeltaten, die dich so umtreiben. Genug jetzt, du hast deinen Teil schon abbekommen. Jetzt hör auf, sie weiter zu verfolgen. Komm mit mir, und du wirst erlangen, was dein ist.«
Er ging mit ihm, fürchtete sich aber, mit ihm zu reden und ihn zu fragen – so ein Mensch brauchte vielleicht nur den Mund aufzureißen, um ihn zu verschlingen! Er ging hinterdrein. Dabei stieß er auf seinen Genossen, der dem Pferd nachgelaufen war. Gleich als er ihn sah, machte er ihm ein Zeichen, daß jener gar kein Mensch sei und er nicht mit ihm verhandeln solle. Der andere sah den Sack mit dem Brot auf seiner Schulter und fing an zu bitten: »Bruder, es ist schon Tage her, daß ich etwas gegessen habe. Gib mir Brot!«

Er antwortete ihm: »Hier in der Wildnis hilft niemand; mein Leben geht vor, und ich brauche das Brot für mich.«
Der bat noch inständiger: »Ich will dir alles geben, was ich dir geben kann!«
Er antwortete: »Was könntest du mir in der Wildnis schon für Brot geben!«
Da sagte der andere: »Ich geb mich selber her. Ich verkaufe mich dir als Knecht um das Brot.«
Da überlegte er: »Um einen Menschen zu kaufen, lohnt es, ihm Brot zu geben.«
So kaufte er ihn als seinen Knecht für immer. Der schwor ihm viele Schwüre, er werde auf immer sein Knecht bleiben, auch wenn sie an einen bewohnten Ort kommen sollten, nur solle er ihm Brot geben. Das heißt, sie würden beide aus dem Brotsack essen, bis das Brot zu Ende wäre. Sie gingen zusammen dem Waldmenschen nach. Der Knecht ging hinterher, und das machte ihm den Weg ein wenig leichter: Wenn er etwas aufheben oder sonst irgend etwas tun mußte, ließ er seinen Knecht es tun.
So folgten sie dem Waldmenschen, bis sie einen Ort erreichten, wo es Schlangen und Skorpione gab. Er war sehr erschrocken, und vor Furcht fragte er den Waldmenschen: »Wie sollen wir da hindurchgehen?«
Der antwortete: »Was denn sonst? Wie anders willst du in mein Haus?!«
Und er zeigte ihm sein Haus, das in den Lüften stand. Sie gingen mit ihm, und er führte sie sicher hin, brachte sie in sein Haus, gab ihnen zu essen und zu trinken und ging wieder fort.
Der Königssohn ließ seinen Knecht alles tun, wessen er bedurfte. Da verdroß es den Knecht sehr, daß er sich als Knecht

verkauft hatte wegen der einen Stunde, in der er das Brot nötig hatte. Jetzt hatte er zu essen und zu trinken. Wegen dieser Stunde würde er nun für immer Knecht sein müssen. Er stieß einen tiefen Seufzer aus: »Wie weit ist es mit mir gekommen, daß ich zum Knecht geworden bin!«

Er fragte ihn: »Welche Würde hattest du denn, daß du darüber seufzt, wohin es mit dir gekommen ist?«

Der antwortete und erzählte ihm, er sei ein König gewesen und man habe von ihm gesagt, er sei vertauscht worden, usw. wie oben erzählt, und daß er seinen Freund vertrieben habe. Es sei ihm aber in den Sinn gekommen, daß er nicht recht gehandelt hatte, und er habe diese Tat bereut. Wieder und wieder hatten ihn Gefühle der Reue überkommen wegen der bösen Tat und des großen Unrechts, das er seinem Freund angetan. Einmal hatte ihm geträumt, was er tun müsse, um gebessert und wieder heil zu werden: Er müsse die Königswürde niederlegen und hingehen, wohin ihn seine Augen führen würden. Damit könne er seine Verfehlung wiedergutmachen. Das aber wollte er nicht tun. Doch immer wieder verwirrte ihn dieser Traum, bis er sich endlich entschloß, es zu tun. Er legte die Königswürde ab und ging und ging, bis er hierhin gekommen. Und jetzt war er Knecht!

Der andere hörte sich alles an und schwieg und dachte: »Ich werde schon wissen, mit dir umzugehen.« Bei Nacht kam der Waldmensch und gab ihnen zu essen und zu trinken, und sie blieben über Nacht. Bevor es tagte, hörten sie das große Gelächter, das alle Bäume erzittern ließ. Da bat ihn der Knecht, er solle den Waldmenschen fragen, was das sei. Er fragte ihn: »Was ist das, dieses große Gelächter, kurz vor Tagesanbruch?«

Er antwortete: »Der Tag verlacht die Nacht. Wenn die Nacht

den Tag fragt: ›Warum hab ich keinen Namen, wenn du kommst?‹, dann lacht der Tag die Nacht laut aus und es wird Tag. Das ist das Lachen, das man kurz vor Tagesanbruch hört.« Das schien ihm ganz wunderbar und großartig, daß der Tag die Nacht verlacht.

Wieder ging der Waldmensch in der Frühe fort, und sie blieben, aßen und tranken. Zur Nacht kam er wieder, sie aßen und tranken und übernachteten. Nachts hörten sie die wilden Tiere, wie sie alle brüllten und brummten mit sehr seltsamen Stimmen und Lauten. Der Löwe mit seinem Brüllen, der Panther mit seinem Fauchen, ein jedes mit einer anderen Stimme. Die Vögel zwitscherten und sangen und schier alle ließen ihre seltsamen Stimmen hören. Anfangs waren sie erschrocken und hörten aus Furcht diesen Stimmen nicht recht zu. Dann aber lauschten sie und erkannten, daß diese Stimmen eine Melodie bildeten und einen wunderbaren Gesang ergaben. Da horchten sie genauer hin und vernahmen die Stimme des Gesanges, und die Melodie war wunderbar und mächtig – so sehr, daß alle Lust der Welt matt und nichtig ist gegen die wundervolle Lust, die man verspürt, wenn diese Melodie zu hören ist. Da sagten sie sich, sie wollten wohl hierbleiben, wo sie zu essen und zu trinken hatten und dieses wundervolle Vergnügen, gegen das alles Vergnügen der Welt matt und nichtig ist.

Der Knecht bat den Herrn, er möge den Waldmenschen fragen, was diese Melodie bedeute. Er fragte ihn und bekam zur Antwort: »Da die Sonne dem Mond ein Gewand gemacht hat, reden alle Tiere des Waldes, denn der Mond tut ihnen allen viel Gutes. Die Tiere haben ja ihre Macht vor allem des Nachts, wenn sie zuweilen in die von Menschen bewohnten Gegenden müssen, was sie bei Tag nicht können. So herrschen sie vor allem bei Nacht, und der Mond tut ihnen Gutes, indem er ihnen leuchtet. So sind sie alle übereingekommen, mit einem neuen Lied den Mond zu ehren – das ist die Melodie, die ihr hört.«

Als sie gehört hatten, daß der Gesang ein Niggun sei, lauschten sie noch inniger und vernahmen eine ganz wunderschöne, so großartige wie liebliche Melodie. Der Waldmensch sagte: »Ist das etwas Besonderes für euch? Ach was! Ich habe ein Instrument, das ich von meinen Eltern erhalten habe, die es ihrerseits von ihren Vorfahren ererbt haben. Es ist ein Instrument aus bestimmten Blättern und Farben. Nimmt man's und legt es auf irgendein Tier oder irgendeinen Vogel, so hebt es gleich an, diese Melodie zu spielen.«

Darauf ertönte wieder das große Gelächter, und es wurde Tag. Wieder ging der Waldmensch davon. Und der Königssohn machte sich daran, jenes Instrument zu suchen. Überall im Raum suchte er nach ihm, fand es aber nicht und getraute sich nicht, weiterzugehen. Beide wagten nicht, den Waldmenschen zu bitten, sie dorthin zu führen, wo Menschen wohnen. Später kam der Waldmensch zurück und sagte ihnen, er werde sie zu Menschen führen. Er nahm das Instrument, gab es dem wahren Königssohn und sagte: »Ich schenke dir das Instrument. Und du wirst wissen, wie mit dem da umzugehen.«

Sie fragten: »Wohin sollen wir gehen?«

Er sagte, sie sollten nach einem Land fragen, das man »Das törichte Land mit dem weisen König« nennt. Sie fragten: »In welcher Richtung sollen wir beginnen, nach dem Land zu forschen?« Und er wies ihnen die Richtung mit der Hand: »Dahin!« – Und zum wahren Königssohn sagte er: »Geh in jenes Land, dort wirst du zu deiner Würde gelangen.«

Sie machten sich auf den Weg und hätten gern unterwegs irgendein wildes oder zahmes Tier gefunden, um das Instrument daran zu erproben, sie trafen aber auf keines. Erst allmählich kamen sie in eine bewohnte Gegend und fanden ein Tier, legten das Instrument darauf, und die Melodie erklang. Sie gingen weiter, bis sie jenes Land erreicht hatten. Eine Mauer war darum gezogen. Sie gingen viele Meilen daran entlang, bis sie an ein Tor kamen, aber man wollte sie nicht einlassen, denn der König dieses Landes war gestorben. Er hinterließ zwar einen Sohn, hatte aber in seinem Testament folgendes bestimmt: Bisher nannte man das Land »Das törichte Land mit dem weisen König«. Jetzt soll man es umgekehrt nennen: »Das weise Land mit dem törichten König«. Der aber, der es wagemutig unternimmt, dem Land seinen ursprünglichen Namen zurückzugewinnen – d. h., daß man es wie früher »Das törichte Land mit dem weisen König« nennen wird –, der soll sein König werden.

Deshalb ließ man nur denjenigen in das Land hinein, der es auf sich nehmen würde, dem Lande seinen ersten Namen wiederzugeben.

Man fragte ihn: »Kannst du es auf dich nehmen, dem Land wieder zu seinem ersten Namen zu verhelfen?«

Das konnte er sicher nicht auf sich nehmen, also durften sie nicht hinein. Der Knecht redete ihm zu, nach Hause zurückzukehren. Doch er wollte nicht umkehren, denn der Waldmensch hatte gesagt, er solle in dieses Land gehen, dort werde er zu seiner Würde kommen. Indes traf noch ein Mensch ein, der auf einem Pferd ritt und auch in das Land hinein wollte. Auch ihn ließ man nicht ein. Als der Königssohn das Pferd da stehen sah, nahm er sein Instrument, legte es darauf, und sogleich begann es, die wunderbare Melodie zu spielen. Da bat

ihn der Mensch mit dem Pferd inständig, ihm das Instrument zu verkaufen. Er antwortete ihm: »Was könntest du mir schon für ein so wunderbares Instrument geben!?«
Aber der andere sagte: »Was willst du denn schon mit diesem Instrument anfangen? Du kannst eine Vorstellung geben und dir damit einen Gulden verdienen. Ich weiß etwas Besseres als dein Instrument. Ich weiß etwas von meinen Vorfahren, das einen befähigt, ein Ding aus dem anderen zu verstehen. Niemandem noch auf der Welt habe ich das mitgeteilt. Dich will ich's lehren, und du wirst mir dafür dein Instrument geben.«
Der Königssohn überlegte: »Wohl wahr, es ist etwas ganz Besonderes, wenn man ein Ding aus dem anderen verstehen kann.« Er gab ihm das Instrument, und jener lehrte ihn, ein Ding aus dem anderen zu verstehen.
Und nachdem der wahre Königssohn es gelernt hatte, eines aus dem anderen zu verstehen, ging er wieder vor das Tor des Landes. Er hatte begriffen, daß es ihm wohl gelingen könnte, dem Land seinen ursprünglichen Namen zurückzugeben – verstand er doch nun eines aus dem anderen. Daher wußte er, daß es möglich war, wenngleich er noch nicht wußte, wie. Er wird befehlen, daß man ihn einläßt. Er wird versuchen, dem Land den ersten Namen zurückzugewinnen. Was hat er schon zu verlieren!
Er sagte den Leuten, sie sollten ihn hineinlassen, er wolle es auf sich nehmen, dem Land den ersten Namen zurückzugewinnen. Man ließ ihn ein und teilte den Fürsten mit, jemand habe sich gefunden, der dem Land den ersten Namen zurückgewinnen wolle. Er wurde vor die Ersten des Landes gebracht, und die sagten ihm: »Du sollst wissen, daß auch wir, Gott bewahre, keine Toren sind. Allein der König, den wir hatten,

war ganz außergewöhnlich klug und weise. Gegen ihn waren wir alle Toren. Darum nannte man unser Land ›Das törichte Land mit dem weisen König‹. Der Sohn des Königs ist hier, auch er ist klug und weise, doch verglichen mit uns ist er nicht klug und weise. Also nennt man das Land heute umgekehrt ›Das weise Land mit dem törichten König‹. Das Testament des Königs bestimmt, daß derjenige König werden soll, der es auf sich nimmt, dem Land den ersten Namen zurückzugeben. Seinem Sohn befahl er, die Königswürde an denjenigen abzutreten, der sich dazu fähig findet. Will sagen, wenn jemand sich finden läßt, so klug und weise, daß alle gegen ihn Toren sind. Wisse also, was du auf dich nimmst.«
Und weiter sprachen sie zu ihm: »Du wirst geprüft werden, ob du so klug und weise bist. Es gibt einen Garten, den jener weise König hinterlassen hat. Dieser Garten ist etwas ganz Besonderes. In ihm wachsen metallene Werkzeuge und silberne und goldene Geräte – es ist etwas ganz Besonderes. Allerdings kann man diesen Garten nicht betreten. Geht nämlich jemand hinein, so wird er gleich gejagt und gehetzt. Er schreit auf, doch er weiß nicht und sieht nicht, wer es ist, der ihn jagt und hetzt. Er wird so lange gejagt, bis er aus dem Garten flieht. Wir wollen darum sehen, ob du klug und weise genug bist, um in den Garten gehen zu können.«
Er fragte sie: »Wird der Mensch, der da hineingeht, geschlagen?«
Sie antworteten: »Die Hauptsache ist, daß er gehetzt wird und nicht weiß, von wem. Er muß in Panik fliehen. Das haben die erzählt, die hineingegangen sind.«
So machte er sich zu diesem Garten auf. Er sah eine Mauer, die den Garten umgab, das Tor war offen, ohne Wächter – dieser Garten bedarf ihrer gewiß nicht. Er näherte sich dem Garten

und blickte sich um. Da sah er neben dem Garten eine Menschengestalt stehen, die Abbildung eines Menschen. Er schaute genauer hin und sah darüber eine Inschrift: Dieser Mensch sei König gewesen vor vielen hundert Jahren, und zu seiner Zeit habe Friede geherrscht. Vor ihm hatte es Kriege gegeben, nach ihm hatte es Kriege gegeben, doch in seinen Tagen herrschte Friede. Er erkannte – verstand er doch eines aus dem anderen –, daß alles von diesem Menschen abhängig war. Wer in den Garten geht und gejagt wird, der muß nicht fliehen; wenn er sich nur neben dieses Menschenbild stellt, wird er gerettet werden. Mehr noch: Nähme man diesen Menschen und stellte ihn mitten im Garten auf, so würden alle diesen Garten in Frieden betreten können.
Er machte sich auf und betrat den Garten, und sogleich, als er gejagt wurde, stellte er sich neben den Menschen, der draußen vor dem Garten stand. Er kam unbehelligt und heil heraus, und nichts hatte ihm geschadet. Andere hingegen, die in den Garten gekommen waren, hatten in größter Panik fliehen müssen, waren geprügelt und geschlagen worden. Er aber gelangte heil und in Frieden wieder heraus, weil er sich neben jenen Menschen gestellt hatte.
Die Fürsten sahen dies und waren sehr verwundert darüber, daß er heil aus dem Garten gekommen war. Dann befahl er, jenen Menschen zu nehmen und mitten im Garten aufzustellen. So geschah es. Alsdann betraten alle Fürsten den Garten, gingen hindurch und kamen unbehelligt wieder heraus. Sie wandten sich an ihn und sagten: »Wohl haben wir deine Tat gesehen, doch geht es nicht an, dir einzig um dieser Tat willen die Königswürde zu übertragen. Wir wollen dich noch in einer weiteren Sache prüfen. Es gibt noch den Thron des Königs, der vormals herrschte. Dieser Thron ist sehr hoch. Um

diesen Thron stehen vielerlei holzgeschnitzte Tiere und Vögel. Vor dem Thron steht ein Bett und neben dem Bett ein Tisch, und auf dem Tisch steht ein Leuchter. Von dem Thron gehen feste, gepflasterte Straßen aus. Sie führen in alle Himmelsrichtungen. Niemand aber kennt die Bedeutung des Thrones und der Straßen, die von ihm ihren Ausgang nehmen. In einer gewissen Entfernung vom Thron ist ein goldener Löwe aufgestellt. Kommt ihm ein Mensch zu nahe, reißt er das Maul auf und verschlingt ihn. Von dem Löwen aus führt die Straße weiter. Ebenso ist es mit den anderen Straßen, die vom Thron ausgehen. So zieht sich eine Straße, die von dort aus in eine andere Richtung geht, ein Stück weit hin, und dann steht da ein anderes wildes Tier, ein Panther, aus anderen Metallen. Auch dort ist es unmöglich, näher heranzutreten. Jenseits des Panthers läuft die Straße weiter. Ebenso ist es bei den anderen Straßen. Sie führen weiter und durchziehen das ganze Land. Niemand aber kennt die Bedeutung des Throns mit all diesen Dingen und Straßen. Das soll deine Prüfung sein: Ob du die Bedeutung des Throns und aller Dinge um ihn in Erfahrung bringen kannst.«

Sie zeigten ihm den Thron, und er sah, daß er sehr hoch war. Er trat an den Thron heran und betrachtete ihn. Er erkannte, daß der Thron aus demselben Holz geschnitzt war wie jenes Instrument. Er sah genauer hin und bemerkte, daß oben am Thron eine kleine Rosette fehlt. Wäre aber diese Rosette an ihrer Stelle am Thron – er hätte die Macht jenes Instruments. Er sah sich weiter um und erblickte die kleine Rose, die oben am Thron fehlte, unten am Thron. Von dort unten mußte man sie herausnehmen und oben einsetzen – dann wird der Thron die Macht jenes Instruments haben. Der frühere König hatte alles klug und weise eingerichtet und so verstellt, daß niemand ver-

stünde, was er meinte, bis ein außergewöhnlich kluger und weiser Mensch kommen würde, der dieses versteht und alles so einzurichten weiß, wie es gemeint war.
Ebenso verhielt es sich mit dem Bett. Er erkannte, daß man's ein wenig von der Stelle, an der es steht, verrücken mußte. Auch den Tisch muß man ein bißchen von der Stelle rücken. Der Leuchter ist ein wenig anders zu stellen, desgleichen die Vögel und das Getier – alle müssen von ihrem Platz verrückt werden. Diesen Vogel nimmt man von hier und setzt ihn dorthin. Alles muß umgestellt werden. (Denn der König hatte absichtlich alles klug und weise umgestellt, damit kein Mensch verstünde, was gemeint ist, bis nicht jener Kluge und Weise kommen wird, der erkennen kann, daß er alles so ordnen muß, wie es sein soll.) Auch der Löwe, der da steht, wo sich die Straße hinauszieht, muß dort aufgestellt werden. Er befahl, daß alles so geordnet werde, wie es sein soll. Die kleine Rosette solle man unten herausnehmen und oben einfügen, alles ist umzustellen und anders anzuordnen.
Als das getan war, begannen alle, jene wundersame Melodie zu spielen und das zu tun, was ihnen aufgegeben und ihnen gemäß war.
Da wurde ihm die Königswürde übertragen. Der wahre Königssohn, der König geworden war, wandte sich zum Sohn der Magd und sagte: »Jetzt erkenne ich, daß ich in Wahrheit der Königssohn bin und du der Sohn der Magd.«

DIE ZWÖLFTE ERZÄHLUNG

א מעשה פון א בעל תפלה

Vom Mann des Gebets

Es war einmal ein Vorbeter, ein Mann des Gebets, dessen ganzes Tun und Trachten auf den Lobgesang und das Gebet zu Gott gerichtet war. Er lebte in der Abgeschiedenheit, doch ging er nicht selten auch in die Wohnorte der Menschen. Dort kehrte er ein, meist bei kleinen Leuten, bei irgendeinem Armen und Geringen und begann mit ihm vom Sinn und Ziel der Welt zu sprechen: »Das Leben hat keinen anderen Sinn, als daß man Gott dient. Du solltest dein Leben mit nichts anderem verbringen als mit Gebet, Lied und Lobpreis vor Ihm, Er sei gepriesen.« Auf diese und ähnliche Weise redete er auf den Menschen ein, um ihn wachzurütteln, und das so lange, bis seine Worte den Weg in sein Herz gefunden hatten und er sich ihm gern angeschlossen hätte. Ließ jemand sein Einverständnis erkennen, so nahm er ihn gleich mit und führte ihn zu seiner Wohnstätte – fern der Menschen und außerhalb der bewohnten Gegenden. Dort flossen Wasser und wuchsen fruchttragende Bäume, von denen sie sich ernährten. Auf ihre Kleidung aber legten sie keinen Wert, sie war ihnen völlig gleichgültig. Immer wieder machte sich so der Mann des Gebets in die Siedlungen der Menschen auf und brachte viele dazu, seinen Weg einzuschlagen: allein Gott zu dienen, alles Tun und Trachten auf das Gebet usw. gerichtet. Wer immer ihm zuhörte, den nahm er mit und führte ihn zu seiner Wohnstatt, fern der Menschen, allein mit Lied, Gebet und Lobgesang, mit Sündenbekenntnis, Fasten und Kasteiung und mit Buße und Umkehr beschäftigt. Der Mann des Gebets gab ihnen seine Gebet- und Liederbücher, seine Hymnen und Bekenntnisse, in die sie sich beständig vertieften.

Bald schon waren einige dieser Leute selbst fähig, andere Menschen zu Gott zu führen. Einmal erteilte er einem der Seinen die Erlaubnis, in die Siedlungen zu gehen und Menschen für den Höchsten zu erwecken, damit sie Gott allein dienten. Auf diese Art und Weise gelang es dem Mann des Gebets, mehr und mehr Menschen an sich zu ziehen und sie aus ihren Wohnungen zu holen – bis dies bemerkt wurde und allenthalben auffiel. Plötzlich verschwanden irgendwelche Menschen, und niemand wußte wohin – beim einen verschwand der Sohn, beim anderen der Schwiegersohn, und niemand wußte wohin. Schließlich kam man darauf, daß es den Mann des Gebets gab, der umherzog und die Menschen zu Gott überredete. Man bekam ihn aber nicht zu fassen, denn er ging mit großer Umsicht vor. Er verstellte sich und gab sich immer wieder anders – einmal als Armer und ein anderes Mal als Kaufmann. Wann immer er bei jemandem eintrat, um mit ihm zu sprechen, und selbst wenn er sehen mußte, daß er bei ihm nichts ausrichten würde, wußte er ihn doch mit seinen Worten so zu verwirren, daß der gar nicht auf den Gedanken kam, er sollte zu Gott geführt werden. Der Mann des Gebets tat so, als sei dies überhaupt nicht seine Absicht und als habe er damit nichts zu tun, obwohl in Wirklichkeit all sein Bemühen darauf zielte, die Leute, mit denen er sprach, Gott nahezubringen. (So hielt er es, bis er Aufsehen erregte und man seiner habhaft werden wollte, was aber nicht gelang.)

Der Mann des Gebets lebte mit seinen Leuten in Abgeschiedenheit. Ihr ganzes Tun und Trachten war auf Gebet, Lied und Lobgesang zu Gott, auf Bekenntnis, Fasten, Selbstverleugnung und Buße gerichtet. Das Besondere am Mann des Gebets war dies: Er wußte jedem das für ihn Notwendige zu geben. Erkannte er, daß einer seiner Leute sich in Gedanken danach sehnte, für den Gottesdienst ein goldbesticktes Gewand anzulegen, so verschaffte er ihm eines. Umgekehrt genauso. So schloß sich ihm einmal ein Reicher an, und er erkannte, daß dieser Reiche in Lumpen gehen müßte. So leitete er ihn an, wie er es erkannt hatte – einen jeden nach seinen Bedürfnissen. Den Menschen, die er Gott nahegebracht hatte, war das Fasten und auch die größte Entbehrung kostbarer als weltliche Freuden. Sie hatten daran mehr Freude als an allen Vergnügungen der Welt.

Zu jener Zeit gab es ein reiches Land; alle seine Bewohner waren wohlhabende Leute. Die Sitten und Gebräuche dieses Landes aber waren seltsam und befremdlich: alles drehte sich um den Reichtum. Jedermanns Rang und Ehre wurde nach nichts anderem als nach seinem Reichtum bemessen. Sie hatten ein Gesetz, wonach jemand, der soundsoviel Tausend sein eigen nannte, eine bestimmte Rangstufe einnahm und dementsprechend geehrt wurde. Ein anderer mit einer anderen Menge Geldes hatte einen anderen Rang. Jedermanns Position entsprach also allein seinem Vermögen. Besaß einer aber viele Tausende, Zigtausende – je nachdem wie sie es festgelegt hatten –, dann war er König.
Sie waren in Standarten aufgeteilt. Einer mit soundsoviel Geld gehörte zu dieser Standarte. Er hatte Rang und Ehre innerhalb seiner Standarte. Jemand nun mit einer anderen Menge Geldes gehörte in eine andere Standarte und nahm einen bestimmten Rang darin ein: alles seinem Geld entsprechend. Es war genauestens festgelegt, über wieviel man verfügen mußte, um den und jenen Rang in der und der Standarte einzunehmen,

wieviel man für den *Rang* und wieviel man für die *Ehre* besitzen mußte. Ehre und Ansehen eines jeden Menschen waren also ausschließlich nach seinem Vermögen bemessen. So wie die Vermögensverhältnisse für Ehre und Rang genau bemessen waren, gab es auch eine absteigende Stufenleiter nach unten. Besaß er aber noch weniger als das, dann war er gar nicht Mensch, sondern Tier oder Vogel usw. Ja, es gab sogar wilde Tiere und Vögel unter ihnen; so hieß einer mit nur soundsoviel Geld Löwenmensch. Und wenn er noch weniger hatte, war er bloß ein Vogel. Sie kannten solche Tiere und Vögel aller Arten. Wer wenig Geld besaß, war für sie nicht einmal ein Mensch, sondern nur ein Tier oder ein Vogel. Geld war ihnen die Hauptsache, und jedermanns Rang und Ehre maß sich am Geld.

Die Kunde von diesem Land sprach sich in der Welt herum. Der Mann des Gebets stieß einen Seufzer aus und sagte: »Wer weiß, wie weit diese Leute noch gehen und wohin sie sich noch verirren können!«

Da machten sich einige seiner Leute auf und gingen in dieses Land, ohne den Vorbeter nach seiner Meinung zu fragen. Sie wollten die Menschen dort wieder auf den rechten Weg bringen. Sie fühlten großes Mitleid mit dem Land, das von der Gier nach Geld verführt worden war. Und da der Mann des Gebets gesagt hatte, die Menschen dort könnten vielleicht noch schlimmer verführt werden, machten sich seine Leute in jenes Land auf. Vielleicht würde es ihnen gelingen, das Land von seiner Torheit abzubringen.

Als sie dort angelangt waren, traten sie bei einem einfachen Mann ein, wohl bei einem, der als Tier galt, und begannen mit ihm zu sprechen, daß doch in Wirklichkeit das Geld überhaupt nicht Sinn und Ziel sei. Das wahre Ziel sei vielmehr, al-

lein Gott zu dienen, usw. Der Mann hörte ihnen aber gar nicht zu, denn es steckte schon fest in seinem Kopf, daß das Geld die Hauptsache sei. Also redeten sie mit einem anderen. Auch der hörte ihnen nicht zu. Sie wollten gern weiter mit ihm reden, doch er gab ihnen zur Antwort: »Ich habe keine Zeit, länger mit euch zu reden.« Sie fragten ihn nach dem Grund. Er gab zur Antwort: »Wir alle sind dabei, dieses Land zu verlassen, um in ein anderes überzusiedeln. Wir haben nämlich erkannt, daß nur das Geld Sinn und Ziel ist. Darum haben wir den Entschluß gefaßt, in das Land zu ziehen, in dem man das Geld macht (d. h. wo man aus der Erde Gold und Silber gewinnt). Wir sind jetzt damit beschäftigt, dorthin umzuziehen.«
Außerdem hatten sie beschlossen, auch Sterne und Sternzeichen in ihrer Mitte zu haben. Wer der Schätzung gemäß bestimmten Reichtum hatte, der sollte ein Stern sein: denn, besitzt er so viel Geld, so hat er auch die Kraft jenes Sterns, denn allein die Sterne lassen die Erde wachsen, aus der man Gold macht. Wer also so viel Gold besitzt, der hat auch die Kraft jenes Sterns, ist daher selber Stern. Ebenso wollten sie auch Sternzeichen: entspricht einer den dafür festgelegten Summen, ist er ein Sternzeichen. Auf gleiche Weise machten sie sich Engel, alles dem Reichtum gemäß. Bis sie endlich auch den Beschluß faßten, Götter haben zu wollen. Wer denn ein überaus hohes Vermögen zu seinem Besitz hätte, Millionen und Milliarden, der sollte ein Gott sein: gibt Gott ihm so viel Geld, dann ist er selbst ein Gott!
Daraufhin fanden sie, es stünde ihnen gar nicht gut an, sich in der Luft dieser Welt aufzuhalten. Unter die Menschen gemischt würden sie sich unrein machen. Alle anderen Menschen auf dieser Welt erschienen ihnen als unrein. Sie verfielen daher auf den Gedanken, sehr hohe Berge zu suchen, auf de-

nen sie sich hoch über der Welt niederlassen könnten. Sie sandten Leute aus, die nach sehr hohen Bergen suchen sollten. Als solche Berge gefunden waren, zog das ganze Volk dorthin und ließ sich auf ihnen nieder. Auf jedem Berg gründeten sie eine Siedlung, befestigten den Berg und zogen tiefe Gräben, damit kein Mensch zu ihnen gelangen könnte. Nur ein einziger Pfad führte zu ihnen hinauf, so daß niemand sie finden konnte. Dasselbe taten sie bei dem nächsten, dem übernächsten und weiter bei allen Bergen. Weit vor das Gebirge postierten sie ihre Wachen, die niemanden zu ihnen lassen sollten. Ihrem vielen Geld entsprechend hatten sie eine Menge Götter. Da das Geld die Hauptsache war, konnte man's mit Geld bis zum Gott bringen. Sie hatten große Furcht vor Raub und Mord. Jeder könnte ja ein Räuber oder Mörder sein, um mit dem geraubten Geld ein Gott zu werden. Sie sagten sich aber: »Wer das Geld hat, ist ein Gott – er wird sich vor Raub und Mord zu schützen wissen.« Sie setzten Götterkult und Opfer ein. Auch Menschen wurden geopfert und opferten sich freiwillig, um ganz in die Götter einzugehen und später durch Seelenwanderung reich zu werden. Wurzel und Ziel ihres Glaubens war das Geld. Mit Anbetung, Weihrauch und Opfern dienten sie den Göttern. Und dennoch dürfte das Land voller Rauben und Morden gewesen sein. Wer nämlich ihren Glauben in diese Riten nicht teilte, der raubte und mordete, um an Geld zu kommen. – Geld war ihnen die Hauptsache: Geld kauft alles, kauft Nahrung und Kleidung, kauft alle wichtigen Dinge des Lebens. Darum war das Geld ihr Glaube.

Unentwegt gaben sie darauf acht, daß ihr Geld nicht abnahm. Im Gegenteil, man mußte sich bemühen und danach streben, es stets zu vermehren und zuzulegen, um mehr Geld aus anderen Orten ins Land zu schaffen. Ihre Kaufleute zogen aus, um in anderen Ländern zu handeln, Geld zu verdienen und es ins Land zu bringen. Wie es dabei mit Fürsorge und Wohltun stand? Natürlich streng verboten! Das würde ja die Menge Geldes, die Gott einem gegeben, vermindern – wo es doch das Wichtigste war, Geld zu haben.

Aufseher hatten darauf zu achten, daß auch jeder über so viel Geld verfügte, wie er angegeben hatte. Jeder mußte also regelmäßig sein Vermögen offenlegen, um bei dem Rang und der Ehre zu bleiben, welche er seinem Geld entsprechend bekleidete. Mal wurde aus einem Tier ein Mensch, mal aus einem Mensch ein Tier. Wenn ein Reicher sein Geld verlor, war's aus mit dem Menschen. Aus dem Menschen wurde ein Tier und umgekehrt. In allen Rängen dasselbe.

Sie hatten Statuen und Abbilder ihrer Götter. Ein jeder besaß Statuen und Abbilder der Götter, die man herzte und küßte, denn dies war ihr Gottesdienst und ihr Glaube.

Die Leute vom Mann des Gebets kehrten um und machten sich auf den Weg nach Hause. Sie berichteten dem Mann des Gebets von der Torheit dieser Leute, wie sie ganz närrisch geworden und gänzlich von der Geldgier verführt seien. Auch, daß sie sich jetzt anschickten, aus ihrem Land in ein anderes umzusiedeln, und daß sie dabei seien, sich Sterne und Sternzeichen zu machen. Der Mann des Gebets befürchtete, sie könnten noch tiefer in die Irre geführt werden. Bald danach erfuhr man, daß sie sich ihre Götter gemacht hatten. Da sagte der Mann des Gebets: »Genau das war es, was ich meinte; das war meine Sorge um sie, als ich sagte, ich fürchtete sehr für sie.« Er empfand großes Mitleid mit ihnen, dachte nach und beschloß dann, selbst zu ihnen zu gehen. Vielleicht würde er sie von ihrer Torheit abbringen können.

Er machte sich auf den Weg und gelangte zu den Wachen, die um jenen Berg postiert waren – wahrscheinlich kleine Leute, die es in der Luft dieser Welt aushalten durften. Die hochrangigen hingegen würden gewiß mit der Welt nicht verkehren und die Luft dieser Welt nicht ertragen, da sie doch unrein werden würden. Mit anderen zu reden, das hieße durch den Hauch ihres Mundes unrein werden. Darum waren die Wächter, die sie unter der Stadt postiert hatten, gewiß nur kleine Leute. Doch auch diese Wächter hatten Abbilder bei sich, die sie in einem fort herzten und küßten. Auch für sie war das Geld der Glaube. Der Mann des Gebets trat an einen Wächter heran und begann, mit ihm vom Sinn und vom Ziel zu sprechen – daß das wahre Ziel allein Gottesdienst, Tora, Gebet und gute Werke seien und daß Geld doch Unsinn und alles andere, aber eben nicht das Ziel sei. Der Wächter hörte ihm gar nicht zu, denn lange schon war's ausgemacht, daß allein das Geld wesentlich sei. Der Mann des Gebets ging zu einem zweiten Wächter, mit dem er genauso redete. Auch dieser hörte ihm nicht zu. So erging es ihm mit allen Wächtern. Unentwegt redete der Mann des Gebets mit ihnen, doch niemand hörte auch nur zu.

Der Mann des Gebets dachte nach und ging in die Stadt, die auf dem Berge lag. Als er hineingelangt war, entstand große Aufregung, und er wurde gefragt: »Wie bist du hier hereingekommen?« Er antwortete: »Was fragt ihr? Ihr seht doch, daß ich da bin!«

Er begann, mit jemandem vom Sinn der Welt zu reden, daß nicht das Geld . . . der Mensch hörte nicht zu. Nicht der nächste, nicht der übernächste, auch nicht einer. Sie waren in ihrer Torheit so in die Irre gegangen, daß sie auf niemanden mehr hörten. Für sie war das ein Wunder: Da gibt es doch einen

Menschen, der kommt und sagt ihnen Dinge, die völlig gegen ihren Glauben gerichtet sind! Sie schöpften Verdacht, dieser Mensch könnte der Mann des Gebets sein, von dem sie gehört hatten. Die Sache war ja schon offenkundig geworden, und alle Welt nannte ihn den frommen Mann des Gebets. Man bekam ihn aber nicht zu fassen, denn er verstellte sich von Mal zu Mal anders, einmal als Händler, ein anderes Mal als Bettelmann usw. Er machte sich gleich wieder davon und entwich ihnen.

In jener Zeit gab es einen Helden, um den sich viele Streiter geschart hatten. Mit ihnen ging der Held auf Eroberungen aus. Von den Ländern, die er einnahm, verlangte er nichts weiter als Unterwerfung. Ergab sich das Land, ließ er es fortbestehen. Wenn nicht, wurde es zerstört. Er zog von einer Eroberung zur nächsten. Nicht Geld suchte er dabei, sondern nur die Unterwerfung. Und dabei verfuhr er so: War er von einem Land noch etwa fünfzig Meilen weit entfernt, sandte er seine Streiter dorthin – das Land solle sich ihm ergeben. Auf diese Weise eroberte er ein Land nach dem anderen.

Die Kaufleute aus dem Land des Reichtums, die in fremden Ländern Handel trieben, berichteten bei ihrer Heimkehr von diesem Helden. Und große Furcht befiel das Land. Zur Unterwerfung wäre man bereit gewesen, als man aber hörte, daß der Held das Geld verabscheue und gar nichts davon wissen wolle, konnten sie sich ihm nicht unterwerfen, denn das ginge wider ihren Glauben. Wie Abfall und Verleugnung wäre es ihnen vorgekommen, da der Held ihren Glauben, das Geld, nicht teilte. Sie hatten große Angst vor jenem Helden, gaben sich ihren Riten und Kulten hin und brachten ihren Göttern viele Opfer dar. Sie nahmen ein »kleines Tier« und opferten es den Göttern, wie sie auch alle übrigen Riten beobachteten. Der Held rückte näher. Er begann, wie es seine Gewohnheit war, seine Streiter zu ihnen auszusenden, um zu erkunden, was sie wählen würden. Furcht lag über dem Land, und niemand wußte, was zu tun sei. Die Kaufleute gaben einen Rat: Sie waren auch in ein Land gekommen, dessen Bewohner allesamt Götter waren und auf Engeln ritten; d. h., alle Bewohner jenes Landes, ob klein oder groß, waren unermeßlich reich: »Noch der Geringste dort ist ein Gott. Sie reisen mit Engeln, und ihre Pferde tragen die kostbarsten Schabracken – Schabracken aus Gold und ähnlich edlem Stoff. Dort ist eine Pferdedecke so viel wert, wie bei uns ein Engel an Vermögen besitzt. Sie reisen mit Engeln – drei Paar Engel vorgespannt – und los geht's! Also solltet ihr Botschaften an jenes Land richten. Das wird bestimmt helfen, denn alle dort sind Götter!« Dieser Rat fand ihren Gefallen. Sie vertrauten darauf, daß jenes Land ihnen gewiß helfen würde, da dort doch alle Götter waren.

Der Mann des Gebets sann nach und entschloß sich, noch einmal in das Land zu gehen. Vielleicht könnte es ihm doch noch gelingen, sie von ihrer Torheit zu befreien. Er zog hin, gelangte zu den Wachen und fing an, mit einem der Wächter nach seiner Art zu reden. Der Wächter erzählte ihm von dem Helden, vor dem sie sich sehr fürchteten. Der Mann des Gebets fragte ihn: »Was wollt ihr denn tun?« Der Wächter erzählte ihm von dem Rat, jenes Land, in dem alle Leute Götter waren, um Hilfe zu bitten. Der Mann des Gebets lachte ihn laut aus und sagte: »Was ist das für ein Unsinn! Das sind Menschen wie wir. Und ihr alle mitsamt euren Göttern, ihr seid alle nur Menschen. Und nichts und niemand von euch ist Gott

– Einen allein gibt's auf der Welt: Gott, der alles geschaffen hat. Allein ihm soll man dienen, nur zu ihm allein beten – und allein das ist der Sinn und das Ziel der Welt.« Dies und ähnliches sagte der Mann des Gebets zu dem Wächter. Der hörte aber nicht zu, die Torheit saß schon zu lange tief in jenen Leuten. Der Mann des Gebets hörte aber nicht auf, mit ihm zu reden und zu argumentieren, bis ihm der Wächter schließlich zur Antwort gab: »Und wenn schon, was kann ich denn tun? Ich bin doch nur einer!« Und das sah schon ein bißchen nach einer Antwort aus und tröstete den Mann des Gebets. So hatten also die Worte, die er früher und jetzt mit dem Wächter gewechselt hatte, diesen betroffen gemacht, und er mochte sich ihm schon ein ganz klein wenig zuneigen. Der Mann des Gebets ging zu einem anderen Wächter und redete auch mit diesem, wie gewohnt. Auch der hörte nicht hin, doch schließlich gab er die gleiche Antwort: »Ich bin ja nur einer, usw.« Endlich gaben ihm alle Wächter diese Antwort. Daraufhin betrat der Mann des Gebets die Stadt und fing wieder an, mit ihnen zu reden, wie es seine Art war – daß sie alle sehr im Irrtum befangen seien, daß das Geld gar kein Ziel sei. Sinn und Ziel sei einzig, sich mit Tora und Gebet abzugeben. Seit langer Zeit tief dem Geld verhaftet, hörten sie ihm nicht zu, sondern erzählten ihm von dem Helden und daß sie nach dem Land aussenden wollten, in dem alle Leute Götter seien. Er lachte sie aus und sagte zu ihnen: »Ist das eine Torheit! Alle sind doch nur Menschen. Sie werden euch gar nicht helfen können – ihr seid Menschen und sie sind Menschen, aber doch nicht Gott! Es ist nur ein Gott, Er sei gepriesen.«
Was aber den Helden anging, so wunderte sich der Meister des Gebets: »Ob das nicht vielleicht der Held . . .?!« Sie verstanden nicht, was er damit meinte. Er ging von einem zum anderen

und redete in seinen Worten. Und wegen des Helden sagte er jedem: »Ob das nicht vielleicht der Held . . .?!« Sie begriffen den Sinn seiner Worte nicht. Unterdessen breitete sich Aufregung in der Stadt aus: Da ist einer, der macht mit seinen Reden unseren Glauben zum Gespött und sagt, es gibt nur Einen, den Einzigen, das ist der Name, Er sei gepriesen. Und von jenem Helden sagt er immer wieder: »Ob das nicht vielleicht der Held . . .?!« Sie begriffen, daß es der Mann des Gebets sein müsse, der ihnen ja bekannt war. Man befahl, ihn zu suchen und ihn festzunehmen. Obgleich er sich verstellte und immer wieder anders auftrat, wußten sie doch von ihm. Man befahl ihm nachzuforschen und ihn zu fangen. Sie suchten nach ihm und bekamen ihn auch schließlich zu fassen. Sie brachten ihn vor ihre Ältesten und wollten mit ihm reden, aber auch ihnen sagte er nur: »Ihr alle seid im Irrtum und in großer Torheit befangen. Geld ist nicht das Ziel. Es ist nur ein Einziger, Er sei gepriesen, der Schöpfer, gepriesen Sein Name, der alles geschaffen hat – Ihm allein sollt ihr dienen. Geld ist Torheit und jenes Land, von dem ihr sagt, alle Leute dort seien Götter – es würde euch nicht helfen können, denn alle sind nur Menschen, auch ihr.«
Dem Gelde verfallen und in das Geld vernarrt, wie sie es waren, hielten sie ihn für verrückt. Wer nur etwas gegen ihre Torheit sagte, galt als verrückt.
Sie fragten ihn: »Was ist das, was du von dem Helden sagst: ›Ob das nicht vielleicht der Held . . .?!‹« Er antwortete ihnen: »Ich war bei einem König. Und diesem König ging ein Held verloren. Sollte es dieser Held sein, dann kenne ich ihn. Und noch etwas: Es ist Torheit, sich auf jenes Land zu verlassen, in dem alle Leute Götter sein sollen. Sie werden euch überhaupt nicht helfen können. Im Gegenteil – es wird euer Untergang sein, wenn ihr euch auf sie verlaßt.«

Sie fragten ihn: »Wie weißt du das?«
Er antwortete: »Jener König, bei dem ich war, besaß eine Hand, das ist, das Abbild einer Hand – mit den fünf Fingern und allen Fältchen und Linien, die sich auf einer Hand finden. Diese Hand bildete die Karte aller Welten. Alles, was seit Erschaffung von Himmel und Erde war und bis zum Ende ist und auch das, was danach sein wird, war jener Hand eingeschrieben, eingezeichnet in die Linien und Falten der Hand – die Darstellung aller Welten, und wie eine Welt sich zur anderen Welt stellt und verhält – in allen Einzelheiten, und das alles war auf dieser Hand, so wie es auch auf Landkarten gezeichnet ist. (Wie es alle wissen, die sich auf den Landkarten auskennen: Auf dem Papier steht jede Stadt und jedes Land verzeichnet – auch jede Brücke und alles andere, wie Weiher und Wälder. Und daneben jeweils der Name des Landes und der Stadt.) So waren alle Welten in den Linien der Hand verzeichnet. Und in den Linien ergab sich etwas, das wie Buchstaben aussah – ähnlich wie auf einer Landkarte neben allen Dingen Buchstaben stehen, damit man weiß, da ist diese Stadt und dort ist jenes Gewässer usw. Genauso war es durch die Linien der Hand angegeben, Buchstaben ähnlich. Auch alle die Menschen, die in einem Lande leben und sich bewegen und all ihre Geschicke – alles war auf dieser Hand verzeichnet. Ferner alle Wege von einem Land und einem Ort zum anderen. Von daher kannte ich den Weg in diese Stadt, in die doch sonst niemand gelangen kann. Und wollt ihr mich zu einer anderen Stadt schicken – auch dorthin finde ich den Weg mit Hilfe dieser Hand.
Auch stand auf ihr der Weg von einer Welt zur anderen: Es gibt einen Weg, auf dem man von der Erde zum Himmel gehen kann. Auch alle Wege, die von einer Welt zur anderen führen, waren verzeichnet. Auch der Weg, auf dem Elija zum

Himmel fuhr; auch der andere Weg, den Mosche, unser Meister, zum Himmel nahm; und ebenso der dritte Weg, den Henoch einschlug – alle Wege von einer Welt hinauf zur anderen. Alles war der Hand mit ihren Linien und Falten eingeschrieben. Alles, was bei der Erschaffung von Himmel und Erde war, wie es heute ist und wie es einst sein wird – d. h. Sodom war dort verzeichnet, so wie die Stadt bestand, bevor ihr Unterstes zuoberst gekehrt wurde. Sodom, wie es zerstört wurde, und endlich Sodom, wie es heute aussieht. Auf dieser Hand nun habe ich gesehen, daß das Land derer, von denen ihr sagt, sie seien alle Götter, und alle die Menschen, die sie um Hilfe bitten, miteinander untergehen und zunichte werden.«
Sie waren aufs höchste verwundert und begriffen, daß er die Wahrheit gesprochen hatte – weiß doch ein jeder, daß auf einer Karte alles aufgezeichnet ist. So etwas vermag man sich nicht auszudenken. Wenn man zwei Linien der Hand zusammennimmt, sieht man ja, daß ein Buchstabe daraus wird. Darum verstanden sie, daß dies nichts Ausgedachtes war. Sie waren aufs höchste verwundert.
Sie fragten: »Wo ist dieser König? Vielleicht zeigt er uns einen Weg, zu Geld zu kommen?« Er antwortete ihnen: »Noch immer wollt ihr Geld? Vom Geld sollt ihr überhaupt nicht reden!« Sie baten ihn: »Doch, sage uns, wo der König ist!« Er gab ihnen zur Antwort: »Ich weiß selbst nicht, wo der König ist.

Und so hat sich die Geschichte zugetragen:
Es war einmal ein König mit einer Königin, die hatten eine einzige Tochter. Die Zeit kam, sie zu verheiraten. Ratgeber sollten überlegen, wer wohl würdig wäre, mit ihr vermählt zu werden. Unter diesen Ratgebern war auch ich, denn der König liebte mich. Mein Rat war es, ihr den Helden zum Mann

zu geben, denn er hatte uns manches Gute getan, hatte viele Länder erobert. Darum sollte man ihm die Königstochter zur Frau geben. Mein Rat gefiel, und alle stimmten zu. Große Freude herrschte darüber, daß man den Bräutigam für die Königstochter gefunden hatte. Die Hochzeit des Helden mit der Königstochter wurde gefeiert, und bald gebar die Königstochter ein Kind. Das war von unerhörter, ja übermenschlicher Schönheit. Sein Haar war golden und schimmerte in allen Farben. Sein Antlitz leuchtete wie die Sonne und seine Augen wie der Mond. Das Kind war mit vollendeter Weisheit geboren. Gleich als es zur Welt gekommen war, sah man schon, wie klug und weise es von Geburt an war. Redeten nämlich die Menschen miteinander, lachte es, wenn es etwas zu lachen gab. Man konnte den großen Weisen in ihm erkennen, obwohl es noch nicht sprechen konnte.

Am Königshof gab es einen Dichter, d. h. einen Redner, einen Mann der Sprache und der Dichtkunst. Er verstand sich auf die wohlgesetzte Rede, auf Lied und Lob für den König. Er war aus sich heraus ein guter Dichter, doch der König wies ihm Mittel und Wege, woher er Kraft für die Dichtkunst schöpfen konnte. Das machte ihn zu einem hervorragenden Dichter.

Auch ein Weiser lebte dort. Auch der war begabt und aus sich heraus weise. Doch auch ihm wies der König einen Weg zur Weisheit. Dadurch wurde er zu einem hervorragenden Weisen. Auch der Held war aus sich heraus Held. Doch auch ihm wies der König den Weg zur Heldenkraft. Damit wurde er der hervorragende Held.

Da ist ein Schwert, das in den Lüften hängt. Dieses Schwert besitzt drei Kräfte. Hebt man es hoch, fliehen alle Heerführer, und wenn sie fliehen, ist keiner mehr da, den Krieg zu führen; die Niederlage ist ihnen gewiß. Dennoch könnten die Übriggebliebenen den Krieg fortsetzen. Das Schwert aber ist zweischneidig und besitzt zwei Kräfte: die eine Schneide läßt alle fallen; durch die andere bekommen sie die Darre, d. h. sie magern ab und fallen vom Fleisch, so wie diese Krankheit verläuft, Gott bewahre. Allein durch das Schwingen des Schwerts wird es bewirkt: die eine Schneide zur Niederlage, die andere Schneide zur Darre. Der König wies dem Helden den Weg zu diesem Schwert. Und von ihm nahm der Held seine große Heldenkraft.

Auch mir wies der König den Weg zu meiner besonderen Fähigkeit. Von daher habe ich, wessen ich bedarf.

Auch einen guten und getreuen Freund hatte der König, der den König mit großer Zuneigung liebte. Sie hatten einander sehr lieb. Einer konnte auch nicht eine Stunde ohne den anderen sein. Doch gibt es ja Zeiten, zu denen man voneinander getrennt sein muß und nicht beieinander sein kann. Sie besaßen Bildnisse voneinander, und wann immer sie sich nicht sehen konnten, erfreuten sie sich daran. Die Bildnisse stellten dar, wie der König und sein guter und getreuer Freund einander liebhaben, wie sie sich küssen und einander mit großer Zuneigung umarmt halten. Diese Bildnisse besaßen eine besondere Eigenschaft: wer auf diese Bilder blickte, empfing die Gabe zu großer Liebe. Auch der gute und getreue Freund empfing seine Liebe von einem Ort, den der König ihm gewiesen hatte.

Es kam die Zeit, daß sie alle zu ihren Orten aufbrachen, jeder für sich, um dort die Kraft ihrer besonderen Gaben zu empfangen. Der Dichter, der Held und alle Gefolgsleute des Königs – ein jeder ging an seinen Ort, um dort seine Kraft zu erneuern.

Zu dieser Zeit aber erhob sich ein großer Sturmwind, der die

ganze Welt ins Chaos stürzte. Er machte das Meer zu trockenem Land und das trockene Land zu Meer, die Wüste zu bewohntem Land und das bewohnte Land zu Wüste. Der Sturmwind warf die ganze Welt durcheinander. Er drang auch in das Haus des Königs ein, richtete dort keinen Schaden an, ergriff aber das Kind der Königstochter. Er trug es mit Lärmen und Tosen hinweg, und die Königstochter sprang ihm sogleich nach. Dasselbe tat die Königin und ebenso auch der König, sie alle liefen dem Kind nach, bis sich alle verirrt hatten – und niemand mehr weiß, wo sie sind. Wir anderen waren nicht gegenwärtig. Wir waren hinaufgegangen, um unsere Kräfte zu erneuern, ein jeder an seinen Ort. Auch die Hand ging damals verloren. Seither hat es uns in alle Winde verschlagen. Keiner von uns kann mehr an seinen Ort hinaufgehen, um seine Kraft zu erneuern. Denn seit die Welt verkehrt worden ist, bedarf es heute anderer Wege als der früheren. So kann keiner von uns zu seinem Ort aufsteigen, um dort seine Kraft zu empfangen. Doch auch der Rest, der jedem geblieben ist, ist für sich genommen noch sehr groß. Sollte also dieser Held der Held des Königs sein, dann ist er gewiß ein überaus großer Held.«
Sie hatten seinen Worten gelauscht und verwunderten sich sehr. Sie behielten den Mann des Gebets bei sich und wollten ihn nicht wieder fortgehen lassen.

Der Held rückte dem Land näher und näher und entsandte immer wieder seine Boten. Dann gelangte er in die Nähe des Landes, schlug unterhalb der Stadt sein Lager auf und sandte seine Boten in das Land.
Die Leute waren von großer Furcht vor ihm ergriffen. Sie baten den Mann des Gebets, ihnen Rat zu erteilen. Er sagte: »Man

muß beobachten und herausfinden, wie sich der Held gebärdet und benimmt« – um so herauszufinden, ob er der Held des Königs sei. Der Mann des Gebets machte sich auf und ging zu dem Helden hinaus. Er kam zu seinen Truppen und zog einen der Mitstreiter des Helden ins Gespräch. Der Mann des Gebets fragte ihn: »Wie steht's mit eurem Tun, und wie seid ihr zu diesem Helden gekommen?«

Der antwortete: »Die Geschichte hat sich so abgespielt:

In den Chroniken steht geschrieben, daß einmal ein großer Sturmwind über die Welt fuhr. Er brachte die ganze Welt durcheinander, machte das Meer zu trockenem Land und das trockene Land zu Meer; machte aus Wüste bewohntes Land und aus bewohntem Land Wüste. Nach dem Tumult und dem Chaos, in das die Welt gestürzt war, kamen die Menschen überein, jemanden zum König über sich zu setzen. Sie gingen zuvor daran zu erforschen, wer denn wohl würdig sei, ihr König zu werden. Sie stellten vielerlei Überlegungen an und sagten: Das Wichtigste ist Sinn und Ziel der Welt. Wer sich darum am meisten bemüht, der ist würdig, unser König zu sein. Sie begannen zu ergründen, was wohl der Sinn und das Ziel seien.

Da bildeten sich Meinungen und Parteien unter ihnen. Ein Teil sagte: Sinn und Ziel – das ist vor allem anderen die Ehre. Wir sehen, daß die Ehre die Hauptsache ist. Sagt man etwas Ehrenrühriges über einen Menschen, so ist es ihm, als würde sein Blut vergossen. Allen Menschen ist die Ehre das Wichtigste! Und noch nach dem Tode ist man darauf bedacht, dem Toten Ehre zu erweisen und ihn in Ehren zu begraben. Und das, obwohl man doch nach dem Tod kein Geld mehr will und es den Toten selbst gewiß nach gar nichts mehr gelüstet. Dennoch achtet man auf die Ehre des Toten und wahrt sie. Wir

können also den Schluß ziehen: Die Ehre, sie ist der Sinn und das Ziel. Und ähnliches mehr an Überlegungen wurde vorgebracht, bis sie völlig davon überzeugt waren, daß die Ehre das Wichtigste sei. Demnach suche man einen Menschen mit viel Ehre, der auch selbst der Ehre nachjagt. Hat der Mensch Ehre, jagt er der Ehre nach und hilft damit der Natur, die nach Ehre strebt, so bedeutet es, daß sich dieser Mensch um das Ziel müht, es verfolgt und es erreicht hat, denn das Ziel heißt Ehre. Das ist der Mensch, dem es zusteht, König zu sein. Sie zogen aus, diesen Menschen zu suchen.
Unterwegs sahen sie, wie ein alter Bettler, ein Zigeuner, einhergetragen wurde. Der Alte war blind und krumm und stumm. Seine Leute gingen hinterdrein, wohl an die fünfhundert Zigeuner, alle aus seiner Sippe, seine Schwestern und Brüder und seine ganze Sippschaft, die sich so stark vermehrt hatten, daß sie alle hinter ihm herzogen und ihn trugen. Dieser alte Bettler war strengstens auf seine Ehre bedacht. Böse war er und schimpfte ohne Unterlaß auf seine Leute ein; immer wieder befahl er anderen, ihn zu tragen, und war doch stets voll Zorn auf sie. Was folgt hieraus? Daß dieser alte Bettler ein großer und hochgeehrter Mann ist! Er empfängt viel Ehre und hält ganz strikt darauf. Der Bettler gefiel ihnen sehr, und sie machten ihn zum König. Es kommt aber auch auf das Land an – jedes Land hat seine eigenen ihm besonderen Eigenschaften, und so gibt es auch ein Land, das der Ehre günstig ist –, also suchte sich diese Partei ein Land, das der Ehre besonders förderlich war. Sie fanden das passende Land und ließen sich dort nieder.
Eine andere Partei sagte, nein, nicht die Ehre ist Sinn und Ziel. Sie fanden heraus, daß das Töten und Morden die Hauptsache sei: Wir sehen doch, daß alles, was auf der Welt existiert, ver-

gehen muß. Gleichviel, ob Gras, ob Früchte oder Menschen, alles auf der Welt wird endlich zunichte. Das bedeutet: Sinn und Ziel aller Dinge ist es, zu nichts zu werden. Somit bringt ein Mörder, indem er Menschen tötet, die Welt an ihr Ziel.
Sie kamen zu dem Schluß, daß das Morden das Ziel sei. So suchten sie einen Menschen – ein Mörder, voll Wut und Eifersucht müßte er sein, denn der ist ans Ziel gelangt und dem steht es zu, König zu sein. Sie vernahmen ein großes Geschrei und fragten: ›Was ist das für ein Geschrei?‹ Die Antwort war: ›Das Geschrei? Da hat einer Vater und Mutter erschlagen.‹ Da sagten sie: ›Ja, wo fände sich wohl noch ein Mörder von so hochgemutem Herzen? Ein Wüterich, der Vater und Mutter umbringt! Dieser Mensch hat das Ziel erreicht.‹ Er gefiel ihnen sehr, und sie machten ihn zum König.
Sie suchten sich ein Land, das zum Morden günstig und geeignet war. Wählten sich einen Ort zwischen Gebirgen, wo sich Mörder eben aufhalten, zogen dorthin und ließen sich mit ihrem König nieder.
Eine andere Partei sagte: Der soll König sein, welcher Essen und Trinken im Überfluß hat und sich nicht von gewöhnlicher Nahrung wie die anderen Menschen ernährt, sondern nur vom Allerfeinsten lebt. So einer sollte König sein. Doch vermochten sie nicht sogleich jemanden ausfindig zu machen, der sich nicht von Speisen ernährt hätte, die auch andere Menschen essen. Also suchten sie sich irgendeinen Reichen aus, der viel und gut zu essen hatte, so lange, bis sie jemanden nach ihrem Geschmack finden würden. Dann sollte der Reiche die Herrschaft abtreten, und man würde jenen zum König nehmen. Sie suchten sich ein ihnen genehmes Land und ließen sich dort nieder.
Wieder eine andere Partei sagte: Wem, wenn nicht einer schö-

nen Frau stünde es zu, König zu sein! Sinn und Ziel ist ja, die Welt mit Menschen zu bevölkern. Denn dazu ist sie erschaffen. Da eine schöne Frau Begierde entbrennen läßt und daraufhin die Bevölkerung der Welt zunimmt, ziehen wir den Schluß, daß sie zum Ziele führt. Einer schönen Frau also steht es zu, König zu sein. Sie suchten eine Schöne aus, und die wurde ihr König. Sie suchten ein Land, gingen hin und ließen sich dort nieder.

Ein anderer Teil sagte, die Hauptsache sei die Sprache, denn nur in ihr liege der Unterschied zwischen Mensch und Tier. Das Wichtigste aber ist das, wodurch der Mensch über dem Tier steht, das ist der Sinn und das Ziel. Sie suchten sich einen großen Redner. Ein Mann der Sprache sollte es sein, viele Sprachen sollte er sprechen können und immerzu reden. So einer ist am Ziel. Sie fanden einen verrückten Franzosen, der mit sich selber Reden führte, und fragten ihn, ob er verschiedene Sprachen sprechen könne. Jawohl, er beherrsche viele Sprachen! Der hat gewiß das Ziel erreicht, ein zungenfertiger Mann, der viele Sprachen kennt, viel redet, ja sogar mit sich selber redet! Er gefiel ihnen ausnehmend gut, und sie nahmen ihn zum König. Sie suchten sich ein geeignetes Land und ließen sich mit ihrem König dort nieder. Er wird sie gewiß auf den rechten Weg geführt haben.

Ein anderer Teil sagte, das wichtigste Ziel sei die Freude: Wird ein Kind geboren, ist die Freude groß; wird Hochzeit gefeiert, freut man sich; wird ein Land erobert, freut man sich. Wir sehen also, daß vor allem die Freude das Ziel ist. Sie suchten jemanden, der immer fröhlich war. Der hätte das Ziel erreicht und dem stünde es zu, König zu sein. Sie machten sich auf die Suche und stießen auf einen Goj – das Hemd in Fetzen, die Flasche Branntwein in der Hand, andere Gojim hinterdrein. Sehr fröhlich war er, weil er sich betrunken hatte. Als sie sahen, wie der Goj so fröhlich war und keine Sorgen kannte, gefiel er ihnen sehr, dieser Goj, war er doch am Ziel – Freude, nichts als Freude! Sie nahmen ihn zum König. Gewiß hat er sie auf den rechten Weg geführt. Sie suchten das passende Land, voller Weinberge, um Wein anzubauen und aus den getrockneten Beeren Schnaps zu brennen. Keine Traube darf verlorengehen, war doch ihr Ziel, unentwegt zu zechen, zu bechern und immer fröhlich zu sein. Auch wenn man gar nicht weiß, warum und wozu die Freude. Sie hatten nichts, worüber sie sich hätten freuen können. Dennoch war es ihnen die Hauptsache, immer fröhlich zu sein. Und sie suchten sich ein Land, das dazu geeignet war.

Ein anderer Teil sagte: Weisheit! Sie suchten sich einen großen Weisen, machten ihn zum König und suchten ein der Weisheit günstiges Land, wohin sie gingen, um sich niederzulassen.

Ein anderer Teil sagte, Sinn und Ziel sei, sich an Essen und Trinken gütlich zu tun und davon stark und fett zu werden. Sie suchten einen Menschen voll Körperkraft und mit mächtigen Gliedern, der sich durch Essen und Trinken groß und stark machte: Je größer der Körper und je kräftiger die Glieder, desto größer der Anteil an der Welt und der Raum, den man einnimmt. Dieser Mensch kommt dem Ziel näher, heißt es doch, Körper und Glieder groß und stark werden zu lassen. Solch ein Mensch sollte König sein. Sie fanden einen großen und starken Mann. Mit seinen hünenhaften Gliedmaßen gefiel er ihnen sehr – er war am Ziel. Ihn nahmen sie zum König und suchten das passende Land, um sich anzusiedeln.

Und noch eine andere Partei gab es, die sagte, daß all diese überhaupt keine Ziele seien. Das einzige rechte Ziel sei es vielmehr, den Namen, Er sei gepriesen, anzubeten, demütigen

Herzens und schlichten Geistes zu sein. Sie suchten einen Mann des Gebets und machten den zu ihrem König.«
(Das alles erzählte einer der Streiter des Helden dem Mann des Gebets. Und er fuhr fort und erzählte ihm noch mehr davon:) Sie selbst seien von der Partei der Helden, die sich den Hünen zum König erkoren hatte. Eines Tages war ihr Trupp samt Troß und Proviant an irgendeinem Ort durchgezogen. Vor den großen Kerlen hatten die Leute Angst; es waren Hünen und Helden. Wer immer ihnen begegnete, ging ihnen aus dem Weg. Wie ihr Trupp also daherzog, trat ihnen ein großer Held entgegen. Der ging ihnen nicht aus dem Weg, sondern stieß mitten in den Trupp hinein und zerstreute sie hierhin und dorthin. Da bekamen es die Leute des Trupps mit der Angst zu tun. Er stößt hinein zwischen die Wagen, die hinterdreinrollen, und macht sich daran, allen Proviant, den sie mitführten, aufzuessen. Das war etwas ganz Neues für sie: Ein Held, der keine Furcht vor ihnen kennt, der mitten dreinfährt und all ihren Proviant verspeist! Sogleich warfen sie sich vor ihm nieder und riefen: »Lang lebe der König!« Denn dem steht wahrhaftig die Herrschaft zu. Nach ihrer Auffassung liegt Sinn und Ziel in der Körpergröße und Kraft des Menschen. Also würde ihr König ihm gewiß die Herrschaft abtreten, denn ihm, diesem Helden und Kraftmenschen, kam sie zu. So handelten sie auch und machten ihn zum König. »Eben der ist der Held, mit dem wir jetzt unterwegs sind, um die ganze Welt zu erobern. Er sagt aber, mit seiner Eroberung der Welt meine er etwas anderes. Er meine damit nicht, daß die Welt ihm unterworfen sein sollte. Er meint etwas anderes.«
Der Mann des Gebets fragte ihn: »Worin besteht die Kraft dieses Helden, der jetzt euer König ist?«
Er antwortete: »Als einmal ein Land sich nicht ergeben wollte,

nahm der Held sein Schwert, das drei Kräfte hat. Hebt er es in die Höhe, fliehen alle Heerführer, usw . . .«

Als der Mann des Gebets dies hörte, war er sicher, daß dieser der Held des Königs war. Er fragte, ob es wohl möglich sei, den Helden, ihren König, sehen zu dürfen. Er bekam zur Antwort, man müsse ihm Meldung machen und um Erlaubnis fragen. Das geschah, und er hieß ihn kommen. Der Mann des Gebets trat bei dem Helden ein. Als er eintrat, erkannten beide einander. Sie empfanden große Freude darüber, daß ihnen ein Wiedersehen vergönnt war.

Sie freuten sich und weinten auch, denn sie erinnerten sich des Königs und seiner Leute. Darum herrschten Freude und Trauer zugleich. Der Mann des Gebets begann mit dem Helden darüber zu sprechen, wie es dazu gekommen war, daß sie einander hier getroffen hatten.

Der Held erzählte dem Mann des Gebets: Damals, als der Sturmwind blies, und alle zerstreut worden waren, sei er von dem Ort zurückgekommen, an dem er gewesen, um seine Kraft zu erneuern, und habe den König und seine Leute nicht gefunden. Da ließ er sich treiben, gleichviel, wohin es ihn verschlagen würde. Und er kam an allen Leuten des Königs vorbei, d. h. er war an all den Orten, an denen sie sich befanden. Will sagen, er war an einem bestimmten Ort und erkannte dort, daß dies der Ort war, wo sich der König befand, und diese die Orte, wo sich seine Gefolgsleute aufhielten. Er konnte den König aber nicht suchen und nicht finden. An einem anderen Ort erkannte er, daß sich dort gewiß die Königin befinde, doch konnte er sie nicht suchen und nicht finden. So war er an den Orten all der Leute des Königs gewesen. »Nur bei dir bin ich nicht vorbeigekommen.«

Der Mann des Gebets antwortete ihm: »An allen diesen Orten

bin ich vorbeigekommen und auch an deinem Ort! Ich kam an einen Ort, da sah ich die Krone des Königs. Ich erkannte, dort ist gewiß der König. Ich konnte ihn aber nicht suchen und nicht finden. So zog ich weiter. Ich kam an ein Meer aus Blut und erkannte, daß es aus den Tränen der Königin entstanden sein mußte, die sie über alles Geschehene vergießt. Gewiß war die Königin dort, aber ich konnte sie nicht suchen und nicht finden. Ich kam an einem Meer aus Milch vorbei und verstand, daß es aus der Milch der Königstochter entstanden war, deren Kind verloren war. Die viele Milch, mit der sie es nicht mehr nähren konnte, war zu einem Meer geworden. Gewiß, dort war die Königstochter, doch ich konnte sie nicht suchen und nicht finden. So ging ich weiter und sah: Da lagen die goldenen Haare des Kindes. Ich nahm keins davon. Ich wußte, das Kind ist gewiß dort, aber es war unmöglich, es zu suchen und zu finden. Ich ging weiter und kam an ein Meer aus Wein. Da wußte ich, daß es aus den Worten des Dichters entstanden war, der dort vor König und Königin Worte der Tröstung spricht. Auch zur Königstochter wendet er sich und spricht ihr Trost zu. Aus seinen Worten war das Meer von Wein entstanden. Doch ich konnte ihn nicht suchen und nicht finden.
So ging ich weiter und sah einen Stein dastehen, in den das Bild der Hand mit all ihren Linien und Furchen eingeritzt war. Ich verstand: Dort ist gewiß der Weise, der sich die Gestalt der Hand in einen Stein geritzt hatte. Es war aber nicht möglich, ihn zu finden.
Also ging ich weiter und sah, wie auf einem Berg die goldenen Tische, die Kredenzen und all die anderen Schätze des Königs aufgestellt waren. Ich erkannte, daß dort gewiß der Schatzmeister des Königs war, doch es war unmöglich, ihn zu finden.«
Da antwortete der Held: »Auch ich war an allen jenen Orten.

Doch nahm ich von den goldenen Haaren des Kindes, sieben Haare in allen Farben. Sie sind mir teuer. Und ich war, wo ich war, und hielt mich am Leben mit dem, was sich finden ließ, Kräuter und dergleichen mehr, bis ich nichts mehr hatte, wovon ich hätte leben können. Da ging ich meines Weges, wohin es mich verschlagen sollte. Und als ich den Ort verließ, vergaß ich dort meinen Bogen.«

Da antwortete der Mann des Gebets: »Den Bogen habe ich gesehen, und ich wußte, daß es gewiß dein Bogen ist, doch dich konnte ich nicht finden.«

Der Held fuhr fort: »Wie ich den Ort verließ, ging ich so lange, bis ich auf jenen Troß traf. Ich fuhr mitten dazwischen, hungrig wie ich war, und wollte essen. Kaum war ich auf diese Leute gestoßen, machten sie mich zum König. Und jetzt bin ich dabei, die ganze Welt zu erobern. Vielleicht werde ich den König und sein Gefolge finden können.«

Der Mann des Gebets begann mit dem Helden über die reichen Leute zu reden: »Was nur tun mit diesem Land, das der Geldgier so verfallen ist, so sehr, daß seine Bewohner auf die ungeheuerliche Torheit gekommen sind, diejenigen, die das meiste Geld haben, für Götter zu halten – von anderen Torheiten ganz zu schweigen.«

Der Held antwortete dem Mann des Gebets, er habe vom König gehört, daß man einen aus jedweder Leidenschaft, der er verfallen sei, wieder herausholen könne – den aber, der der Geldgier verfallen sei, den vermöchte man nicht davon zu befreien. »Darum wirst du bei ihnen nichts erreichen. Es ist unmöglich, sie daraus zu erlösen – es sei denn durch den Weg, der zum Schwert führt (von dem er seine Heldenkraft nimmt) – allein auf diesem Weg kann man die der Geldgier Verfallenen von ihrer Gier befreien.«

So saßen der Held und der Mann des Gebets eine ganze Weile beieinander. Sie räumten den Leuten des Landes, die den Mann des Gebets ersucht hatten, zum Helden zu gehen, Zeit ein, das heißt, der Mann des Gebets bat den Helden um Aufschub für sie, den er auch gewährte.
Danach vereinbarten der Mann des Gebets und der Held miteinander Zeichen, um so voneinander Nachricht zu erhalten.
Der Mann des Gebets machte sich auf seinen Weg. Da sah er Menschen ziehen, die zu Gott, Er sei gepriesen, beteten und Gebetbücher mit sich trugen. Er erschrak vor ihnen, und auch sie erschraken vor ihm. Er hielt inne und stellte sich zum Beten, und auch sie begannen zu beten. Danach fragte er sie: »Wer seid ihr?« Sie antworteten: »Damals, als der Sturmwind wütete, spaltete sich die Welt in viele Parteien. Die einen suchten sich dieses, die anderen jenes Ziel aus. Wir haben damals entschieden, daß es das Wichtigste sei, sich stets mit dem Gebet zum Namen, Er sei gepriesen, zu beschäftigen. Wir suchten und fanden einen Mann des Gebets, den wir zum König machten.«
Als der Mann des Gebets dieses hörte, gefiel es ihm sehr, denn das war, was er suchte. Er begann mit ihnen zu reden und enthüllte ihnen seine Art zu beten, seine Bücher und seine Gebete. Als sie seine Worte hörten, gingen ihnen die Augen auf, und sie erkannten seine Größe. Sie machten ihn sogleich zu ihrem König – ihr König trat ihm die Herrschaft ab, denn sie erkannten, daß er ein sehr großer Mann war. Der Mann des Gebets lernte mit ihnen, öffnete ihnen die Augen und zeigte ihnen, wie sie zum Namen, Er sei gepriesen, beten sollten, und machte sie zu großen und vollkommenen Zaddikim. Schon zuvor waren sie Zaddikim gewesen, denn sie hatten sich allein mit dem Gebet

beschäftigt, doch der Mann des Gebets öffnete ihnen die Augen, so daß sie zu wahrhaft großen Zaddikim wurden.
Der Mann des Gebets sandte einen Brief an den Helden und teilte ihm mit, daß es ihm vergönnt worden sei, Menschen zu finden, wie er sie gesucht, und daß er ihr König geworden sei.

Das Land der Reichen gab sich weiter mit seinen Kulten und Riten ab. Die Zeit, die ihnen der Held zugestanden hatte, neigte sich dem Ende zu. Sie ängstigten sich, verrichteten ihren Kult, brachten Opfer dar, räucherten mit Weihrauch und richteten Gebete an ihre Götter. Sie fingen ein »kleines Tier«, also einen Menschen mit wenig Geld, und brachten ihn ihren Göttern zum Opfer.
Für sie stand es unverrückbar fest, dem ersten Rat, der ihnen gegeben worden war, zu folgen und um Hilfe nach jenem Land auszusenden, in dem jedermann Gott war. Bei so unermeßlichem Reichtum würde man ihnen gewiß helfen. Also entsandten sie Boten in jenes Land. Unterwegs gingen die Boten in die Irre. Sie erblickten jemanden, der mit einem Stock unterwegs war, wertvoller als all ihre Gottheiten, d. h. sein Stock war mit den allerkostbarsten Edelsteinen besetzt und wertvoller als der Reichtum ihrer Götter! Nähme man ihre Reichtümer und auch die des Landes, zu dem sie zogen, zusammen – dieser Stock wäre immer noch wertvoller. Zudem trug dieser Mensch einen Hut, der mit Diamanten besetzt und ebenfalls unvorstellbar wertvoll war. Als die Boten diesen Menschen sahen, warfen sie sich sogleich untertänigst vor ihm nieder – nach ihrer törichten Meinung mußte dieser Mensch Gott über allen Göttern sein, hatte er doch solch ungeheuren Reichtum! Der Mensch sagte ihnen: »Ihr seid überrascht? Kommt mit mir, und ich zeige euch, was Reichtum ist.«

Er führte sie auf den Berg, auf dem der Schatz des Königs aufgestellt war, und zeigte ihnen den Schatz. Als sie ihn sahen, fielen sie voll Ehrfurcht nieder: »Dieser ist Gott über alle Götter.«

Opfer aber brachten sie nicht dar – da sie der Auffassung waren, dieser sei ein Gott, so hätten sie sich ihm gewiß selber geopfert –, denn es war den Boten untersagt, unterwegs Opfer zu bringen. Man befürchtete nämlich, keiner würde übrigbleiben, wenn sie unterwegs Opfer brächten. Vielleicht fände einer von ihnen unterwegs einen Schatz, oder einer könnte austreten und dabei auf dem Abtritt einen Schatz finden, dann würde er sich ihm opfern wollen, und keiner bliebe mehr übrig. Also war den Boten verboten worden, unterwegs Opfer darzubringen.

Die Boten überlegten sich: Wozu noch zu jenen Göttern gehen – d. h. in das Land, wohin man sie geschickt hatte –, wo alle so reich waren und ihnen wie Götter erschienen. Dieser Mensch würde ihnen doch viel eher helfen können, denn er war ein Gott, hoch über ihnen allen. Er besaß einen schier unvorstellbaren Reichtum, mehr als sie alle. Sie baten also den Menschen, er möge mit ihnen in ihr Land gehen. Er war dazu bereit, ging mit ihnen und kam in ihr Land. Wie war das Land voller Jubel, so einen Gott bekommen zu haben! Sie wähnten sich seiner Hilfe schon sicher – welch ein Gott bei diesem Reichtum!

Der Mensch befahl, so lange keine Opfer mehr darzubringen, bis nicht im Lande Recht herrsche.

Das Land begann, ihn wegen des Helden um Hilfe zu bitten; man hatte große Angst. Und auch der Schatzmeister gab ihnen zur Antwort: »Ob das nicht vielleicht der Held . . .?« Er machte sich auf, ging hinaus und fragte die Leute des Helden,

ob es möglich sei, sich mit ihm zu treffen. Sie sagten, sie wollten es melden und anfragen. Sie fragten an, und Einlaß wurde gewährt. Der Schatzmeister trat beim Helden ein, und sie erkannten einander. Freude und Trauer herrschten zugleich.
Der Held sagte: »Unser frommer Mann des Gebets ist auch da, und ich habe ihn gesehen. Er ist schon König geworden.« Der Schatzmeister erzählte dem Helden: Er sei an alle Orte gekommen, d. h. zum Ort des Königs und seiner Leute. Nur an diesen beiden, d. h. am Ort des Manns des Gebets und dem des Helden sei er nicht vorbeigekommen. Der Schatzmeister redete mit dem Helden über das Land, wie doch die Leute töricht seien und verführt, daß sie einer so großen Torheit verfallen waren. Der Held sagte dem Schatzmeister das, was er schon dem Mann des Gebets gesagt hatte: Vom König habe er gehört, daß, wer der Geldgier verfallen, daraus nicht zu befreien sei, es sei denn durch jenen Weg, usw.
Sie verlängerten die Frist, d. h. der Schatzmeister erwirkte beim Helden, daß er dem Land noch einmal Zeit gab und eine neue Frist einräumte. Dann verabredeten sie ein Zeichen, der Schatzmeister verließ den Helden und kehrte in das Land zurück. (Der Schatzmeister mahnte sie wegen ihres schlechten Lebens und warf ihnen ihren Irrtum und ihre Geldgier vor, doch ohne Erfolg, zu tief waren sie darin verwurzelt. Doch da der Mann des Gebets und der Schatzmeister sie so viel ermahnt hatten, waren sie ein wenig verwirrt und sagten: »Also gut, macht uns davon los«, obwohl sie an ihrer törichten Meinung festhielten. Sie wollten nicht davon loskommen, doch da sie so oft gemahnt wurden, sagten sie dann und wann: »Also gut, wenn es denn so ist, daß wir im Irrtum sind, dann holt uns da heraus.«)
Der Schatzmeister sprach zu ihnen und sagte: »Ich will euch ei-

nen Rat geben, denn ich kenne die Kraft des Helden und weiß, woher er sie nimmt.« Und er erzählte ihnen von dem Schwert, das dem Helden die Kraft verleiht. »Darum will ich mit euch an den Ort des Schwertes gehen. So werdet ihr gegen den Helden bestehen können.« Seine Absicht war die: Wenn sie an den Ort des Schwertes gelangten, würden sie aus ihrer Geldgier herausfinden.

Das Land nahm seinen Rat an. Sie sandten die großen Leute, die ihnen als Götter galten, aus; sie sollten zusammen mit dem Schatzmeister zu jenem Schwert ziehen. So gingen sie zusammen, der Schatzmeister und die großen Leute des Landes, ihre Götter. Der Schatzmeister ließ den Helden wissen, daß er mit ihnen aufgebrochen sei, um den Ort des Schwertes zu suchen. Seine Absicht dabei war: Vielleicht würde es ihm vergönnt sein, unterwegs den König und seine Leute zu finden. Der Held sagte: »Auch ich will mit dir gehen!« Der Held verstellte sich (damit die Leute, die mit dem Schatzmeister gingen, ihn nicht erkannten) und ging mit ihnen. Beide beschlossen, das auch dem Mann des Gebets mitzuteilen. Sie teilten's ihm mit, und der Mann des Gebets wollte auch mit ihnen gehen. Er stieß zu ihnen.

Bevor er seine Leute verließ, sagte er ihnen, sie sollten darum beten, daß Gott ihren Weg erfolgreich machen und es ihnen vergönnt sein möge, den König und seine Leute zu finden. Denn darum betete der Mann des Gebets und hieß auch seine Leute darum beten. Er verfaßte für sie dazu geeignete Gebete. Jetzt aber, da er mit dem Schatzmeister und dem Helden gehen wollte, um den König und seine Gefolgsleute zu suchen, sagte er ihnen noch mehr – sie sollten immerzu darum beten, daß es ihnen vergönnt sein möge, jene zu finden. Der Mann des Gebets kam mit dem Schatzmeister und dem Helden zusammen – in ihrer Mitte herrschte gewiß große Freude, Freude und Trauer zugleich. Alle drei gingen zusammen (d. h. der Schatzmeister, der Held und der Mann des Gebets). Und die Götter, d. h. die Großen des Landes, gingen mit ihnen. Sie waren sehr lange unterwegs und gelangten in ein fremdes Land. Dort waren Wachen postiert. Sie fragten den Wächter: »Was ist dies für ein Land? Und wer ist bei euch König?« Die Wächter antworteten: »Damals haben die Leute dieses Landes die Weisheit zur Hauptsache erkoren und einen großen Weisen zum König gewählt. Vor kurzem nun fanden sie einen schier unermeßlich weisen Mann, wahrhaftig, einen großen Weisen! Der König trat ihm die Herrschaft ab, und sie machten ihn zum König, denn ihnen ist Weisheit das Wichtigste.«

Die drei sagten: »Das sieht danach aus, als müßte das unser Weiser sein!« Sie baten darum, sich mit ihm treffen zu dürfen. Man antwortete, es müsse gemeldet und um Erlaubnis nachgesucht werden. Sie holten die Erlaubnis ein, und er hieß sie kommen. Sie traten bei dem Weisen ein, der König des Landes geworden war. Sie erkannten einander – der Weise war wirklich der Weise des Königs. Nun herrschte gewiß große Freude – Freude und Trauer – denn sie klagten: »Wo werden wir den König und die übrigen finden?« Sie fragten den Weisen, ob er nicht von der Hand des Königs wisse. Er antwortete, die Hand sei bei ihm. Doch seit dem Sturmwind, der sie alle zerstreut hatte, wolle er nicht mehr auf die Hand schauen, denn sie gehöre allein dem König. Er habe sich aber die Gestalt der Hand in einen Stein geritzt, damit sie ihm ein wenig von Nutzen sei. Auf die Hand selbst jedoch schaue er nicht. Sie sprachen mit dem Weisen darüber, wie er denn hierhergekommen sei. Er erzählte: Seit dem Sturmwind hatte es ihn irgendwohin ver-

schlagen, und er war an den Orten dieser drei vorbeigekommen, bis ihn die Leute dieses Landes fanden und zum König machten. Jetzt müsse er sie ihren Weg ihren Weisheiten gemäß führen, bis er sie eines Tages zur rechten Wahrheit hinführen könnte.
Sie sprachen mit dem Weisen auch über das Land, das zur Geldgier verführt worden war, und sagten: »Auch wenn wir nur um dieses Landes willen auseinandergeraten und zerstreut worden wären, wäre es schon genug, sie zur Umkehr zu bewegen und zur Wahrheit zu führen, sind sie doch völlig verdummt und verführt. Gewiß, alle Parteien gehen irre, sind verwirrt und müssen geheilt und zum wahren Ziel zurückgebracht werden. Auch jene, die sich die Weisheit zum Ziel gesetzt haben, bedürfen der Heilung und der Umkehr. Denn sie haben sich äußerliche und abseitige Weisheiten erwählt. Sie von ihren Torheiten zu befreien, ist aber leichter. Jene hingegen sind vom Götzendienst des Geldes verführt und stecken so tief darin, daß es unmöglich ist, sie herauszuholen.«
Auch der Weise gab zur Antwort, er habe vom König gehört, daß man aus allen Begierden herausgelangen könne, nicht aber aus der Gier nach Geld – es sei denn auf dem Weg, der zum Schwert führt. Der Weise sagte, er wolle mit ihnen gehen. Sie gingen zu viert, die Götter mit ihnen.
Sie gelangten in ein anderes Land und befragten die Wächter: »Was für ein Land ist dieses, und wer ist euer König?« Sie erhielten zur Antwort: Damals, nach dem Sturmwind, fanden die Leute dieses Landes heraus, daß die Sprache das Ziel sei. Sie nahmen einen Mann der Sprache, einen Meister der Rede zum König. Später fanden sie einen größeren Meister der Sprache, der Rede und der Dichtkunst. Den machten sie zum König – und ihr König trat ihm die Herrschaft ab, da er solch ein Meister der Sprache war.

Die vier verstanden: Das muß gewiß der Dichter unseres Königs sein. Sie baten wieder darum, den König treffen zu können. Man sagte ihnen, man müsse um Erlaubnis nachsuchen. Das geschah, und man hieß sie eintreten. Sie kamen zum König: Es war der Dichter des Königs, und sie erkannten einander. Große Freude war in ihrer Mitte – Freude und Trauer. Auch der Dichter ging mit ihnen, und sie suchten weiter, vielleicht würden sie die übrigen finden, sie sahen ja, daß der Name, Er sei gepriesen, ihnen half – sie würden allemal ihre Freunde finden. Dies schrieben sie dem Verdienst des frommen Mannes des Gebets zu, der immer darum betete. Durch seine Gebete war es ihnen vergönnt, ihre Freunde zu finden. Sie gingen weiter, um vielleicht auch die übrigen zu finden.

Sie erreichten ein anderes Land und fragten die Wächter: »Was für ein Land ist dies, und wer ist euer König?« Die Antwort war: Sie seien von der Partei derer, die ihr Ziel in Trinken und Fröhlichkeit gefunden hatten. Irgendein Säufer war ihr König geworden, weil ein Säufer stets fröhlich sei. Später hatten sie einen Menschen gefunden, der in einem Meer von Wein saß. Den nahmen sie zum König. Die vier baten wieder, ihn treffen zu dürfen, und man holte die Erlaubnis ein. Sie traten vor den König: Es war der gute und getreue Freund des Königs, der in dem Meer von Wein gesessen hatte, das aus den Worten des Dichters entstanden war, mit denen er Trost gespendet hatte. Als sie bei ihm eintraten, erkannten sie einander, und große Freude war in ihrer Mitte – Freude und Trauer. Auch der gute und getreue Freund des Königs ging mit ihnen.

Sie zogen weiter und kamen in ein anderes Land. Sie fragten die Wächter: »Wer ist bei euch König?« Sie antworteten, ihr König sei eine schöne Frau – denn diese führe zum Ziel, und das Ziel sei, die Welt zu bevölkern. Früher hatten sie eine

Schöne zur Königin, doch später fanden sie eine andere Frau, die schier unglaublich schön war. Die nahmen sie zur Königin. Die Suchenden verstanden: Es mußte die Königstochter sein. Sie baten wieder, sie treffen zu dürfen. Man ging und holte die Erlaubnis. Sie traten zur Königin und erkannten, daß sie die Königstochter selbst war. Die Freude, die dort herrschte, kann man sich gar nicht ausmalen. Sie fragten sie: »Wie kommst du hierher?« Sie erzählte ihnen: Damals, als der Sturmwind tobte und das Kind aus der Wiege riß, sei sie in der Aufregung sogleich dem Kinde nachgelaufen, habe es aber nicht gefunden. Und da die Milch sie schmerzte, entstand das Meer aus Milch. Später hatten sie die Leute dieses Landes gefunden und zu ihrer Königin genommen.
Große Freude gab es, und sie weinten auch über das teure Kind, das nicht da war, und über ihren Vater und ihre Mutter, von denen sie nichts wußten. Nun aber hatte das Land auch einen König – ihr Gatte, der Held, war ja gekommen!
Die Königstochter bat den Mann des Gebets, er solle in ihr Land gehen und ihre Untertanen einstweilen ein wenig von ihrer Befleckung reinigen – für ihr Ziel war Frauenschönheit wichtig. Sie waren unrein geworden, der Begierde verfallen. Darum bat sie den Mann des Gebets, er möge die Leute einstweilen ein wenig reinigen, damit sie nicht allzu besudelt seien. Nicht allein, daß es Begierde war, sie glaubten auch, daß dieses das Ziel sei. Darum bat die Königstochter den Mann des Gebets darum, die Leute des Landes einstweilen schon ein wenig zu reinigen.
Danach zogen sie alle weiter, die übrigen zu suchen. Sie kamen in ein Land und fragten wieder: »Wer ist euer König?« Man gab ihnen zur Antwort, ihr König sei ein kleines Kind. Sie seien nämlich von der Partei, die herausgefunden hatte,

daß derjenige König sein solle, der vielerlei Speisen habe und sich nicht von der Nahrung anderer Menschen ernähre. Vorläufig hatten sie einen Reichen zum König genommen. Später fanden sie jemanden, der in einem Meer aus Milch saß. Der gefiel ihnen, denn der Mensch wird, sobald er lebt, von Milch ernährt und nicht von dem, was andere Menschen essen. Darum nahmen sie ihn zum König. Sie nannten ihn den »Einjährigen«, weil er wie das Kleinkind von Milch lebt. Sie verstanden – das war gewiß das Kind der Königstochter. Sie baten, es treffen zu dürfen. Man holte die Erlaubnis ein, sie traten vor den König und erkannten einander, denn auch er erkannte sie, obwohl er ein kleines Kind gewesen war, als er hinweggetragen worden war. Weil er schon von Geburt an weise war, erkannte er sie. Natürlich erkannten sie ihn. Und gewiß herrschte dort große Freude. Sie weinten darüber, daß sie nichts vom König und von der Königin wußten. Sie fragten ihn: »Wie kommst du hierher?«
Er erzählte: Damals, als der Sturmwind ihn fortgerissen hatte, trug er ihn hin, wohin er ihn eben trug. Er war an einem unbekannten Ort und lebte von dem, was er fand, bis er an das Meer aus Milch kam. Da verstand er, daß das Meer aus der Milch seiner Mutter entstanden sein mußte – denn die Milch hatte sie gewiß geschmerzt, so daß das Meer daraus geworden war. Er blieb dort auf dem Meer aus Milch und wurde von der Milch genährt, bis die Leute dieses Landes kamen und ihn zum König machten.
Darauf zogen sie weiter, kamen in ein anderes Land und fragten: »Wer ist euer König?« Sie erfuhren, daß man sich das Morden zum Ziel gesetzt und einen Mörder zum König genommen hatte. Später aber fanden sie eine Frau, die in einem Meer aus Blut saß. Die nahmen sie zum König, weil sie meinten, sie

sei gewiß eine sehr große Mörderin, saß sie doch in einem Meer aus Blut. Die Freunde baten wieder, sie treffen zu dürfen. Man ging und holte die Erlaubnis. Sie traten vor sie – es war die Königin, die immerzu geweint hatte. Aus ihren Tränen war ein Meer aus Blut entstanden. Sie erkannten einander. Sehr große Freude herrschte dort und große Trauer, wußten sie doch nichts vom König.

Sie zogen weiter, kamen in ein anderes Land und fragten: »Wer ist euer König?« Sie erfuhren, daß man einen Menschen von Ehre zum König gewählt hatte, denn ihr Ziel hieß Ehre. Später waren sie auf einen Greis gestoßen, der in einem Felde saß und mit einer Krone angetan war. Er gefiel ihnen sehr – hochgeehrt saß er in einem Feld, die Krone auf dem Haupt! Ihn hatten sie zum König genommen.

Sie verstanden, daß es gewiß ihr König selbst war, und fragten wieder, ob es möglich sei, ihn zu treffen. Man holte die Erlaubnis ein, sie traten vor ihn und erkannten, daß es der König selber war. Die Freude kann man sich gar nicht ausmalen! Die törichten Götter, die bei ihnen waren, wußten überhaupt nicht, was da vor sich ging und warum sie so fröhlich waren.

Nun war die heilige Gemeinschaft wieder vereint – der König mit allen heiligen Leuten. Sie sandten den Mann des Gebets in alle ihre Länder, er solle die Menschen auf den rechten Weg bringen, sie reinigen und aus ihren Verirrungen herausführen. Jedes Land solle er herausführen aus seinem Irrtum und seiner Torheit – denn alle waren sie verführt. Jetzt besaß der Mann des Gebets gewiß die Kraft, zu ihnen zu gehen und sie auf den rechten Weg der Umkehr zu bringen, denn er empfing die Kraft und die Vollmacht von den Königen dieser Länder, denn ihre Könige waren alle hier. Ausgestattet mit ihrer Kraft

ging der Mann des Gebets hin, sie zu reinigen und sie zur Umkehr zu bringen.
Der Held sprach mit dem König über das Land, das dem Götzendienst der Geldgier verfallen war. Der Held sagte zum König: »Ich hörte von Euch, daß durch den Weg zu meinem Schwert jeder befreit werden kann, der der Geldgier verfallen ist?!« Der König antwortete: »Ja, so ist es.«
Der König sagte zum Helden: »Auf dem Weg zum Schwert gibt es einen Seitenpfad, der führt zu einem feurigen Berg. Auf dem Berg liegt ein Löwe, der, wenn er fressen muß, hingeht und über die Herden herfällt, die Schafe und das Kleinvieh reißt und frißt. Die Hirten wissen davon und hüten die Schafe vor ihm. Der Löwe gibt nicht acht darauf. Wann immer er fressen will, fällt er in die Herden ein. Die Hirten lärmen, schlagen und stürmen gegen ihn an, doch der Löwe nimmt es gar nicht wahr. Er packt sich Schafe und Kleinvieh, brüllt und frißt. Den feurigen Berg selbst sieht man gar nicht. Dann gibt es da noch einen Seitenpfad. Auf diesem Pfad gelangt man an einen Ort, der ›die Küche‹ heißt. Dort in der Küche gibt es vielerlei Speisen. Ein Herd aber ist nicht in der Küche. Die Speisen werden von dem feurigen Berg gekocht, doch der ist weit entfernt. Schächte und Kanäle führen vom feurigen Berg zur Küche. Dadurch werden die Speisen gar. Auch die Küche ist nicht sichtbar. Man erkennt sie aber daran, daß auf ihr Vögel sitzen. Die Vögel schlagen mit ihren Flügeln. Durch ihr Flügelschlagen blasen die Vögel das Feuer an und entfachen es, ebenso löschen sie es mit ihrem Flügelschlag, damit es nicht zu stark aufflammt, nicht mehr als nötig. Sie entfachen das Feuer nach Bedarf, für eine Speise dieses, für eine andere jenes Feuer; ganz wie es sich für jede Speise gehört, wird das Feuer von den Vögeln angefacht.«

Und weiter sagte der König zum Helden: »Du sollst sie nun führen – zuerst führe sie gegen den Wind, damit der Duft der Speisen zu ihnen dringe. Danach, wenn du ihnen von den Speisen geben wirst, werden sie gewiß die Gier nach dem Geld von sich abtun.«

So tat der Held und nahm jene Leute, d. h. die Großen aus dem Land des Reichtums, die ›Götter‹ ihres Landes, die mit dem Schatzmeister gekommen waren. Als die Abgesandten ihr Land mit dem Schatzmeister verließen, hatten die Bewohner ihnen die Vollmacht gegeben, daß alles, was sie tun würden, getan werden und bindend sein sollte. Alle Bewohner stimmten dem zu, was die Abgesandten tun würden, und wollten nichts daran ändern.

Der Held nahm die Abgesandten, brachte sie auf seinen Weg und führte sie bis zu der Küche, in der die Speisen zubereitet wurden. Anfangs führte er sie gegen den Wind, und der Geruch der Speisen zog zu ihnen herüber. Sie begannen ihn sehr darum zu bitten, er möge ihnen von den guten Speisen geben. Danach ließ er sie mit dem Wind gehen. Da begannen sie laut zu schreien: »Es stinkt!« Er stellte sich wieder gegen den Wind, und wieder drang der Duft der Speisen in ihre Nasen, und wieder baten sie ihn sehr, er möge ihnen von den Speisen geben. Danach führte er sie wieder mit dem Wind. Wieder schrien sie: »Es stinkt ganz entsetzlich!« Der Held wandte sich an sie: »Ihr seht doch, daß es hier nichts gibt, was stinken könnte! Der Gestank muß von euch selbst herrühren. Ihr selber stinkt – hier ist sonst nichts, was stinken könnte!«

Dann gab er ihnen von den Speisen zu essen. Sowie sie davon aßen, fingen sie an, ihr Gold und Silber von sich zu werfen. Jeder hob eine Grube aus und grub sich vor lauter Scham darin ein, so sehr schämten sie sich. Sie erkannten, wie sehr das Geld

stinkt, als sie von den Speisen gekostet hatten. Sie zerkratzten sich das Gesicht, vergruben sich und wollten ihre Köpfe nicht heben – so sehr schämten sie sich voreinander.
An diesem Ort ist Geld die größte aller Schanden – will einer den anderen beleidigen, so sagt er zu ihm: »Du hast Geld!« Geld ist dort eine große Schande; je mehr Geld einer hat, desto mehr schämt er sich. Deswegen vergruben sie sich vor Schmach und Schande. Keiner konnte sein Gesicht erheben, nicht einmal vor seinem Nächsten, geschweige denn vor dem Helden. Und wer noch einen Gulden oder einen Groschen bei sich fand, der warf ihn fort wie Dreck.
Darauf kam der Held zu ihnen, holte sie aus ihren Gruben hervor und sagte zu ihnen: »Kommt mit mir. Jetzt braucht ihr keine Angst mehr vor dem Helden zu haben. Ich bin's, ich bin der Held.«
Sie baten ihn, er möge ihnen von den Speisen geben, damit sie etwas davon in ihr Land bringen könnten. Sie selbst würden dem Geld schon feind sein. Doch wollten sie, daß das ganze Land von seiner Geldgier loskäme. Der Held gab ihnen von den Speisen, und sie brachten die Speisen in ihr Land. Sowie sie den Bewohnern davon gegeben hatten, begannen alle, ihr Geld wegzuwerfen und sich vor lauter Scham in der Erde zu vergraben. Die großen Reichen und die Götter schämten sich mehr als alle anderen. Auch die kleinen Leute, die Tiere oder Vögel genannt worden waren, auch sie schämten sich – warum nur waren sie sich bisher so klein vorgekommen? Weil sie kein Geld hatten! Jetzt wußten sie's: Umgekehrt! Geld ist die größte Schande!
Die Speisen haben eine ganz besondere Eigenschaft: Wer davon ißt, verabscheut das Geld. Denn er verspürt den Gestank des Geldes, den Gestank von Kot. Alle warfen sie ihr Geld, ihr

Gold und ihr Silber, fort. Dann schickte man ihnen den Mann des Gebets. Der legte ihnen Bußen und Werke der Umkehr auf. Er reinigte sie. Der König wurde König über die ganze Welt. Die Welt kehrte sich zu Gott, Er sei gepriesen. Alle beschäftigten sich mit Tora und Gebet, mit Buße und guten Taten.

Amen. Möge es Sein Wille sein.

DIE DREIZEHNTE ERZÄHLUNG

מעשה מהזיי״ן בעטלערס

Von den sieben Bettlern

Ich will euch erzählen, wie man einmal fröhlich war.

Es war einmal ein König, der hatte einen einzigen Sohn. Schon zu Lebzeiten wollte er ihm die Herrschaft übertragen und gab darum einen Ball mit einem großen Bankett. Ein Ball, den der König gibt, ist immer sehr fröhlich. Nun, da er seinem Sohn die Herrschaft zu Lebzeiten abtrat, gab er zweifellos ein besonders großes Fest. Alle Fürsten kamen auf den Ball, alle Adligen und Minister, und es ging sehr fröhlich zu. Auch das Land war's zufrieden, daß der König seinem Sohn zu Lebzeiten die Herrschaft übergab – das macht dem König große Ehre, und die Festesfreude war überaus groß. Es gab Vergnügungen und viel Kurzweil; Spielleute, Komödianten und vielerlei Unterhaltung. Was auch immer zur Freude beitragen konnte, das fand sich dort.

Als alle sehr fröhlich waren, erhob sich der König und sprach zu seinem Sohn: »Als Sternenkundiger sehe ich, daß du eines Tages deine Herrschaft abtreten wirst. Sieh darum zu, daß du nicht der Traurigkeit verfällst, auch wenn du die Herrschaft verlierst. Sei nur immer fröhlich. Wenn du fröhlich bist, werde auch ich fröhlich sein. Selbst wenn du traurig sein solltest, will ich doch fröhlich sein – darüber, daß du nicht mehr König bist. Denn bist du nicht fröhlich, so bist du unwürdig, König zu sein. Wirst du aber fröhlich sein, so werde ich mich wirklich und wahrhaftig freuen.«

Der Königssohn nahm die Herrschaft fest in die Hände und er-

kor sich Adlige, Minister und Soldaten. Er war ein Weiser, liebte die Weisheit sehr und umgab sich mit großen Weisen. Wer auch immer mit irgendeiner Weisheit zu ihm kam, der galt ihm viel. Er erwies ihm Ehre und gab ihm Reichtum und Wissen. Er gab, was man von ihm verlangte. Wollte einer Geld – gab er ihm Geld; Ehre – so gab er Ehre; alles um der Weisheit willen. Da ihm Weisheit so wichtig war, verlegten sich die Leute darauf. Alle Welt warf sich auf Weisheit. Die einen wollten Geld, andere verlangte es nach Ansehen und Ehre. Da nun jedermann mit Wissenschaft und Weisheit beschäftigt war, vergaß das Land, wie man Kriege führt – alle waren nur mit Wissenschaft und Weisheiten beschäftigt. Und selbst der in diesem Land am wenigsten Weise galt andernorts als der größte Weise. Die Gelehrten dieses Landes waren ganz außergewöhnlich große Weise. Vor lauter Weisheit fielen sie in Unglauben und zogen auch den König in ihren Unglauben hinein. Den einfachen Leuten, die den tiefen Weisheiten nicht folgen konnten, tat es keinen Schaden, und sie fielen nicht in Unglauben. Nur die Weisen und der König wurden zu Ungläubigen. Der Königssohn hatte einen guten Charakter, war von edler Geburt und besaß gute Eigenschaften. Von Zeit zu Zeit besann er sich: »Wo in aller Welt bin ich? Was tue ich?«
Und er gab einen schweren Seufzer von sich, wenn ihm die Frage in den Sinn kam: »Was hat es zu bedeuten, daß ich in so etwas hineingeraten mußte? Was geschieht mit mir? Wo in aller Welt bin ich?« Und er seufzte tief. So geschah es oft. Wenn er aber anfing, sich seines Verstandes zu bedienen, nahm die Weisheit des Unglaubens wieder überhand.

Einmal kam es in einem Land zu einer großen Flucht. Alles floh. Die Fliehenden kamen durch einen Wald. Dort gingen ihnen zwei Kinder verloren, dem einen ein Junge, dem anderen ein Mädchen. Beide waren noch klein, gerade vier oder fünf Jahre alt. Die Kinder hatten nichts zu essen und schrien und weinten vor Hunger.

Da kam ein Bettler, behängt mit seinen Beuteln. Die Kinder liefen auf ihn zu und hingen sich an ihn. Er gab ihnen Brot und sie aßen. Er fragte sie: »Wie seid ihr hierhergekommen?« Sie gaben zur Antwort: »Das wissen wir nicht.« Denn sie waren noch klein. Er wollte sie wieder verlassen, aber sie baten ihn, er möge sie mitnehmen. Er sagte: »Ich will nicht, daß ihr mit mir geht.«

Sie hatten ihn sich näher angesehen: der Bettler war blind! Das verwunderte sie sehr, wie konnte er allein gehen, da er doch blind war. (Es war für sie nicht leicht, das zu verstehen, denn sie waren noch klein, aber klug waren sie und wunderten sich.) Dann segnete er sie und sagte: »Ihr sollt so sein wie ich. Ihr sollt so alt werden, wie ich es bin.« Er ließ ihnen noch Brot und ging davon.

Die Kinder erkannten, daß der Name, Er sei gepriesen, für sie gesorgt und ihnen einen blinden Bettler gesandt hatte, damit der ihnen Brot gebe. Doch bald ging ihnen das Brot aus; wieder schrien sie nach Nahrung. Es wurde Nacht, sie blieben dort. Auch in der Morgenfrühe hatten sie nichts zu essen und weinten und schrien.

Wieder kam ein Bettler, der war taub. Sie wollten mit ihm sprechen, aber er machte ihnen Zeichen mit den Händen und sagte: »Ich höre nichts.« Auch dieser Bettler gab ihnen Brot zu essen und wollte wieder fortgehen. Sie baten ihn, sie mitzunehmen – er wollte nicht. Er segnete sie und sagte: »Ihr sollt so sein wie ich bin.« Er gab ihnen noch mehr Brot und ging davon. Hernach ging ihnen wieder das Brot aus, und sie schrien abermals.

Wieder kam ein Bettler zu ihnen, ein Stammler. Sie wollten mit ihm reden, doch er stammelte und stotterte, und sie verstanden nicht, was er sagte. Er verstand wohl, was sie sagten, und gab ihnen Brot zu essen. Auch er segnete sie, sie mögen so sein wie er, und ging davon.
Später kam wieder ein Bettler, der hatte einen verdrehten Hals und es geschah, wie schon erzählt. Und danach kam wieder ein Bettler, ein Buckliger. Danach ein Bettler ohne Hände, und schließlich ein Bettler ohne Füße. Jeder gab ihnen Brot, jeder segnete sie, sie möchten so sein wie er – ganz so wie diese Bettler.
Später ging ihnen wieder das Brot aus. Sie gelangten in eine bewohnte Gegend und stießen endlich auf einen Weg, der sie in ein Dorf führte. Sie traten in ein Haus, dort hatte man Mitleid mit ihnen und gab ihnen Brot. Sie liefen in das nächste Haus, und auch dort bekamen sie zu essen. Also gingen sie von Haus zu Haus und sahen, daß es gut war – man gab ihnen zu essen.
Sie versprachen einander, immer beisammen zu bleiben. Sie machten sich Beutel und Säcke und zogen von Tür zu Tür, auf alle fröhlichen Feste, zu den Beschneidungen und auf die Hochzeiten. Sie zogen von einem Ort zum andern. So gelangten sie in Städte, gingen in die Häuser und auf die Märkte und Messen. Sie saßen mitten unter den Bettlern, genauso wie die Bettler, die mit ihren Tellern an den Zäunen hocken. Bald waren die Kinder bei allen Bettlern bekannt als die Kleinen, die im Wald verlorengegangen waren.
Als einmal in einer Stadt eine große Messe stattfand, zogen alle Bettler dorthin und die Kinder auch. Da kamen einige Bettler auf den Gedanken, die beiden miteinander zu verheiraten, daß sie einander zu Mann und Frau nähmen. Kaum hatten einige

davon zu reden begonnen, waren alle davon angetan. Schnell war man sich über die Heirat einig. Aber wie sollte man ihnen die Hochzeit ausrichten? Sie überlegten: An dem und dem Tag sollte zum Geburtstag des Königs ein großes Fest stattfinden, da wollten sie alle hin und Fleisch und Brot erbetteln. Damit würden sie die Hochzeit ausrichten.
Und so geschah es; alle Bettler zogen zu der königlichen Feier, erbettelten sich Fleisch und Brot und nahmen überdies die Reste des Festmahls mit, alles was an Fleisch und Eierkuchen übriggeblieben war. Dann machten sie sich daran, eine große Grube auszuheben, so groß, daß gut hundert Menschen Platz darin hatten. Sie überdeckten die Grube mit Rohr, Erde und Mist. Alle gingen hinein und feierten dort die Hochzeit der Kinder. Sie stellten ihnen den Traubaldachin auf, und es ging sehr fröhlich her, auch Braut und Bräutigam waren sehr fröhlich. Beide erinnerten sich an die Wohltaten, die der Name, Er sei gepriesen, an ihnen getan hatte, als sie im Wald umhergeirrt waren. Und sie weinten vor Sehnsucht: »Könnten wir doch nur den ersten, den blinden Bettler hierher holen, der uns im Wald zu essen gab!«

Wie sie sich so nach dem blinden Bettler sehnten, sagte der: »Hier bin ich! Ich bin zu eurer Hochzeit gekommen, und ich mache euch zum Geschenk, daß ihr so alt werdet, wie ich es bin. Damals hab ich euch gewünscht, daß ihr so alt werden mögt wie ich – heute mache ich es euch wirklich und wahrhaftig zum Geschenk – ihr sollt ebenso lange leben wie ich. Ihr meint, ich sei blind. Keineswegs, ich bin nicht blind, doch die ganze Welt ist mir keinen Augenblick wert. Ich bin sehr alt und bin dennoch ganz jung, ich habe noch kaum angefangen zu leben und bin dennoch sehr alt. Das sage ich nicht aus mir selbst, sondern mit der Beglaubigung durch den großen Adler.

Ich will euch die Geschichte erzählen:

Es reisten einmal viele Menschen auf Schiffen über das Meer. Da kam ein Sturmwind auf und zerbrach ihre Schiffe. Die Menschen konnten sich retten und gelangten zu einem Turm. Sie stiegen auf den Turm und fanden dort alle Arten von Speise und Trank, auch Kleidung und alles, was der Mensch zum Leben braucht. Von allem Guten gab es dort, alles Vergnügen, das die Welt bieten kann. Da sagten sie, jeder solle eine alte Geschichte erzählen, eine Geschichte vom allerersten, dessen er sich erinnern könne; etwas aus den Anfängen seines Gedächtnisses. Alte und Junge waren versammelt, und man wollte dem Allerältesten unter ihnen die Ehre geben, als erster zu erzählen. Er begann und sagte: ›Was soll ich erzählen? Ich erinnere mich noch, wie man den Apfel vom Zweig geschnitten hat.‹

Niemand verstand, was er damit meinte.

Es waren aber Weise unter ihnen, und die sagten: ›Ganz gewiß, das ist eine sehr alte Geschichte.‹

Danach baten sie den Zweitältesten, er solle erzählen. Er sagte: ›Das soll eine alte Geschichte sein? Ich erinnere mich an sie, aber ich erinnere mich sogar daran, daß das Licht leuchtete.‹

Sie sagten zueinander: ›Ja, das ist eine ältere Geschichte, älter als die erste!‹ Sie waren sehr überrascht, daß der Jüngere eine ältere Geschichte zu erzählen wußte als der, der älter war als er.

Dann bat man den dritten Alten, er solle erzählen. Der dritte war noch jünger und sagte: ›Ich erinnere mich sogar daran, wie die Frucht sich zu formen begann, als sie anfing, zur Frucht zu werden.‹

Da sagten sie zueinander: ›Das ist eine noch ältere Geschichte.‹
Dann sprach der vierte Alte, der noch jünger war: ›Ich erinnere mich sogar daran, wie man den Kern gebracht hat, um die Frucht zu pflanzen.‹
Da sagte der fünfte, der noch jünger war: ›Ich erinnere mich noch der Weisen, die den Kern ausgedacht und erfunden haben.‹
Der sechste, der noch jünger war, sprach: ›Ich erinnere mich sogar an den Geschmack der Frucht, noch bevor der Geschmack in die Frucht kam.‹
Der siebte sagte: ›Ich erinnere mich selbst an den Duft der Frucht, bevor der Duft in die Frucht kam.‹
Der achte: ›Ich erinnere mich an die Gestalt der Frucht, bevor noch die Frucht die Gestalt annahm.‹
Und ich (sagte der blinde Bettler), war damals noch ein Kind, und ich war auch dabei. Ich sagte: ›Ich erinnere mich an all diese Begebenheiten, und ich erinnere mich an gar nichts.‹
Da sagten sie alle: ›Das ist eine ganz alte Geschichte, älter als alle anderen.‹ Sie waren sehr verwundert, daß das Kind mehr erinnerte als alle anderen.
Indes war ein großer Adler gekommen und pochte an den Turm. Der Adler sagte zu ihnen: ›Hört auf, arme Leute zu sein, kehrt um zu euren Schätzen und laßt eure Schätze arbeiten!‹
Und weiter sagte er ihnen, sie sollten den Turm dem Alter nach verlassen, der Älteste zuerst. Er nahm sie alle vom Turm, zuerst mich, das Kind, denn in Wahrheit war ich älter als alle. Die Jüngeren nahm er zuerst vom Turm, den ältesten Alten zuallerletzt, denn wer jünger war, der war älter und der älteste Alte war jünger als alle.
Da sprach der große Adler zu ihnen: ›Ich will euch die Ge-

schichten deuten, die erzählt worden sind. Der erste hat erzählt, er erinnere sich, wie der Apfel vom Zweig geschnitten wurde. Das heißt, er entsinnt sich, wie man ihm die Nabelschnur durchtrennt hat. Der andere, der gesagt hat, er erinnere sich, daß das Licht leuchtete, der meint, er erinnere sich der Zeit im Mutterleib, in der ein Licht über seinem Kopf brannte. Und der, der sagte, er erinnere sich sogar, wie die Frucht zu werden begann, erinnert sich dessen, wie sein Körper sich zu formen begann, damals, als er gerade gezeugt worden war. Jener erinnert sich noch an damals, als man den Kern brachte, um die Frucht zu pflanzen – das heißt, er entsinnt sich, wie sich der Samen bei der Vereinigung ergossen hat. Der, der sich der Weisen erinnert, die den Kern ersonnen haben, meint sich daran zu erinnern, wie sich der Samentropfen noch im Gehirn befand. Und der sechste erinnert sich noch des Geschmacks – das ist der Lebensodem. Und der Geruch, das ist der Geist; und die Gestalt, das ist die höhere Seele. Und das Kind schließlich sagte, es erinnere sich an gar nichts – denn es ist größer als sie alle und erinnert sich sogar dessen, was vor Odem, Geist und Seele war. Darum erinnert es sich an das Nichts.‹

Dann sagte der große Adler zu ihnen: ›Kehrt um zu euren Schiffen – das sind eure Leiber, die zerbrochen wurden, sie werden wieder erbaut werden. Jetzt kehrt zu ihnen zurück!‹ Und er segnete sie.

Zu mir (dem blinden Bettler) sagte er: ›Du, komm mit mir, denn du bist wie ich. Du bist sehr alt und doch ganz jung. Du hast kaum angefangen zu leben und hast doch höchstes Alter. So bin auch ich – ich bin sehr alt und zugleich ganz jung.‹

Ihr seht, die Beglaubigung dessen, daß ich sehr alt und zugleich ganz jung bin, stammt vom großen Adler. Und heute

mache ich es euch wirklich und wahrhaftig zum Geschenk: Ihr sollt so alt werden wie ich.«
Große Fröhlichkeit kam über sie und große Freude herrschte bei ihnen allen.

Am zweiten der sieben Tage der Hochzeitsfeier erinnerten sich Braut und Bräutigam des zweiten Bettlers, des Tauben, der sie erquickt und ihnen Brot gegeben hatte. Sie weinten vor Sehnsucht nach ihm: »O könnten wir doch den tauben Bettler hierher holen, der uns erquickt hat!«
Indes, wie sie sich nach ihm sehnen, tritt er herein und sagt: »Hier bin ich!« Und fiel ihnen um den Hals, küßte sie und sagte: »Heute mache ich euch zum Geschenk, daß ihr so sein mögt, wie ich bin, damit ihr mein gutes Leben leben sollt. Damals hab ich euch gesegnet – heute mache ich euch mein gutes Leben ganz und gar zum Geschenk. Ihr denkt, ich sei taub. Nein, ich bin nicht taub. Allein, die ganze Welt ist mir nicht wert, daß ich ihre Mängel hören wollte. Alle Stimmen der Welt entspringen dem Mangel, denn jeder schreit um das, was ihm mangelt. Selbst alle Freude und alles Feiern auf der Welt entspringt dem Mangel, da man sich freut, nun das zu besitzen, was einem zuvor fehlte. Die ganze Welt ist es mir nicht wert, daß ich ihre Mängel hören wollte, denn ich lebe ein gutes Leben, das keinen Mangel kennt. Auch habe ich eine Beglaubigung meines guten Lebens vom Land der Reichtümer.« (Sein gutes Leben war, daß er Brot aß und Wasser trank.)
»Und das ist meine Geschichte:
Es gibt ein Land, das voller Schätze und Reichtümer ist. Einmal kamen diese Reichen zusammen und jeder begann, sich seines guten Lebens zu rühmen, wie gut er lebe, und jeder er-

zählte, worin sein gutes Leben bestand. Da nahm ich das Wort und wandte mich an sie: ›Mein gutes Leben ist besser als das eure. Und hier ist der Beweis: Wenn ihr ein gutes Leben lebt, so helft dem Land, von dem ich euch jetzt erzähle. Es gibt ein Land, das einen Garten hatte. In diesem Garten wuchsen Früchte, in denen sich aller Geschmack der Welt fand; es gab dort alle guten Düfte, alle nur erdenklichen Formen, Farben und Blüten. Über diesen Garten war ein Gärtner gesetzt, und die Menschen des Landes lebten das gute Leben – dank dieses Gartens. Eines Tages aber war der Gärtner verschwunden. Kein Wunder, daß der Garten und alles, was darin war, verkommen mußte, denn es fehlte einer, der ihn gepflegt und alles getan hätte, was ein Garten braucht. Dennoch hätten die Leute jenes Landes vom Wildwuchs dieses Gartens leben können.

Ein grausamer König stand wider das Land auf, doch er vermochte ihm nichts anzuhaben. Da legte er es darauf an, das gute Leben zunichte zu machen, welches ihnen der Garten ermöglichte. Nicht, daß er den Garten verdorben hätte. Vielmehr ließ er drei Arten von Knechten zurück, die das ausführen sollten, was er ihnen befohlen hatte. Damit verdarben sie den Geschmackssinn: was man auch schmeckte, es würde immer nach Aas schmecken. Auch den Geruchssinn verdarben sie: alles roch nach stinkendem Harz. Genauso war es mit dem Gesichtssinn: das Augenlicht verdunkelte sich, als wäre die Welt von Wolken bedeckt.

Ihr aber, wenn ihr heute das gute Leben lebt, so kommt diesem Land zu Hilfe! Und ich sage euch, wenn ihr nicht helft, so werdet auch ihr selbst zu Schaden kommen!‹

Die Reichen machten sich auf zu jenem Land. Ich ging mit ihnen. Unterwegs lebte jeder von ihnen sein gutes Leben, denn sie waren reich. Wie sie in die Nähe des Landes kamen, vergingen auch ihnen der Geschmack und die anderen Sinne. Sie spürten selbst, daß alles verdorben war. Ich wandte mich an sie und sagte: ›Wenn euch schon jetzt, da ihr das Land nicht einmal betreten habt, das Schmecken, Sehen und Riechen vergeht, wie wird es erst dann sein, wenn ihr das Land betreten habt? Um wieviel weniger werdet ihr ihnen helfen können?‹

Da gab ich ihnen von meinem Brot und meinem Wasser, und sie schmeckten darin jedweden Geschmack und Duft. So wurde ihnen wiedergegeben, was verdorben worden war.

Die Leute des Landes, in dem der Garten lag, fingen an, sich Gedanken zu machen, wie sie ihr Land wieder heilen könnten. Sie erinnerten sich daran, daß es ein Land des Reichtums gab. Es dünkte sie, ihr verlorengegangener Gärtner sei von dem Volk im Land der Reichtümer, die auch das gute Leben lebten. Also beschlossen sie, nach dem Land des Reichtums auszusenden. Die Reichen würden ihnen gewiß helfen. Also sandten sie Boten in dieses Land. Unterwegs traf man einander, und die Boten wurden gefragt: ›Wohin geht ihr?‹

Sie erwiderten: ›Wir gehen zum Land der Reichtümer, seine Bewohner sollen uns helfen.‹

Da sprachen sie: ›Wir sind's, wir kommen vom Land der Reichtümer und sind auf dem Weg zu euch.‹

Da nahm ich das Wort und sagte: ›Mich braucht ihr. Ihr könnt nicht dorthin gehen und ihnen helfen. Darum bleibt hier, und ich will mit den Boten gehen, um ihnen zu helfen.‹

Ich ging mit den Boten und gelangte in das Land, in irgendeine Stadt, kam und sah: Leute begegnen einander, und einer erzählt einen Witz. Mehr Leute treten hinzu, es bildet sich ein Kreis, und sie erzählen sich Witze und lachen. Ich wollte hören, was sie sagten, und hörte sie in Zoten reden. Der eine erzählt etwas Zotiges, der zweite drückt sich etwas weniger derb aus, der dritte lacht anzüglich und dem vierten macht es Spaß. Und so fort, wie es halt zugeht. Dann machte ich mich auf in eine andere Stadt und sah, wie sich zwei wegen irgendeines Geschäfts stritten. Sie gingen vor Gericht, um zu prozessieren. Das Gericht fällte seinen Spruch, der eine sei im Recht und der andere im Unrecht. Kaum waren sie aus der Verhandlung gekommen, lagen sie gleich wieder miteinander im Streit und sagten, sie wollten dieses Urteil nicht akzeptieren. Sie zogen vor ein anderes Gericht und führten ihren Prozeß weiter. Später stritt sich einer der beiden mit einem dritten, und sie wandten sich an ein drittes Gericht. So zankten und stritten sie sich, der mit dem und dieser mit jenem, und allemal suchten sie sich andere Richter und Instanzen, bis die Stadt endlich voller Gerichtshöfe war.

Ich tat mich um und erkannte: Es rührt daher, daß es dort keine Wahrheit gibt. Heute beugt dieser Richter unter Ansehen der Person das Recht und morgen macht es ein anderer umgekehrt, denn die Richter sind bestechlich und kennen keine Wahrheit.

Schließlich sah ich, wie sie tief in Ehebruch und Unzucht steckten. So tief, daß es fast schon als erlaubt angesehen war.

Ich erklärte ihnen: ›Darum ist euch alles verlorengegangen – das Schmecken, das Riechen und das Sehen –, denn jener grausame König hinterließ euch drei Arten Knechte, die umherziehen und euer Land verderben sollten. Sie sind umhergezogen, haben Zoten unter euch gestreut und unflätiges Gerede in euer Land getragen. Unflat und Zoten haben euch den Geschmack verdorben, so daß euch alles nach Aas schmeckt. Auch die Bestechlichkeit brachten sie euch ins Land und verdarben damit euer Sehen. Eure Augen verdunkelten sich – wie

es in der Schrift heißt: Bestechung blendet die Augen der Weisen ... Und auch die Unzucht schleppten die Knechte ein. Der Geruchssinn verging euch, denn Unzucht läßt den Geruchssinn schwinden.
Darum seht zu, daß ihr das Land von diesen drei Sünden frei macht. Ergreift die Knechte und vertreibt sie. Wenn ihr das tut und euer Land von diesen drei Sünden reinigt, so wird nicht allein euer Schmecken, Sehen und Riechen wieder heil, sondern auch der Gärtner, der euch verlorenging, wird gefunden werden!‹
Sie handelten danach und begannen, ihr Land von den Sünden zu befreien. Sie suchten nach den Knechten, faßten einen und fragten ihn: ›Woher kommst du?‹ Bis sie alle Knechte des grausamen Königs gefaßt und vertrieben hatten. So reinigten sie ihr Land von diesen drei Sünden.
Indessen entstand große Aufregung: ›Könnte es sein, daß der Verrückte, der herumzieht und behauptet, er sei der Gärtner, den jeder für verrückt hält, mit Steinen bewirft und davonjagt – kann es denn sein, daß der der Gärtner ist?‹ Man holte ihn und brachte ihn vor sie. Da sagte er: ›Ja, es ist der Gärtner!‹
So habe ich die Beglaubigung von dort, daß ich das gute Leben lebe, denn ich habe das Land geheilt. Und heute mache ich euch mein gutes Leben zum Geschenk.« Sie wurden sehr fröhlich, waren guter Dinge und freuten sich miteinander.

Am dritten Tag erinnerten sich Braut und Bräutigam wiederum und weinten vor Sehnsucht: »Ach, könnten wir doch auch den dritten Bettler hierher holen, den Stammler!«
Da tritt er herein und sagt: »Hier bin ich.« Er fiel ihnen um den Hals und küßte sie. Und auch er sagte: »Damals habe ich euch gesegnet, ihr solltet so sein wie ich. Ihr denkt, ich sei ein Stot-

terer. Oh nein, ich stott're nicht; es ist vielmehr so: alles Reden der Welt, das nicht zum Lobe Gottes geschieht, ist unvollkommenes Reden. Ich bin kein Stotterer. Im Gegenteil: Ich bin ein Dichter und Redner, und ein so vortrefflicher Dichter und Redner, daß es etwas ganz Besonderes ist. Wenn ich in Gleichnissen und Liedern zu reden beginne, dann gibt es kein Geschöpf auf der Welt, das mich nicht hören möchte. In meinen Gleichnissen und Liedern liegt alle Weisheit und Wissenschaft. Die Beglaubigung dafür habe ich von dem großen Mann, der genannt wird: ›Der Mann der wahren Güte‹.

Und das ist die Geschichte:

Einmal saßen alle Weisen beisammen, und ein jeder brüstete sich seiner Weisheit. Einer rühmte sich, er habe mit seiner Weisheit Eisen hervorgebracht. Ein zweiter, er habe ein anderes Metall erzeugt. Ein dritter gab vor, seine Weisheit habe ihn Silber hervorbringen lassen, was schon bedeutender ist. Und ein vierter rühmte sich, herausgefunden zu haben, wie man Gold herstellen könne. Wieder ein anderer hatte Waffen angefertigt. Einer rühmte sich, die Metalle aus anderen Stoffen erzeugen zu können als denen, woraus sie gewöhnlich gewonnen werden. Andere rühmten sich wieder anderer Erfindungen. Es gibt schließlich viele Dinge auf der Welt, zu denen man es mit Weisheit und Wissenschaft gebracht hat, Salpeter, Schießpulver und ähnliches mehr. Ein jeder rühmte sich seiner Weisheit und Wissenschaft. Aber einer von ihnen sagte: ›Ich bin klüger als ihr, denn ich bin klug wie der Tag.‹

Sie verstanden nicht, was es bedeutete, er sei klug wie der Tag. Er sprach zu ihnen: ›Nähme man all eure Weisheit und Wissenschaft zusammen, so entsprächen sie doch nicht mehr als einer Stunde. Und das, wiewohl jede Weisheit sich von einem anderen Tag herleitet, gemäß dem Schöpfungswerk eines je-

den Tages. Weisheit und Wissenschaft sind ja zusammengesetzt. Und dennoch kann man mit Klugheit all eure Wissenschaft und Weisheit zusammenfassen, und es wird doch nur eine Stunde daraus. Ich aber bin klug wie ein ganzer Tag.‹
Da fragte ich ihn: ›Wie welcher Tag?‹
Und er sagte: ›Ja, der ist klüger als ich – denn er fragt, wie welcher Tag. Aber ich sage: Welchen Tag ihr wollt, so klug bin ich. Wieso ist aber dann dieser klüger als ich, werdet ihr fragen? Weil er gefragt hat: Wie welcher Tag? Auch ist dieser Weise so klug wie der Tag, den er will.‹
Und das ist eine Geschichte für sich, denn jener Mensch der wahren Güte ist ein großer Mann. Und ich (d. i. der ›Stammler‹) ziehe umher und sammle alle wahren Werke der Güte und Liebe und bringe sie dem Mann der wahren Güte. Allein durch wahre Werke von Güte und Liebe entsteht Zeit. Ich ziehe umher und sammle alle diese Erweise von Güte und Liebe und bringe sie dem Menschen der wahren Güte und Liebe. Aus ihnen wird die Zeit:
Es gibt einen Berg, auf dem Berg steht ein Stein, und aus dem Stein entspringt ein Quell. Alle Dinge haben ein Herz, und ein Herz hat auch die ganze Welt. Das Herz der Welt sieht aus wie ein Mensch, hat Gesicht, Hände und Füße usw. Noch der Zehennagel des Herzens der Welt hat mehr Herz als jegliches andere Herz.
Der Berg mit dem Quell an einem Ende der Welt, das Herz der Welt am anderen Ende.
Das Herz steht dem Quell gegenüber. Immerzu sehnt es sich und bangt danach, zum Quell zu gelangen. Das Sehnen und Verlangen des Herzens nach dem Quell ist überaus groß. Es schreit stets danach, zum Quell zu kommen. Auch den Quell verlangt es nach dem Herzen.

Aber das Herz hat zwei Schwächen. Die eine: Die Sonne verfolgt und sengt es sehr. Die zweite hat es wegen seines Sehnens und Verlangens, denn immer bangt es und geht aus zum Quell. Es schreit danach, zum Quell zu gelangen, denn es steht dem Quell gegenüber, ruft um Hilfe und sehnt sich inbrünstig nach ihm. Wenn aber das Herz einmal ein wenig Ruhe braucht, um Atem zu schöpfen, fliegt ein großer Vogel, breitet seine Flügel über ihm aus und beschirmt es vor der Sonne. Dann ruht das Herz ein wenig. Doch selbst, wenn es ausruht, blickt es dem Quell entgegen und bangt nach ihm.
Wenn es sich doch so sehr nach dem Quell sehnt – warum geht es dann nicht zum Quell? Sobald das Herz sich dem Berg nähern will, darauf der Quell ist, so sieht es schon seinen Gipfel nicht mehr und kann den Quell nicht sehen. Schaut es aber nicht auf den Quell, muß es vergehen, denn alle Lebendigkeit des Herzens kommt allein vom Quell her. Und wenn das Herz, behüte, verginge – die ganze Welt würde zerstört, denn das Herz ist die Lebendigkeit aller Dinge. Und wie könnte die Welt ohne Herz bestehen! Darum kann das Herz nicht zum Quell gehen. Immer steht es dem Quell gegenüber, sehnt sich und schreit danach, zum Quell zu gelangen. Der Quell aber besitzt überhaupt keine Zeit. Denn er ist außerhalb der Zeit. Doch wie kann er dann in der Welt sein? Die Zeit des Quells rührt allein daher, daß das Herz dem Quell einen Tag zum Geschenk macht. Wenn dieser Tag zur Neige gehen will und vergeht, wird der Quell ohne Zeit sein und die Welt verlassen. Ist aber der Quell nicht mehr, wird auch das Herz vergehen, behüte – dann wird die Welt, behüte, zunichte werden. Wenn das Ende des Tages naht, beginnen beide, Herz und Quell, voneinander Abschied zu nehmen. Sie sagen einander Gleichnisse und singen Lieder, wunderschöne Gleichnisse und Lie-

der voll der Liebe und Sehnsucht zueinander, Herz zum Quell und Quell zum Herzen. Der Mensch der wahren Güte sieht vor und gibt darauf acht: Wenn der Tag ganz an sein Ende kommt und vergeht, dann kommt der Mensch der wahren Güte und schenkt dem Herzen einen Tag. Das Herz schenkt den Tag dem Quell. So hat der Quell wieder eine Zeit. Wie der Tag kommt, woher immer er kommt, so geht er auch mit wunderschönen Gleichnissen und Liedern, in denen alle Wissenschaft und Weisheit liegt. Es gibt Unterschiede zwischen den Tagen, Sonntag und Montag usw., Neumonde und Feiertage. Und alle Zeit, die der Mann der wahren Güte hat, die hat er durch mich, denn ich ziehe umher und sammle alle wahren Werke der Güte und der Liebe. Aus ihnen wird die Zeit.
Ihr seht, dies ist meine Beglaubigung vom Mann der wahren Güte, daß ich in Gleichnissen und Liedern reden kann, in denen alle Wissenschaft und Weisheit liegt. Heute schenke ich euch wirklich und wahrhaftig als Hochzeitsgeschenk, daß ihr so sein sollt, wie ich bin.«
Da kam sehr große Fröhlichkeit und große Freude auf. Sie feierten das Fest dieses Tages zu Ende.

Als die Nacht vergangen war, erinnerten sie sich am Morgen des Bettlers mit dem krummen Nacken und sehnten sich nach ihm. Indes tritt er herein und sagt: »Hier bin ich. Damals habe ich euch gesegnet, ihr möchtet so sein wie ich. Heute mache ich euch zum Hochzeitsgeschenk, daß ihr so sein sollt wie ich. Ihr denkt, ich hätte einen krummen Hals. Keineswegs, mein Hals ist nicht verkrümmt. Im Gegenteil, mein Hals ist ebenmäßig und sehr schön. Aber da sind die vergänglichen Nichtigkeiten der Welt, und ich will keinen Atemhauch auf sie verschwenden. In Wirklichkeit ist mein Hals sehr schön, ja wunderbar: Ich habe eine sehr schöne Stimme. Alle Stimmen auf der Welt, dazu auch jede Stimme ohne Worte weiß ich mit meiner Stimme nachzuahmen. Die Beglaubigung dessen hab ich vom Lande der Musiker.

Es gibt ein Land, dessen Bewohner sind vortreffliche Musiker. Jedermann dort beschäftigt sich mit Musik. Kein Kind dort, das nicht ein Instrument zu spielen wüßte. Und noch der Geringste in diesem Land wäre in einem anderen Land der angesehenste Musiker. Die Weisen, der König und die Musiker dieses Landes sind sehr bedeutende Künstler.

Einmal saßen die Künstler des Landes zusammen, und jeder rühmte sich seiner musikalischen Fähigkeiten. Der eine konnte dieses Instrument spielen, ein anderer jenes. Und dieser brüstete sich, mehrere Instrumente zu spielen. Einer prahlte, er könne auf allen Instrumenten spielen. Einer rühmte sich, mit seiner Stimme dieses Instrument nachahmen zu können, ein anderer, jenes. Ein dritter brüstete sich damit, mehrere Instrumente nachahmen zu können. Und einer gab vor: Er könne mit seiner Stimme eine Pauke täuschend echt nachahmen, so als werde getrommelt und gepaukt. Und ein anderer: Er könne nachahmen, wie eine Kanone abgefeuert wird.

Auch ich war dabei. Ich nahm das Wort und sagte: ›Meine Stimme ist besser als eure Stimmen. Und das darum: Seid ihr wirklich so große Künstler in der Musik, so helft zwei Ländern. Es gibt nämlich zwei Länder, die tausend Meilen weit voneinander entfernt sind. In beiden Ländern aber kann man nicht schlafen, wenn die Nacht anbricht. Wenn es dort Nacht wird, fangen alle mit jämmerlicher Stimme an zu klagen, Männer, Frauen und kleine Kinder. Einen Stein könnt es erweichen. So geschieht es in den beiden Ländern – läßt sich die laut klagende Stimme hören, ist man gezwungen zu klagen. Und die Länder sind doch tausend Meilen voneinander entfernt. Wenn ihr wirklich Meister der Musik seid, so helft diesen beiden Ländern. Oder laßt wenigstens sehen, ob ihr diese klagende Stimme nachahmen könnt.‹«

Sie sagten zu ihm: »Wirst du uns hinführen?«

Er sagte: »Ja, ich führe euch dorthin.«

Sie machten sich miteinander auf, dorthin zu gehen. Sie gingen, bis sie eines der beiden Länder erreicht hatten. Als die Nacht anbrach, war es wie immer. Alles fing zu klagen an und auch die Künstler mußten in das Klagen einstimmen. Da sagte er zu ihnen: »Nun gut, sagt mir wenigstens, woher die klagende Stimme kommt, die man hört. Woher ist sie?«

Sie fragten: »Du weißt es?«

Er antwortete: »Gewiß weiß ich's! Es gibt zwei Vögel, ein Männchen und ein Weibchen. Sie sind das einzige Paar dieser Art, das es überhaupt gibt. Sie ging verloren, er suchte sie und sie suchte ihn. Sie suchten einander sehr lange Zeit, bis sie sich verirrt hatten. Sie erkannten, daß sie nicht mehr zueinander finden konnten. Jedes blieb dort, wo es war, und baute sich ein Nest. Das Männchen baute sein Nest bei einem der Länder, gar nicht sehr nahe, nur nahe zu nennen wegen seiner Stimme, denn von dort, wo es sein Nest hat, kann man seine Stimme schon im Lande vernehmen. Auch sie baute sich ihr Nest nahe dem andern Land. Wenn nun die Nacht anbricht, so beginnt das Vogelpaar zu klagen, er über sie und sie über ihn. Ihre Klage ist groß, ihre Stimmen sind voller Jammer. Das ist die klagende Stimme, die man in beiden Ländern hört, und um derentwillen dort alle klagen müssen und nicht schlafen können.«

Doch sie wollten ihm nicht glauben. Sie sagten: »Wirst du uns dorthin führen?«

Er sagte: »Ja, ich kann euch hinführen. Aber wie könntet ihr dorthin gelangen? Wenn ihr in ihre Nähe kommt, wird euch die klagende Stimme unerträglich sein. Schon hier könnt ihr die Stimme nicht ertragen und seid gezwungen zu klagen. Bei Tag aber kann man dort die Freude nicht ertragen: Tagsüber kommen dort bei ihm und bei ihr Vögel zusammen. Die trösten sie, stecken sie mit ihrer großen Fröhlichkeit an, und sagen ihnen Worte des Trostes und stärken sie: ›Ihr werdet einander wiederfinden‹ – so sehr, daß es tagsüber unmöglich ist, die Freude zu ertragen. Die Stimme der Freude aber ist nicht weit zu vernehmen; erst, wenn man dort ist. Die klagende Stimme jedoch hört man von weitem. Darum könnt ihr dort nicht hingelangen.«
Sie sprachen zu ihm: »Kannst du's heilen?«
Er antwortete: »Ja, ich kann es heilen, denn ich kann alle Stimmen der Welt nachahmen. Ich kann auch Stimmen weit werfen. Da, wo ich die Stimme hervorbringe, ist nichts zu hören. Doch weit davon entfernt wird man die Stimme vernehmen. Ich kann die Stimme von ihr zu ihm hinüberwerfen, d. h. die Stimme, mit der ich sie nachahmen werde, soll nah an seinem Ort ankommen. So werde ich sie zueinanderführen.«
Doch wer hätte ihm das geglaubt? Also nahm er sie mit sich und ging mit ihnen in einen Wald. Sie hörten, wie jemand eine Türe öffnete, sie wieder schloß, dann einen Riegel vorschob und sich der Schlüssel im Schloß drehte. Er gab einen Schuß aus der Büchse ab und schickte den Hund aus, die Beute zu fassen und zu apportieren. Sie hörten den Hund scharren und etwas durch den Schnee zerren. Sie blickten sich um, sahen nichts und niemanden, und auch von ihm vernahmen sie keinen Laut.
(Und weiter hat er davon nicht erzählt; es ist klar, daß er hier etwas ausgelassen hat oder daß hier etwas fehlt.) »Also hab ich

die Beglaubigung durch jenes Land, daß meine Stimme wunderbar ist und ich alle Stimmen der Welt nachzuahmen vermag. Heute mache ich euch dies wirklich und wahrhaftig zum Geschenk – ihr sollt so sein wie ich.«
Da kam große Fröhlichkeit auf und sehr große Freude.

Auch am fünften Tage waren sie fröhlich. Das Paar erinnerte sich des buckligen Bettlers und sehnte ihn innig herbei: »Wie holen wir den buckligen Bettler her? Wär er da, wie fröhlich wollten wir sein!«
Da kommt er herein und sagt: »Hier bin ich. Ich bin zu eurer Hochzeit gekommen«, fiel ihnen um den Hals, umarmte und küßte sie. Er sagte zu ihnen: »Damals habe ich euch gesegnet, ihr solltet so sein wie ich. Heute mache ich euch zum Geschenk, daß ihr so seid wie ich. Ich bin keineswegs bucklig. Im Gegenteil, ich habe Schultern, die sind wie das ›Wenige, das das Viele faßt‹.«
Und das ist beglaubigt: Einmal gab es ein Streitgespräch, in dem die Menschen sich dessen rühmten. Jeder sagte von sich, er besitze »Das Wenige, das das Viele faßt«. Einen davon lachte man aus, alle übrigen aber, die sich des »Wenigen, das das Viele faßt« rühmten, gefielen. Mein »Weniges, das das Viele faßt« aber ist größer als alles, dessen sie sich rühmten.
Einer von ihnen rühmte sich seines Gehirns als des »Wenigen, das das Viele faßt«, denn er trüge in seinem Gehirn tausende und abertausende von Menschen – mit all ihren Bedürfnissen, ihrer Lebensweise, ihren Erfahrungen und ihrem Benehmen und all das in seinem Gehirn. Also ist er ein »Weniges, das das Viele faßt«, denn ein bißchen Hirn soll so viele Menschen mit all ihren Angelegenheiten in sich tragen. Sie lachten ihn aus und sagten: »Du bist nichts und deine Leute sind nichts!«

Und einer sprach: »Ich habe einmal so ein ›Weniges, das das Viele faßt‹ gesehen. Ich kam an einen Berg und sah, daß er mit Mist und Kot überhäuft war. Das wunderte mich sehr: Woher kommt so viel Mist und Kot auf diesen Berg? Da war neben dem Berg ein Mensch, der sagte: »Das alles stammt von mir.« Der saß nämlich neben dem Berg und warf seine Abfälle und die Exkremente von Essen und Trinken auf diesen Berg, so daß aller Kot und Schmutz auf dem Berg von ihm allein herrührte. Wir sehen also, daß dieser Mensch ein »Weniges ist, das das Viele faßt«, wenn von einem Menschen so viel Mist kommt.«
Ein anderer rühmte sich mit seinem »Wenigen, das das Viele faßt«, denn er besitzt ein Stück Land, das eine große Menge von Früchten hervorbringt. Hernach, wenn man ihm die Früchte berechnet, stellt sich heraus, daß ihre Menge viel mehr Raum einnimmt als das Land selbst. Das heißt: dies ist ein »Weniges, das das Viele faßt«. Seine Worte gefielen.
Einer sagte, er besitze einen wunderschönen Garten, mit Früchten usw. Viele Menschen und Edelleute reisen im Sommer dorthin, um zu lustwandeln, denn es ist ein wunderschöner Garten. Der Garten aber bietet gar nicht so viel Platz, daß er alle Besucher fassen könnte – also ein »Weniges, das das Viele faßt«. Auch das gefiel ihnen.
Einer sagte, sein Reden sei ein »Weniges, das das Viele faßt«. Er war Sekretär eines großen Königs. Zu dem kommen sehr viele Menschen – der eine um zu loben und zu rühmen, der andere mit Bitten usw. Der König kann das nicht alles selbst anhören: »Ich fasse alle ihre Reden zusammen und berichte dem König in wenigen Worten all ihre Lobsprüche und Bitten; ihr ganzes Reden ist in meinen wenigen Worten, die ich dem König sage. Also ist mein Reden ein ›Weniges, das das Viele faßt‹!«

Einer sagte, sein Schweigen sei ein »Weniges, das das Viele faßt«. Viele Widersacher und Verleumder treten gegen ihn auf und streiten wider ihn, verleumden und bekriegen ihn. Alles, was man wider ihn redet und gegen ihn unternimmt, erwidert er mit Schweigen. Allein mit seinem Schweigen beantwortet er alle Vorwürfe und Verleumdungen, die man gegen ihn richtet. Das bedeutet: sein Schweigen ist ein »Weniges, das das Viele faßt«.

Einer sagte, er selbst sei ein »Weniges, das das Viele faßt«: Es gibt da einen Armen, der blind ist und sehr dick. Er selbst aber ist ganz klein. Er führt diesen dicken blinden Armen. Das heißt: Er ist ein »Weniges, das das Viele faßt«, denn der Blinde könnte ja ausgleiten und fallen, hielte er ihn nicht dadurch, daß er ihn führt. Darum ist er ein »Weniges, das das Viele faßt«, er ist ein kleiner Mensch, aber er hält den dicken Blinden!

»Auch ich war dort und wandte mich an sie und sagte: ›Es ist wahr – ihr habt das ›Wenige, das das Viele faßt‹. Ich weiß, was ihr alle mit euren Worten gemeint habt. Der letzte, der sich rühmte, daß er den dicken Blinden führt, ist größer als ihr alle. Er meint damit, daß er den Mond führt, der auch Blinder genannt wird, weil er nicht aus sich selbst heraus leuchtet. Er führt den Mond, wiewohl er klein ist und die Sphäre des Mondes sehr groß, und dadurch hat die Welt Bestand, denn sie braucht den Mond. Das heißt also: Dieser ist wirklich ein wahres ›Weniges, das das Viele faßt‹, ist weit größer als ihr alle. Und hier ist der Beweis: Es gab einmal eine Gruppe von Menschen, die forschten und fanden heraus, daß jedes Tier seinen eigenen Schatten hat – nur darin will es weilen, und so hat jedes Tier seinen besonderen Schatten. Jegliches Tier sucht sich seinen Schatten aus und will nur in diesem Schatten ruhen. Jeder Vogel hat seinen Zweig und will unbedingt gerade auf diesem Zweig und auf keinem andern ausruhen. Für einen anderen Vogel ist es ein anderer Zweig; er ruht nur auf ihm und nicht auf einem anderen. So hat jeder Vogel seinen eigenen Zweig. Darum erforschten diese Menschen, ob es wohl einen Baum gebe, in dessen Schatten alle Tiere und in dessen Zweigen alle Vögel ruhen wollten. Als sie herausgefunden hatten, daß es einen solchen Baum gibt, wollten sie zu ihm gehen. Um diesen Baum muß die Lust ohne Grenzen sein. Alle Tiere und alle Vögel sind dort. Kein Tier schadet dem anderen und keines tut einem ein Leid an. Dort sind die Tiere zusammen, alle spielen, und es ist gewiß eine große Lust, dort nahe dem Baum zu sein.

Sie fingen an zu erforschen, in welche Richtung man wohl gehen müsse, um zu dem Baum zu gelangen. Darüber entstand ein Streit, und es war niemand unter ihnen, der ihn entschieden hätte. Der erste sagte, man müsse nach dieser Seite gehen, nach Osten. Und der andere sagte: Nach Westen muß man sich wenden. Der Dritte: Hierhin! Ein Vierter: Nein dorthin! Und endlich vermochten sie nicht mehr zu entscheiden, wo sie den Baum suchen sollten. Da kam ein Weiser und sagte: ›Was versucht ihr herauszufinden, in welcher Richtung man den Baum erreicht? Klärt doch zuvor, wer zu dem Baum gelangen kann. Denn niemand kann zu dem Baum kommen, der nicht auch die Eigenschaften des Baumes besitzt. Er hat drei Wurzeln – die eine heißt Glaube, die zweite Gottesfurcht und die dritte Demut. Die Wahrheit ist der Stamm des Baumes, d. h. der Baum selbst ist die Wahrheit. Davon gehen seine Zweige aus. Und niemand kommt zum Baum, der nicht die Tugenden des Baumes besitzt.‹

Doch nicht alle diese Menschen besaßen seine Eigenschaften. Nur ein Teil von ihnen trug sie in sich. Dennoch herrschte große Eintracht unter ihnen, und sie wollten sich nicht voneinander trennen, so daß nur ein Teil zum Baum ginge, die übrigen aber zurückbleiben würden. Man mußte also warten, daß die übrigen sich bemühten, diese Eigenschaften zu erreichen, damit alle zum Baum gelangen könnten. So mühten sie sich, bis alle jene drei Eigenschaften erworben hatten. Da wurden sie alle eines Sinnes und einigten sich auf den Weg, der einzuschlagen ist. Sie gingen und gingen eine Zeit, bis sie den Baum von weitem erblickten. Sie schauten näher hin, und was sahen sie: Der Baum steht nicht an einem (bestimmten) Ort. Der Baum hat keinen Ort. Doch wenn er keinen Ort hat – wie könnte man zu ihm kommen? Mit ihnen zusammen war auch ich dort. Ich wandte mich an sie und sagte: ›Ich kann euch wohl zum Baum bringen. Der Baum hat keinen Ort, da er weit höher steht als jeglicher Ort. Das ›Wenige aber, das das viele faßt‹, ist immer noch an einem Ort, denn wiewohl es das ›Wenige, das das Viele faßt‹ ist, d. h. ein wenig Ort viel mehr faßt, als auf ihm Platz hat, so befindet es sich doch noch an einem Ort und nimmt ihn ein, wenn auch nur ganz wenig. Ich aber habe ein ›Weniges, das das Viele faßt‹, das das Ende allen Ortes ist, und gleich jenseits davon gibt es gar keinen Ort mehr. Darum kann ich euch alle zu diesem Baum tragen, der jenseits allen Ortes ist. (Denn der Bucklige ist so etwas wie die Mitte zwischen dem Ort und dem, was jenseits allen Ortes ist, denn er ist ein ›Weniges, das das Viele faßt‹, das Ende allen Ortes. Jenseits davon gibt es keinen Ort mehr. Darum kann der Bucklige sie über den Ort hinaus und höher tragen über jedweden Ort.) Ich nahm sie und trug sie hinüber zu dem Baum.

Also hab' ich die Beglaubigung, daß ich dieses ›Wenige‹ habe, ›das das Viele faßt‹.« (Darum sieht er wie ein Buckliger aus,

denn seine Schultern tragen viel, und er ist ein »Weniges, das das Viele faßt«.)
»Heute mach ich euch dies zum Geschenk – ihr sollt so sein wie ich.«
Da stieg dort große Fröhlichkeit auf und ihre Freude war übergroß.

Auch am sechsten Tag waren sie fröhlich und voller Sehnsucht: »Könnte doch der Bettler hiersein, der ohne Hände!«
Da tritt er herein: »Hier bin ich. Ich bin zu eurer Hochzeit gekommen.« – Und sagte das gleiche wie die anderen, fiel ihnen um den Hals und küßte sie. Er sagte: »Ihr denkt, ich hätte keine Kraft in der Hand. Nein, meine Hände sind nicht kraftlos. Meine Hände sind voller Kraft – allein, ich nutze ihre Kraft nicht in der Welt. Ich brauche die Kraft meiner Hände für anderes. Dafür besitze ich die Beglaubigung vom Wasserschloß:
Einige von uns saßen einmal zusammen und jeder rühmte sich der Kraft und der Geschicklichkeit seiner Hände. Einer rühmte sich dieser, ein anderer pries jene Fähigkeit. So taten es alle. Einer rühmte sich: Wenn er einen Pfeil abschießt, kann er ihn wieder zurückholen. Er hat solche Kraft in den Händen, daß er den Pfeil, obwohl schon abgeschossen, wieder zu sich zurückholen kann. Ich fragte ihn: ›Und welchen Pfeil kannst du zurückholen?‹ Es gibt ja zehnerlei Pfeile und zehnerlei Gifte. Will man einen Pfeil abschießen, bestreicht man ihn mit Gift. Und es gibt zehn Gifte, eines schlimmer als das andere. Mit dem einen Gift bestrichen, richtet der Pfeil diesen bestimmten Schaden an; noch größeren, wenn man ein anderes Gift nimmt. Ich fragte ihn darum: ›Welche Art von Pfeilen kannst du zurückholen?‹ Und fragte auch, ob er den Pfeil zu-

rückholen könne, nachdem er schon getroffen habe. Darauf gab er zur Antwort: ›Selbst wenn der Pfeil schon getroffen hat, kann ich ihn noch zurückholen.‹ ›Aber welche Art von Pfeilen kannst du zurückholen?‹ Er antwortete: ›Die und die Art kann ich zurückholen.‹ Da sagte ich zu ihm: ›Du vermagst die Königstochter nicht zu heilen. Wenn du nicht mehr als einen Pfeil zurückholen kannst, wirst du die Königstochter nicht heilen.‹

Ein anderer rühmte sich dieser Kraft seiner Hände: Von wem er nimmt und von wem er etwas erhält, dem gibt er – so ist er offensichtlich ein Mensch der Fürsorge und der milden Gaben. (Durch sein Nehmen gibt er. Sein Nehmen ist sein Geben.) Ich stellte ihm die Frage: ›Welche Gabe gibst du?‹ (Denn es gibt zehn Arten des Gebens.) Er antwortete, er gebe den Zehnten. Da sagte ich ihm: ›Wenn es so ist, vermagst du die Königstochter nicht zu heilen. Du kannst nicht an ihren Ort gelangen, denn du kannst nur eine der Mauern überwinden und darum nicht zu ihr gelangen.‹

Ein dritter rühmte sich dieser Kraft seiner Hände: ›Alle Hochgestellten und Mächtigen dieser Welt brauchen Weisheit. Ich habe solche Kraft in meinen Händen, daß sie ihnen Weisheit verleihen können, indem ich ihnen meine Hände auflege.‹ Ich stellte ihm die Frage: ›Welche Weisheit können deine Hände verleihen?‹ (Denn es gibt zehnerlei Maß Weisheit.) Er antwortete, die und die Weisheit könne er verleihen. Ich sagte zu ihm: ›Du vermagst die Königstochter nicht zu heilen, denn du kennst ihren Pulsschlag nicht, gibt es doch zehnerlei Pulsschläge. Du aber kannst nur einen Puls fühlen, denn deine Hände können nur eine Weisheit verleihen.‹

Ein vierter rühmte sich dieser Kraft seiner Hände: Wenn ein Sturmwind losbricht, könne er ihn mit den Händen aufhalten

und ihn zu einem Wind mäßigen, wie er sein sollte. Ich stellte ihm die Frage: ›Welchen Wind können deine Hände aufhalten – es gibt ja zehnerlei Winde?‹ Er antwortete: ›Den und den Wind.‹ Ich sagte zu ihm: ›Du vermagst die Königstochter nicht zu heilen, denn du kannst ihr die Melodie nicht spielen. Es gibt ja zehnerlei Melodien und durch sie wird die Königstochter geheilt. Du aber kannst ihr nur eine Melodie spielen.‹ Da fragten sie mich: ›Was kannst du?‹
›Ich kann das, was ihr alle nicht könnt – die neun Zehntel all jener Dinge, deren ein jeder sich rühmte und die ihr nicht könnt – ich vermag sie zu tun.‹
Und dies ist die Geschichte:
Es war einmal ein König, der war von Begierde nach einer Königstochter ergriffen. Er legte alles darauf an, sie zu besitzen, was ihm mit List auch endlich gelang. Dann lebte sie mit ihm. Einmal träumte der König einen Traum: Die Königstochter steht über ihn gebeugt und tötet ihn. Er wachte auf, und der Traum ging ihm sehr zu Herzen. Er rief die Traumdeuter zu sich, und alle deuteten's ihm wörtlich. Der Traum werde sich erfüllen, die Königstochter ihn töten. Der König wußte sich keinen Rat, was mit ihr zu tun sei. Sollte er sie töten? Das tat ihm leid. Sollte er sie fortschicken? Das verdroß ihn sehr, denn ein anderer würde sie nehmen. Und das ärgerte ihn sehr, er hatte sich doch so um sie bemüht. Außerdem: entließe er sie und sie gehörte einem anderen, so könnte sich der Traum gewiß erfüllen. Sie würde ihn töten, da sie einem anderen gehörte. Sollte er sie bei sich behalten? Da machte ihm der Traum angst. Vielleicht brächte sie ihn um. Der König wußte nicht, was er mit ihr tun sollte. Der Traum ließ seine Liebe mehr und mehr vergehen. Auch bei ihr nahm die Liebe immer mehr ab, und schließlich haßte sie ihn. Sie floh vor ihm.

Der König schickte aus, sie zu suchen, und man meldete ihm, sie befände sich nahe dem Wasserschloß.

Es gibt ein Schloß, das ist von zehn Mauern aus Wasser umgeben, eine Mauer nach der anderen. Die Mauern sind ganz aus Wasser. Auch der Boden des Schlosses, auf dem man geht, ist aus Wasser, ebenso die Gärten, die Bäume und Früchte – alles ist aus Wasser. Von der Schönheit und der Seltsamkeit dieses Schlosses braucht man nicht viel Worte zu machen – ein Schloß aus Wasser ist etwas Wunderbares. Es zu betreten ist gewiß unmöglich: Man würde ertrinken. Auf ihrer Flucht gelangte die Königstochter zu diesem Schloß. Sie ging um das Schloß herum – dem König wurde gemeldet, sie hielte sich beim Wasserschlosse auf. Der König zog mit seinen Soldaten aus, um sie zu fangen. Als die Königstochter dies erkannte, dachte sie sich, sie würde in das Schloß hineinlaufen, denn lieber wollte sie ertrinken, als daß der König sie einfinge und sie bei ihm sein müßte – vielleicht, daß sie dennoch gerettet würde und in das Wasserschloß hineingelangen könnte. Als der König sah, daß sie ins Wasser lief, sagte er: ›Wenn's denn sein muß, dann zu!‹ Und befahl, auf sie zu schießen – wenn sie stirbt, so stirbt sie. Man schoß und traf sie mit zehn Pfeilen, den mit zehnerlei Gift bestrichenen Pfeilen. Die Königstochter lief tief in das Wasserschloß hinein, bis sie in sein Innerstes gelangte, wo sie hinsank und ohnmächtig liegenblieb. Und ich heile sie. Wer aber nicht alle zehn Arten des Gebens in seiner Hand hat, der kann die zehn Mauern des Wasserschlosses nicht durchdringen, er wird im Wasser ertrinken. Der König aber und seine Soldaten setzten der Königstochter nach und ertranken samt und sonders in den Wassern. Ich aber vermag durch alle zehn Mauern des Wasserschlosses zu gehen. Die Mauern aus Wasser, das sind die Wogen des Meeres, die wie eine Mauer

stehen. Und die Winde – sie türmen die Meereswellen auf und hoch ragen sie auf. Die Wogen, die zehn Mauern, sie stehen dort immer, die Winde richten sie auf und lassen sie hoch aufragen. Ich kann durch alle zehn Mauern gehen und kann alle zehn Pfeile aus ihr wieder zurückholen. Ich kenne alle Pulse – mit jedem Finger kann man den besonderen Puls der zehn Pulse erfühlen. Ich vermag die Königstochter durch alle zehn Melodien zu heilen. So kann ich die Königstochter heilen. Das ist die Kraft meiner Hände. Heut mach ich sie euch zum Geschenk.«
Da stieg in ihrer Mitte große Fröhlichkeit auf und sie freuten sich sehr.

KLEINE ERZÄHLUNGEN

Vom Hängeleuchter

Es war einmal einer, der zog aus seinem Vaterhause fort. Er hielt sich lange in anderen Ländern auf und lebte unter Fremden. Eines Tages endlich kehrte er zu seinem Vater zurück und rühmte sich, eine große Kunstfertigkeit erworben zu haben: Er könne eine Menora zum Aufhängen, Hängeleuchter genannt, anfertigen.

Er verlangte, alle Meister dieser Handwerkskunst sollten sich versammeln: Er wolle ihnen seine Meisterschaft darin zeigen. So tat der Vater und versammelte alle Meister dieses Handwerks, damit sie die Größe des Sohnes sähen, das, was er in all der Zeit geschaffen hatte, während er anderen untertan war.

Der Sohn wies einen Leuchter vor, den er gemacht hatte – und der war sehr häßlich in den Augen aller. Sein Vater wandte sich an die Meister und bat sie, ihm die Wahrheit zu sagen. Da waren sie gezwungen, ihm die Wahrheit zu sagen: daß der Leuchter sehr häßlich sei. Und der Sohn rühmte sich: »Habt ihr nun gesehen, wie meisterhaft meine Kunst ist?!«

Sein Vater gab ihm zu wissen, daß der Leuchter niemandem schön erscheine. Der Sohn erwiderte: »Im Gegenteil! Damit habe ich meine Größe gezeigt, denn ich habe allen ihren Mangel gezeigt. In diesem Leuchter finden sich die Mängel eines jeden der Meister hier. Denn sieh: Für den einen ist dieser Teil häßlich, ein anderer Teil aber wunderschön; für den anderen ist es umgekehrt. Ja, gerade der Teil, der für seinen Genossen häßlich ist, gefällt ihm ganz besonders gut, nur jener Teil ist häßlich. So geht es jedem: Was in den Augen des einen schlecht ist, findet Gefallen bei seinem Genossen und umgekehrt. Ich habe diesen Leuchter nur aus Mängeln gemacht, um allen zu zeigen, daß sie keine Vollkommenheit besitzen und daß ein jeder Mangel hat. Was schön in des einen Augen, das ist dem anderen mangelhaft. Allein, ich weiß sehr wohl es recht zu machen!«

Von den drei Boten

Ein König sandte drei Männer mit einer geheimen Botschaft an einen anderen König aus. Sie zogen durch Länder, die den König befehdeten.
Der Erste verhielt sich klug, verbarg seinen Auftrag aufs vollkommenste und durchquerte das Land, ohne daß man überhaupt wahrnahm, daß er eine geheime Botschaft mit sich trug.
Der Zweite gelangte dorthin, die Bewohner des Landes kamen auf die Sache und verstanden, daß er eine geheime Botschaft hatte. Sie faßten ihn, daß er sie ihnen mitteile, aber er stellte es klug oder mutig an und entkam.
Der Dritte gelangte dorthin, sie kamen auch darauf und verstanden, daß er ein Geheimnis trug, faßten ihn und quälten ihn sehr mit vielerlei Qual und Folter. Aber wie immer sie ihn auch mit Folter, Leid und großer Drangsal quälten, er sagte nichts, sondern blieb in der Versuchung standhaft und deckte das Geheimnis nicht auf. Endlich sahen sie, daß nichts von Nutzen war und ließen von ihm ab (denn sie dachten, gewiß weiß er gar nichts), er kam durch und gelangte zum König.
Da stellte man Überlegungen an, welchem der drei die höchste Belohnung zukomme.
Einige sagten: Dem Ersten, denn er verhielt sich so klug, das Geheimnis zu verbergen.
Andere sagten: Dem Zweiten kommt mehr zu. Man hatte ihn

ja schon entdeckt, und doch entkam er ihnen in seiner Klugheit, usw.
Der König sagte: Dem Dritten gebührt mehr als den anderen, denn er war schon in ihrer Festung gefangen. Gewiß wollte auch er es vor ihnen verbergen, aber es gelang ihm nicht, und er fiel in ihre Hand. Sie quälten und folterten ihn so sehr, daß sie ihm alle nachgelaufen wären, hätte er das Geheimnis entdeckt. Und doch blieb er in dieser Versuchung standhaft und gab nichts preis. Darum gebührt ihm höhere Belohnung als allen.

Vom Getreide

Einmal sagte der König zu seinem geliebten Wesir: »Da ich Sterndeuter bin, habe ich gesehen, daß alles Getreide, das in diesem Jahr reift, jeden, der davon ißt, wahnsinnig werden läßt. Welchen Rat hast du zu geben?« Der Wesir gab ihm zur Antwort, man möge so viel Nahrung beiseite schaffen, daß sie beide nicht von diesem Getreide essen müßten. Der König aber antwortete: »Wenn allein wir inmitten aller Welt nicht wahnsinnig werden, aber alle anderen es sind, dann werden wir die einzigen sein, die als wahnsinnig gelten. Auch wir müssen von diesem Getreide essen. Aber laß uns ein Zeichen auf die Stirn machen, auf daß wir zumindest wissen, daß wir wahnsinnig sind. Wenn ich auf deine Stirn schauen werde oder du auf meine Stirn schauen wirst, werden wir die Zeichen sehen und wissen, daß wir Wahnsinnige sind.«

Vom Truthahn

Es geschah einmal, daß der Königssohn in Wahnsinn verfiel und behauptete, er sei ein Truthahn. Als Truthahn hatte er den Drang, nackt unter dem Tisch zu sitzen und Krumen und Knochen aufzulesen. Alle Ärzte verzweifelten an der Aufgabe, ihm zu helfen und ihn davon zu heilen. Der König war darüber in großer Sorge. Bis ein Weiser kam und ankündigte: »Ich nehme es auf mich, ihn zu heilen.« Er zog sich ebenfalls nackt aus und setzte sich unter den Tisch neben den Königssohn und pickte mit ihm nach Krumen und Knochen. Der Prinz fragte ihn: »Wer bist du, und was suchst du hier?« Er antwortete: »Und was suchst du hier?« Der Prinz sagte ihm: »Ich bin ein Truthahn.« »Und ich«, sagte der Weise, »bin auch ein Truthahn.« So saßen die zwei dort einige Zeit zusammen, bis sie sich aneinander gewöhnt hatten. Dann, auf ein Zeichen des Weisen, warf man ihnen Hemden hinunter. Da sagte der Truthahn-Weise zum Königssohn: »Du denkst, daß ein Truthahn nicht in einem Hemd gehen kann? Man kann ein Hemd tragen und trotzdem Truthahn sein.« Und beide zogen sich Hemden an. Nach einiger Zeit gab er wieder ein Zeichen, und man warf ihnen Hosen hinab. Und der Weise sagte dem Prinzen wie oben: »Du denkst, daß man in Hosen kein Truthahn sein kann? usw.« Bis sie die Hosen anzogen und alle anderen Kleidungsstücke. Und später gab er wieder ein Zeichen, und man reichte ihnen menschliche Nahrung vom Tisch hinunter. Und er sagte ihm: »Du denkst, wenn man gute Speisen ißt, sei man schon kein Truthahn mehr? Man kann essen und auch Truthahn sein.« Und sie aßen. Danach sagte er: »Du denkst, daß ein Truthahn unbedingt unter dem Tisch sein muß; man kann als Truthahn auch am Tisch sitzen.« So verfuhr er mit ihm, bis er ihn ganz geheilt hatte.

Von den kleinen Schneidern

EINMAL kam der Mond zur Sonne und beklagte sich darüber, daß die Sonne am Tage wirke und überdies meist an den warmen Sommertagen. Er aber, der Mond, müsse zur Winterszeit wirken, in den langen Nächten und der großen Kälte.

Die Sonne besänftigte den Mond und versprach, ihm ein Gewand anfertigen zu lassen.

Alle großen und angesehenen Schneider wurden herbeigerufen, um dem Mond ein Gewand anzufertigen. Auch die kleinen Schneider wollten wohl kommen, sagten sich aber: »Da man uns nicht ruft, steht es uns auch nicht an hinzugehen.«

Und die großen Schneider kamen und beschieden, daß es unmöglich sei, dem Mond ein Gewand zu schneidern – mal ist er klein, mal ist er groß! Unmöglich, an ihm Maß zu nehmen. Da kamen die kleinen Schneider und sagten, sie würden Maß nehmen und das Gewand anfertigen.

Da beschied man sie: »Wenn schon die großen Schneider es nicht können, wie dann ihr?«

Von den zwei Malern

Ein König erbaute sich einen Palast und berief zwei Leute, die diesen Palast ausmalen sollten. Der König teilte den Palast unter ihnen so auf, daß eine Hälfte von dem Einen und die andere von dem Zweiten ausgemalt werden sollte. Auch setzte er ihnen eine Frist, bis zu der sie seinen Palast ausgestaltet haben mußten.

Daraufhin nahm sich der Erste der Aufgabe an und bemühte sich darum, die Fertigkeiten des Malens und Formens mit Sorgfalt und aufs allerbeste zu erlernen. Dann versah er den ihm aufgetragenen Teil mit wunderschönen Malereien: Er malte Tiere, Vögel und andere prächtige und anmutige Bilder mehr.

Der Zweite nahm sich den Auftrag des Königs nicht zu Herzen und gab sich überhaupt nicht damit ab.

Als nun die Frist, die der König ihnen für ihre Arbeit gesetzt hatte, nahe war – siehe, da hatte der Erste die Arbeit und das Kunstwerk in seinem Teil schon vollendet: Ein schönes, ein wunderbares Bild.

Da begann der Zweite sich selbst zu betrachten: Wie hatte er die Zeit mit Nichtigkeiten totgeschlagen und den Auftrag des Königs nicht beachtet! Er begann, sich darüber Gedanken zu machen, was wohl zu tun sei. Denn das war sicher: In der knappen Zeit, die bis zum Ablauf der Frist verblieb, war es ihm nicht mehr möglich, die Künste des Malens und Formens zu erlernen und dazu noch seine Hälfte des Palastes auszumalen. Es blieb ihm nur wenig Zeit. Da kam er auf einen Gedanken. Er ging hin und tünchte alles mit einer kräftigen Farbe, die seiner Hälfte einen tiefschwarzen Glanz verlieh. Der war ganz wie der Glanz eines Spiegels. Danach hängte er einen Vorhang vor seinen Teil, um die beiden Hälften voneinander zu trennen.

Die Frist, die ihnen der König gesetzt hatte, war abgelaufen, und der König wollte das Werk, das sie vollbracht hatten, besichtigen. Er betrachtete den Teil des ersten Malers, vollendet ausgemalt wie er war mit wunderschönen Gemälden. Den Teil des Zweiten aber sah der König verhangen. Dunkel darunter, und nichts war zu sehen. Da trat der zweite Maler heran und zog den Vorhang fort. Die Sonne strahlte auf und beleuchtete in seinem Teil all die wunderbare Malerei, denn da war Glanz wie der eines Spiegels. Alle die Vögel, die Tiere und die anderen prächtigen Bilder, die im Teil des Ersten gemalt waren – sie alle erschienen auch in seiner Hälfte. Alles, was der König im Teil des Ersten sah, das sah er auch in dem des Zweiten. Und noch mehr: Alle die kostbaren Geräte und die Kunstwerke, die der König in seinen Palast brachte, die erschienen auch hier, im Teil des zweiten Malers. Und auch das, was der König in Zukunft noch an wunderbaren Dingen in den Palast bringen mag, wird in der Hälfte des Zweiten erscheinen.

(Und der König sah es mit großem Gefallen.)

ANHANG

Zur Übersetzung

DIESER Übersetzung der *Sippurej Maassijot* des Rabbi Nachman von Bratzlaw liegt keine der zahlreichen jiddischen oder hebräischen Bearbeitungen zugrunde – sie folgt allein der traditionellen Ausgabe der Bratzlawer Chassidim. Diese bietet, Nachmans Wunsch entsprechend, auf jeder Seite oben die hebräische und unten die jiddische Fassung. Sie stimmen inhaltlich nicht immer voll überein; die jiddische ist oft ein wenig ausführlicher. Immer noch ist umstritten, welcher dieser beiden Fassungen der zeitliche Vorrang zukommt. Ich vermag mich der Meinung, die die hebräische Version als die zuerst schriftlich niedergelegte ansieht und dementsprechend das Jiddische für eine spätere (Rück-) Übersetzung hält, nicht anzuschließen. Nach dem Vergleich beider Texte miteinander bin ich in sehr vielen Fällen dem Jiddischen gefolgt. Auch spiegelt dieser Text, ungeachtet seiner noch ungeklärten Beziehung zur hebräischen Fassung, das Jiddische des mündlichen Erzählens Nachmans immer noch weit besser wider als der hebräische Text, der in jedem Fall eine zwar knappere, aber syntaktisch und idiomatisch vom Jiddischen extrem beeinflußte Übersetzung bleibt.

Die im Text hier und da vorkommenden Klammern sind aus dem Original übernommen; sie sind Zusätze des Herausgebers, Rabbi Nathan von Nemirow, und sollen das Verständnis erleichtern. Sehr oft sind sie redundant und für den Leser von heute meist unnötig. Ich habe sie aber gelegentlich gern stehen lassen, wenn sie Lesen und Verstehen erleichtern – und manchmal auch um ihrer Naivität willen, aus der noch die Schlichtheit der ersten Anhänger Nachmans und seiner Erzählgemeinschaft zu erahnen ist. Auch die häufigen Tempuswechsel sind in einigen Passagen beibehalten worden.

Die Sprache dieser Erzählungen ist die der Anfänge der modernen jiddischen und hebräischen Literatur, und immer wieder glaubte man, sie wegen ihrer »Primitivität« und schlechten Grammatik kritisieren zu sollen und bearbeiten zu müssen. Es zeigt sich allerdings, daß sie um einiges mühsamer zu übersetzen ist als die reicher entwickelte Sprache der späteren jiddischen Klassiker. Zudem ist das Jiddische eine Nahsprache des

Deutschen, und es gilt der Versuchung zu widerstehen, jiddische Idiome, die eigenartig und vertraut zugleich wirken, ins Deutsche hineinzunehmen, wenn man auch gern möglichst viel von der Sprach- und Satzmelodie des Jiddischen ins Deutsche hinüberspielen möchte. Einerseits also waren aus ihrem Sprachzusammenhang gerissene Jiddismen zu vermeiden, andererseits aber mußte dem immer noch mächtigen Sog der Buberschen Bearbeitung und »Nacherzählung« von 1906 (*Die Geschichten des Rabbi Nachman*) widerstanden werden, sollte Nachman endlich selber zu Wort kommen. Bubers üppige revisionistische Umschreibung einzelner Erzählungen ist ein für sich interessantes Phänomen, trägt aber so gut wie nichts zur Kenntnis des Nachmanschen Erzählens bei. Ich habe darum Bubers Werk gemieden, obwohl dort auch manche glückliche Einzelwendung bereitgelegen hätte; auch habe ich auf alle den Sinn noch durchaus wahrenden formalen und inhaltlichen Veredlungen Bubers verzichtet, um Vermittlungsverluste so gering wie möglich zu halten. Es ist heute weder angebracht noch nötig, den Erzählungen oder ihrem Herausgeber Schwächen und Mängel nachzusagen, um dann »Verschönerungen« vorzunehmen. Ihre Mündlichkeit, das, was davon auch nach der Niederschrift und der Übersetzung ins Deutsche bewahrt bleibt, ist ernst zu nehmen.

Die zusätzlich beigegebenen sechs kleinen, »apokryphen«, Erzählungen Nachmans sind verschiedenen alten und neueren Bratzlawer Quellen entnommen. Im Unterschied zu den dreizehn *Sippurej Maassijot* sind diese Texte nur hebräisch überliefert und genießen bei den Chassidim nicht die heiligmäßige Verehrung jener »kanonischen« Erzählungen. Sie zählen vielmehr zu dem reichen Fundus von Geschichten, Gleichnissen, Träumen und Tora-Causerien, die aus Nachmans Mund durch Nathan und andere Jünger überliefert sind. Die Frage nach der Authentizität aller dieser kleineren Texte ist noch kaum gestellt worden; und so lassen sich auch die Kriterien meiner Auswahl daraus nicht ohne weiteres nachprüfen. Der tief Nachmansche Charakter dieser Texte aber sollte nicht fragwürdig sein. Sie stehen hier kommentarlos, damit der Leser sie nach dem Wunsch Nachmans auf sich wirken lasse.

Dieser Wunsch Nachmans nach kommentarloser Wirkung bezieht sich eigentlich auf seine dreizehn großen Erzählungen von 1806-1810. Bei ihnen ist es jedoch heute fast unmöglich, auf Kommentierung zu verzichten. Allein unsere spirituelle, kulturelle und zeitliche Entfernung macht Lesehilfen notwendig. Und bedenkt man, welche Überfülle an Kommentaren und Deutungen jede einzelne Zeile, sei es der Evangelien, sei es des Kafkaschen Werks, auf sich zieht, so wird man, ohne hier zu vergleichen, den Schöpfungen des Bratzlawers einige Erläuterungen nicht verweigern wollen. Und das, auch ohne Nachmans Texte für komplexer zu halten als »die schlichten Gleichnisse des Mannes aus Nazareth«, wie es jüngst ein israelischer Kritiker tat, der sich an jene erinnert fühlte.

Die hier gegebene Kommentierung der dreizehn Erzählungen sucht – neben den nötigsten Erklärungen (siehe auch das Glossar) und der Hintergrundinformation zur Rolle der Kabbala in Nachmans Werk –, den Weg zu bahnen für ein nicht einseitiges und nicht beliebiges Verständnis der bewußt mehrdeutigen Erzählungen. Die Kommentare berücksichtigen auch die traditionelle innerbratzlawsche Auslegung, die sonst völlig unzugänglich bliebe. Ich habe es aber vermieden, das Erzählgefüge und die anonymen Figuren durchgängig auszudeuten, alle Details zu besprechen und das Ganze unter eine systematische Auslegung zu bringen. So wenig erschöpfend die Kommentare auch sein wollen, sie sind deswegen doch nicht beliebige Bruchstücke, sondern Teile einer Gesamtsicht auf jede einzelne Erzählung. Mit diesem Verzicht auf »Vollständigkeit« mag etwas von der charakteristischen Bratzlawer Weise der halb offenbarenden, halb verbergenden Darstellung gewahrt bleiben und damit die imaginative Lust des Lesers zu ihrem Recht kommen.

Die Arbeit an Übersetzung und Kommentar hat mehrere Phasen durchlaufen. Dank des Interesses und der Hilfe meiner Studenten und nicht weniger befreundeter Leser war die mehrfache Umarbeitung der Übersetzungen lehrreich und nur selten mühsam. Ich danke auch dem Adolf-Freudenberg-Fonds und der Universität Duisburg für ihre materielle Unterstützung. Allen kritischen Helfern möchte ich meinen herzlichen Dank sagen. Ihnen ist es, nach Rabbi Nathan von Nemirow, zu verdanken, wenn noch etwas von der Gestalt des Erzählers, in welcher der Zaddik sich selbst begegnet, auszumachen ist.

Kommentar

Vom Verlust der Königstochter

Die erste der dreizehn großen Erzählungen Rabbi Nachmans gilt vielen auch als seine vollendetste. Nachman hat sie im Sommer 1806 zweimal erzählt: laut Vorspruch auf einer Reise und dann in Bratzlaw am Trost-Sabbat »Nachamu« (Jesaja 40: »Tröstet, tröstet mein Volk«), der auf den 9. Aw folgt, jenen Trauertag, der der Zerstörung des Tempels (und damit auch des Exils der göttlichen Gegenwart, der Schechina) gedenkt.
Im Sommer 1806 begann Nachman Abstand zu nehmen von seinen Bemühungen, die Erlösung Israels herbeizudrängen und mitzubewirken. Das Scheitern dieser akut messianischen Aktivitäten ließ dennoch die Hoffnung Nachmans auf das baldige Herannahen der Erlösung – und auf Mitwirkung dabei – nicht schwinden. Im Gegenteil – Rabbi Nachmans Aktivität wird zu einer anderen, weniger äußerlichen und sichtbaren: Er kehrt zurück zum Wort, doch auf eine neue Weise, die mit traditioneller und zaddikischer Kommunikationsweise bricht – oder, besser gesagt, ihr eine neue Form hinzufügt: die Erzählung von Geschichten »aus unvordenklichen Zeiten« inmitten der durch sein Wort konstituierten Erzählgemeinschaft. Nachman zieht sich auf das erzählende Wort zurück, das die Geschichte Gottes und der Welt, die Israels und jedes einzelnen vom Uranfang über die Entzweiung bis zur endlichen Vereinung einen langen Weg zurücklegen läßt.
Vom Verlust der Königstochter ist eins der schönsten Beispiele für diese Fähigkeit des Erzählers, Hoffnung und Gewißheit der Nähe der Erlösung auf allen Ebenen, innerseelisch und menschlich nicht minder als kosmisch und innergöttlich, zum Ausdruck zu bringen. »Jeder, der diese Geschichte hörte, dachte an Buße und Umkehr« – und wird so für die Erlösung aufnahmebereit.
Die Erzählung entzieht sich der Einordung in eine bestimmte literarische Gattung. Sie kommt wohl wie ein Märchen daher, enthält aber auch andere Elemente, die dem Märchen fremd sind. Zunächst erinnern

zahlreiche einzelne Motive an bekannte und weniger bekannte Märchen: Bei den Brüdern Grimm an *Das singende, springende Löweneckerchen* und *Die Rabe*; an norwegische (*Östlich der Sonne und westlich des Mondes*) und an russische Folklore (*Die verzauberte Königstochter* in Afanassiews Sammlung), auch an die einstmals in Polen populäre *Geschichte von der ehrbaren Prinzessin Banialuka aus dem Ostland* eines Hieronymus Morsztyn (17. Jh.) und manch andere mehr.

Weder die Vielzahl vertrauter Einzelmotive noch die kurzen Motivreihen, die sich ab und an vergleichen lassen, können jedoch einen Text erbringen, mit dem sich diese Erzählung als ganze vergleichen ließe. Es bleibt ein Rest, der nicht aufgeht. Nachman hat das empfangene Material in großer Selbständigkeit zu einer unverwechselbar eigenen Erzählung um- und neugestaltet. Zahlreiche einzelne Züge mögen das belegen. Obwohl die beiden Protagonisten aller Märchen- und Romanzenlogik gemäß füreinander bestimmt sind, gibt es keine ausdrückliche Verbindung von Stellvertreter und Königstochter. Die hilflose Trauer des Königs über die Folgen seines unerklärlich-katastrophalen Fluchworts läßt den Stellvertreter auf seine große »Queste«, seine Suche, und in sein Exil gehen. Seine Langlebigkeit verweist auf eine hinter der Erzählung wahrnehmbare Geschichtlichkeit des Denkens, wie sie im Märchen, dessen Helden »außerhalb der Zeit« agieren, gemeinhin nicht anzutreffen ist.

Das Scheitern des Stellvertreters an Apfel und Wein und sein siebzigjähriger Schlaf lassen sich auf die biblische Urgeschichte (Adam, Noah) und das babylonische Exil beziehen. Auch die Sehnsucht, die dem Befreier abverlangt wird, geht über die gewöhnlich gestellten Bedingungen hinaus, ganz zu schweigen von dem seltsamen Ansinnen, er möge an die Prinzessin denken, wann immer er Zeit habe – eine wirklichkeitsnahe Vermischung unaufhörlicher Erlösungssehnsucht mit den Bedürfnissen und Notwendigkeiten des Alltags.

Der Held ist ein Held des Wortes, nicht einer mit Mantel und Degen, der sich mit bösen Mächten und falschen Freiern herumschlagen müßte. Sein Räsonieren an der Quelle läßt ihn scheitern, doch sein Beharren auf der Wahrheit seiner märchenhaften (!) Vorstellungen von einem goldenen Berg und einer Perlenburg angesichts der nüchternen Empirie der drei Riesen bringen ihn dem Ziel nahe, das dann aber nur mit Klugheit und

Geduld zu verwirklichen sein wird. Geld und Reichtum scheinen eine dem »teueren« goldenen Berg angemessene besondere Rolle zu spielen. Vollends fort vom Märchen aber führt der plötzliche Umschlag von Berg und Perlenburg in »eine sehr schöne Stadt«, in der man recht prosaisch und realistisch erst einmal in Untermiete geht, um die Befreiungsstrategie zu planen. Zum dritten Mal ist jetzt ein »letzter Tag« angebrochen. Nachdem der Stellvertreter zweimal gescheitert ist, mag sich dieser Tag zwar länger hinziehen, aber er bietet die letzte Chance. An die Stelle schneller Entscheidung und bravourösen Handelns tritt ein Ritardando und der plötzliche Abbruch der Geschichte.

Der Schluß wird verweigert – und doch ist die Erzählung nicht unvollendet –, denn »endlich hat er sie befreit«. Die Befreiung wird vorweggenommen, denn dieses »am Ende« ist noch nicht eingetreten: »Und wie er sie befreit hat, das hat er nicht erzählt.« Dies jedoch, die Erzählung des Wie, gehört zum Märchen, ja macht es aus, wie knapp auch immer, und das gilt nicht nur für das Märchen. Hier aber kann das Wie der Befreiung nicht erzählt werden, es ist noch nicht so weit, und wenn Nachman eine Rolle dabei zufallen soll, so muß er seinen Part noch offen lassen – er kann nur bekräftigen, daß es Befreiung gibt, so wie es sie gegeben hat – und endlich geben wird, denn Hörer und Leser spielen die gleiche Rolle wie der Stellvertreter des Königs. Wirklichkeit, Zukunft läßt sich im Wort vorwegnehmen, nicht aber das Wort auf der Ebene der Worte, nicht die Vollendung des Texts, nicht die Erzählung vom Handeln des Helden.

Einen authentischen Eindruck von der Weise, wie die Bratzlawer diese und die anderen Geschichten durchaus mehrdeutig lesen und auslegen, vermitteln die folgenden Auszüge aus der *Zweiten Einleitung*, die Rabbi Nathan von Nemirow um 1840 für die zweite Auflage der Erzählungen verfaßt hat:

». . . einiges Licht auf die Anspielungen in den Erzählungen. Wer noch mehr hinzufügen will, der möge es tun. Es ist bekannt, daß in allen Büchern des Sohar und der Tikkunej Sohar, sowie in allen Schriften des R. Isaak Luria, ›die Königstochter‹ auf die Schechina wie auch auf die Gemeinde Israel anspielt. Schon die ersten Meister, von deren Worten wir leben, erlaubten uns, diese allegorische Sprache zu gebrauchen . . . So heißt es in jenen Büchern: ›Wer die Schlange tötet, dem wird die Königstochter gegeben – das ist das Gebet.‹ ... Aus den Schriften Lurias ist leicht ersichtlich, daß die Kabbala die Vorstellung der Vereinigung von Braut und Bräutigam zu einem ihrer Grundpfeiler hat ... So formen alle Glieder sowohl des männlichen als auch des weiblichen Körpers das Ebenbild Gottes. Es steht geschrieben: ›Gott schuf den Menschen in Seinem Bilde, im Bilde Gottes schuf Er ihn, männlich und weiblich schuf Er sie‹ (Genesis 1, 27) ...

Aus vielen Beispielen ist offensichtlich, daß auf das Exil der Schechina und das Exil der Gemeinde Israel als Folge des Verlusts der Königstochter und ihrer Trennung vom Geliebten angespielt wird ...

Das Buch der Sprüche bezieht sich auf den Glauben und die Tora als ›die gute Gattin‹, ›die starke Frau‹. Dementsprechend werden falscher Glaube und Ketzerei ›böse Frau‹ und ›Hure‹ genannt ...

Da Gott uns all dies durch Seine Propheten, Heiligen und Weisen geoffenbart hat, kann man diese Geschichten mit einem Blick für die Wahrheit lesen, sie zu verstehen suchen und ihre Tiefe ergründen. Man wird dabei wunderbare und großartige Dinge entdecken. Zugegeben, es mag unmöglich sein, die tiefste Bedeutung dieser Geschichten in ihrem Aufbau und ihrer Abfolge zu erfassen. Auch wenn jemand nur wenig versteht, wird doch seine Seele großen Gefallen darin finden.

In der ersten Geschichte nun ist vom Geheimnis des Exils der Schechina die Rede. Dieses Exil begann noch vor der Schöpfung des Kosmos, die das Geheimnis des Bruchs der Gefäße ist, das Geheimnis von ›Dies sind die Könige, die Edom regierten, bevor Israel Könige hatte‹ (Genesis 36, 31).

Sofort nach Adams Erschaffung war es seine Aufgabe, das Exil zu beheben: er sollte die himmlischen Welten an ihren rechten Ort zurückführen. Dann wäre Gottes Königreich unmittelbar nach der Erschaffung der Welt geoffenbart worden, ganz wie es in der messianischen Zeit sein wird. Adam war jedoch so unvorsichtig, vom Baum der Erkenntnis zu essen. In der ersten Geschichte wird darauf angespielt, als der Stellvertreter des Königs den Apfel ißt. Adams Versagen beschädigte alle Welten, so daß die Schechina noch weiter herabstieg und bis zur ›Anderen Seite‹ hinunterkam ...

Später kam Noah und wollte es wiedergutmachen, hatte aber keinen Erfolg, weil er trank und betrunken wurde, wie es heißt: ›Er trank vom

Wein und wurde betrunken‹ (Genesis 9, 21). Noah versagte, als er den Wein trank.

Von dieser Zeit an waren die Heiligen einer jeden Generation damit befaßt, die Wiederherstellung (tikkun) zu vollenden, bis der Messias kommen und die Wiederherstellung endgültig vollendet wird.

Diese Geschichte handelt von jedem Menschen und spielt zu jeder Zeit. Auch jeder einzelne durchlebt fast alles in dieser Geschichte. Jeder Jude muß sich an dieser Wiederherstellung beteiligen, muß die Schechina aus dem Exil, aus dem Staub zu erheben suchen und das heilige Königreich von den Götzendienern und den Mächten der ›Anderen Seite‹, in die die Schechina hinabgeraten ist, befreien.

Das ist das Geheimnis aller Dinge, die wir tun, um Gott zu dienen – Beachtung der Gebote, gute Taten, Torastudium –, sie alle kreisen um diesen Punkt, wie es in den heiligen Texten dargestellt ist . . .

Und das trifft auch auf die allereinfachsten Menschen zu, die rechts und links nicht unterscheiden können. Auch sie wissen, was die Tora untersagt, ›wenn sie ihren Blick geradeaus richten‹ (Sprüche 4,25). Sie können sich vom Bösen abwenden und das Gute wählen. Dann geschehen durch sie alle Wiederherstellungen in den himmlischen Welten wie von selbst, und sie sind würdig, die Schechina aus ihrem Fall zu erheben, wie immer sie sich heiligen und läutern . . . Daher sei jeder Jude damit beschäftigt, die Königstochter zu suchen und sie zu ihrem Vater zurückzubringen, wie es heißt: ›Sie soll in ihres Vaters Haus zurückkehren und von ihres Vaters Speise essen wie in ihrer Jugend‹ (Levitikus 22,13).

Denn Israel als Ganzes entspricht dem Stellvertreter des Königs, denn es regiert die Welt. So wie Gott die Toten erweckt und die Kranken heilt, so auch Israel . . . Daher sucht jeder einzelne in dem Maß, wie er Gott dient, die Schechina und die Gemeinde Israel, um sie aus dem Exil zurückzuführen.

Ebenso offenbart sich auch die Schechina dem Menschen. Aus der Tiefe des Exils, wo sie sich verborgen hält, kommt sie heimlich zu ihm und enthüllt ihm, wo sie weilt und wie er sie finden kann.

In der Erzählung ist das darin ausgedrückt, daß die Königstochter dem Stellvertreter des Königs einfach und verständlich erklärt, was er tun muß, um sie zu befreien. Der Mensch soll sich einen Platz suchen, Buße tun und fasten und sich stets und ständig nach Gott sehnen, damit er

würdig werde, Ihn zu erkennen. Und er sehne sich danach, daß Er sein Königreich aller Welt offenbare, damit ›jedes Geschöpf wisse, daß Du es geschaffen hast‹ ... Die Erhebung der Schechina aus dem Exil besteht zunächst darin, die Anerkenntnis von Gottes Königtum in Glauben und Wahrheit herbeizuführen. Dann wird jeder, groß und klein, Gottes gewahr werden und das Königreich wird Gottes Königreich sein ...
Wenn nun jemand meditiert, fastet und sich nach Gott sehnt und ihm die Offenbarung der Schechina nahe ist, wird er am letzten Tag geprüft werden. Dann hängt alles von seinen Taten ab, denn der Böse und seine Scharen werden versuchen, ihn von ihrem Ratschlag zu überzeugen, damit er sehe, ›daß sie eine Lust für die Augen wäre und verlockend‹ (Genesis 3,6). Er nimmt die Frucht und ißt ein wenig, er versagt in der Prüfung, die er bestehen mußte, um gereinigt zu werden. Gleich wird er vom Schlaf überwältigt. Im Schlaf verliert er Wissen und Weisheit, die sein Gesicht leuchten ließen, wie von Kain geschrieben steht, ›sein Gesicht fiel‹ – er senkte den Blick (Genesis 4,5), und ›warum ist dein Gesicht gefallen‹ – warum senkst du deinen Blick? (Genesis 4,6).
Während des Schlafs können einem Menschen allerlei böse Dinge zustoßen. In der Geschichte wird darauf durch die Truppen, die an dem schlafenden Vizekönig vorbeimarschieren, angespielt.
Als der Vizekönig erwachte, erfuhr er, daß er geschlafen hatte, und ging dahin, wo die Königstochter war. Sie sagte ihm, wie sehr sie beide zu bedauern seien, da er wegen eines einzigen Tages alles verloren hatte. Sie milderte ihre Forderung und verlangte nur von ihm, sich des Weins zu enthalten, damit er nicht einschlafe ... Doch der Stellvertreter des Königs versagt wiederum, und Schlaf überwältigt ihn, diesmal für 70 Jahre.
Die Vorstellung eines siebzigjährigen Schlafs wird von Rabbi Nachman in dem Toravortrag, der mit ›Rabbi Schimon sagte ...‹ beginnt, erörtert (*Likkutej Moharan 60*). Einige Menschen schlafen so tief, daß sie sich der 70 Gesichter der Tora nicht mehr bewußt sind, was auf die 70 Jahre hindeutet. Dann kann man sie nur noch durch Erzählungen aus unvordenklichen Jahren wecken ...
Als die Königstochter, die Wurzel seiner Seele, vorbeikommt und sieht, daß er so lange schläft, weint sie sehr. Die beiden sind außerordentlich zu bedauern. Dann sagt sie ihm, daß sie nicht mehr an ihrem ursprünglichen Ort ist, sondern an einem anderen, auf einem goldenen Berg ...

Die Entsprechung ist klar. Ungeachtet dessen, was er getan hat und wie tief er auch gefallen ist, versucht die Schechina doch immer wieder, ihn aufzuwecken. Sie gibt ihm neue Ratschläge, wie er sie und damit seinen heiligen Ursprung finden kann.
Wir haben gesehen, daß der Vizekönig zweimal versagte und lange Zeit schlief. Er durchlebte so viel Mühsal und Leid, um die Königstochter zu finden, und dann, wegen der Geschehnisse am letzten Tag, verliert er alles . . . Dennoch gab er die Hoffnung nicht auf, sondern machte sich auf die Suche nach dem goldenen Berg und dem Schloß . . .
Auf seiner Suche gelangt er zu den Riesen . . . Der dritte Riese entmutigte ihn sehr, er rief die Winde zusammen, die berichteten, daß es so etwas nicht gebe. Da sagte der dritte Riese: ›Siehst du! Du mußt einsehen, daß du dich vergeblich abgemüht hast. Es ist offensichtlich, daß es so etwas nicht gibt! Kehre nach Hause zurück!‹
Da erkannte der Vizekönig, daß er nunmehr am Ende seiner Reise war. Er wußte nicht mehr ein noch aus. Aber tief innen war er noch fest in seiner Überzeugung, daß es den Berg und das Schloß gab und daß die Königstochter dort war. Er weinte sehr, denn er fühlte großen Schmerz und Bitterkeit in seinem Herzen.
Da erbarmte sich Gott seiner; noch ein Wind kam und berichtete ihm, daß er die Königstochter auf den Berg und in das Schloß getragen habe. Der Riese gab ihm eine Geldbörse, die nie leer werden würde, damit Geldmangel für ihn kein Hindernis sein sollte. Dann ging der Vizekönig dorthin, und mühte sich sehr ab, einen Plan zu ersinnen, bis er sie fand. Glücklich er!
Betrachtet man all das aufrichtig, so erkennt man, wie hartnäckig man im Dienst für Gott sein muß, ohne Maß und ohne Grenze, jeder nach seinen Fähigkeiten, gleichgültig, was auch mit einem geschehen mag.
Dann kann man die Geschichte betrachten und erkennen, wieviel Mühen und Anstrengungen der Stellvertreter des Königs auf sich nahm, zweimal versagte und für 70 Jahre in Schlaf versank. Dennoch gab er die Hoffnung nicht auf. Er fuhr in seinen Bemühungen fort und achtete nicht auf die Hindernisse und Enttäuschungen, die sich ihm auf dem Weg zu seinem Ziel entgegenstellten.
In einem Augenblick aber verkehrte sich plötzlich alles ins Gegenteil, und die Hindernisse und Schwierigkeiten wurden zu seinen Helfern.

Alle negativen Einflüsse wurden zu positiven Einflüssen und Hilfen, ihn sein Ziel erreichen zu lassen. Schließlich kam ein Wind und sagte ihm, daß er die Königstochter zum Berg und dem Schloß fortgetragen habe, und trug ihn auch dorthin . . .

Schau, versteh und sieh: In jeder Einzelheit der Geschichte wirst du Andeutungen und wunderbare Ermutigung finden, die dir sagen, wie sehr der Mensch sich stärken muß, um einen Weg ausfindig zu machen, Gott jederzeit zu suchen und zu finden. Das ergibt sich aus dem Vers ›Suchet sein Antlitz allezeit‹ (Psalm 105,4).

Es mag sein, daß die Geschichte sich unserem Verständnis entzieht. Wir wissen auch nicht, was der goldene Berg, das Perlenschloß oder die anderen Dinge in dieser Geschichte bedeuten. Dennoch fügen sich alle diese Andeutungen wahrheitsgetreu zusammen und sind dem aufrichtigen Leser verständlich. Jedermann kann mehr für seine eigene Auslegung finden und so Ermutigung erlangen.

›Wer weise ist, der höre zu und wachse an Weisheit‹ (Sprüche 1,5) . . .«

Von Kaiser und König

DIE Rätsel, vor die diese Romanze ihre Ausleger stellt, lösen sich, wenn man erkennt, daß sie zu den Geschichten gehört, »wie sie die Leute erzählen« – in diesem Fall wohl vor allem die Frauen, Frauen des östlichen Mittelmeerraumes, ja des gesamten Orients bis hin nach Indien.

Diese Geschichte ist die Variante eines in unzähligen Versionen verbreiteten Erzähltyps (Aarne-Thompson 881A bzw. jüdischer Oikotyp Jason 881*B), der vielleicht bis auf die hellenistische Antike zurückgeht. Gleichviel, vergleicht man Nachman mit einigen »Parallelen«, so stellt sich heraus, daß sich nicht nur für fast alle einzelnen Motive (orientalische) Parallelen finden lassen, sondern daß der Ablauf der Geschichte insgesamt und ihre Motivreihung in schöner Vollständigkeit im Orient (und nur dort) wiederzufinden ist. Am leichtesten vergleichbar sind wohl die folgenden Geschichten aus *1001 Nacht: Kamar as-Saman und Budur; Ali Schar und Sumurrud; Die syrischen Liebenden* sowie als Beispiel aus der jemenitisch-jüdischen Frauen-Folklore: S.D.F. Goitein, *Von den Juden Jemens*, Berlin 1934, S. 49-69.

Die Ähnlichkeiten sind verblüffend – Nachmans Abhängigkeit von diesem Erzähltypus ist nicht zu bestreiten. Er muß eine Version der Geschichte auf seiner großen Reise nach Eretz-Israel unterwegs oder im Lande selbst kennengelernt und sie später zu seiner eigenen gemacht haben; eine ihm zugängliche literarische Vorlage läßt sich nicht ausmachen. Von dieser Geschichte ist nicht bekannt, wann er sie erzählt hat; gewöhnlich heißt es: Winter 1806/07. Möglicherweise steht sie aber aus inhaltlichen und nicht aus chronologischen Gründen gleich nach der ersten Erzählung vom *Verlust der Königstochter*. Dem Vergleich mit zahlreichen Parallelen ist zu entnehmen, daß Nachman bei seiner Aneignung ebenso behutsam wie eigenwillig zu Werke gegangen ist. Seine Veränderungen sind im wesentlichen die folgenden:

Jedes sexuelle Innuendo fehlt. Die Episode des Rings, dessen Verlust die zweite, lange Trennung der Liebenden verursacht, ist feinfühlig und mehrdeutig geschildert – so daß sich nicht sagen läßt, ob die geflohenen Liebenden ihre Ehe vollzogen haben oder nicht und ob die Schuld am Verlust des Rings allein auf den Königssohn fällt. In den parallelen Versionen ist stets der Mann für das zur Trennung führende Versäumnis verantwortlich.

Für die Tötung des frivolen Prinzen auf dem Meer gibt es keine Parallele. Diese Satire ist Nachmans eigenes Gut. Die fahrende Prinzessin erhebt sich aus völliger Abhängigkeit von Mal zu Mal zu größerer Aktivität und Macht – sie bemächtigt sich endlich des unwürdigen Herrschers (einer Gegenwelt?) und erlangt als neue(r) Herrscher(in) dieses Landes endlich die Macht, ihren wahren Bräutigam wiederzugewinnen und mit ihm in das eigene Reich zurückzukehren.

Trotz des Befremdens, das diese Geschichte bei den traditionellen Auslegern hervorruft, wissen diese jedoch die Romanze im kabbalistischen Rhythmus von »Zimzum«, »Bruch der Gefäße« und »Tikkun« zu lesen. Ganz allgemein hieße dies, daß die Kaiserstochter auf die Tora und die Schechina (= die unterste Sefira Malkut), der Königssohn auf Israel hin gedeutet werden. Kaiser und König mögen als die Sefirot Chochma und Bina zwei Aspekte der einen Gottheit selbst darstellen. Der frivole König könnte auf die profane Weisheit oder das Böse hin gelesen werden. Mit solchen allegorisierenden Zuweisungen ist allerdings die Grenze des Zumutbaren für den Leser wohl überschritten. (Wer hinge-

gen dem Verständnis des »Frauenbildes« dieser Erzählung näherkommen möchte, kann das unter Gershom Scholems Führung tun: *Zur Kabbala und ihrer Symbolik*, Zürich 1960, S. 143 ff. und S. 154-157.)
Rabbi Nachman hat diese Erzählung gewiß auf dem Hintergrund seines kabbalistisch geprägten Weltbildes aufgenommen und sich zu eigen gemacht – die relativ geringe Zahl der von ihm selbst darin eingetragenen Züge zeigt, daß er die Geschichte, so wie er sie vorfand, mit nur leichten Veränderungen als in dieses Weltbild passend ansah. Schon das, »was die Leute erzählen«, vermag die Kämpfe der fahrenden Fürstin so bewegt nachzuzeichnen, daß es nur leichter *tikkunim*, »Reparaturen«, des berufenen Erzählers bedarf, um die eigenwilligen und gefährlichen Züge der Schechina geläutert auszudrücken. Somit bilden die beiden ersten Erzählungen der *Sippurej Maassijot* ein Diptychon, auf dem jeweils die aktiven wie die passiven Züge der beiden füreinander bestimmten Figuren hervorgehoben sind.

Vom Lahmen

Die Bratzlawer Ausleger des *Lahmen* beurteilen diese Erzählung als »sehr tief« und »undurchsichtig«. Die Erzählstränge und Entwicklungslinien sind in der Tat nur schwer zu entwirren. Zwei unterschiedliche Teile sind miteinander verbunden, ohne daß es zu ihrer völligen Verschmelzung käme.
Der erste zeigt ein aus der Folklore aller Zeiten vertrautes Muster: gerade die ungeeigneteste Figur, der Antiheld, bringt sich in eine extreme Situation und erlangt dank magischer Helfer sowohl Heilung wie Reichtum. Schließlich kommt es auch zu einer Erfüllung des väterlichen Vermächtnisses. Und das, ohne daß je Bäume bewässert worden wären. Dank der Helfer und seines eigenen, von ihnen ermöglichten Handelns kann er an den Ort der dämonischen Gegenwelt gehen; dort aber bedarf er keiner Helfer mehr. Er beobachtet, hört zu, geht einer Dämonen-Wolke hinterdrein, um ihre Geschichte – den zweiten Teil der Erzählung – zu hören. In dieser Rolle des Zuhörers verlieren wir ihn aus den Augen.
Der zweite Teil der Erzählung, mit der Geschichte der Wolke begin-

nend, hat die Auseinandersetzung zwischen einigen heiligen Weisen und den Dämonen und die der Dämonen und der Zauberer untereinander zum Inhalt. Die Dämonen wissen sich durch den Baum, von dem die Sonne dem Mond erzählt hatte, bedroht. Die Weisen wohnen zwar in der Nähe des Baums, scheinen ihn aber nicht zu kennen. Sie erringen den Sieg über die – recht menschlich entworfene – Dämonenwelt, nutzen ihn aber weder gegen die Dämonen noch zu eigenem Vorteil. Der Enkel hält sich an das Vermächtnis des zweiten Weisen, worin der erste Weise und sein Vermächtnis parallelisiert sind. Der Dämonenkönig weiß sich dem Enkel für die Nichtbenutzung des Registers aller Dämonen zu Dank verpflichtet. Aber dieser Dank hat Folgen: Die Dämonen bleiben nicht bei ihrer Spötter- und Schädigerrolle; können nicht dabei bleiben. Nachman erzählt in delikater Weise, wie die Wolke dem König Hilfe bringt, der die Juden für sich beten läßt. Das Gebet und die Wolkenkühle lassen die Arzneien anschlagen. Nachman vermeidet so aber auch, die Dämonen direkt Gutes bewirken zu lassen.
In diesem zweiten Teil der Erzählung erfährt der ehemals lahme Sohn, warum das Bewässern des Baums so schwierig ist, bleibt aber weiterhin passiv. Es ist, als nähme allein seine bloße Präsenz nahe den Dämonen Einfluß auf den Gang der Dinge. Und schließlich verschwindet er ganz aus der Geschichte. Ähnlich indirekt verhält sich das Tun und Lassen des zweiten weisen Mannes und seines Enkels zur endlichen Bewässerung des Baums. Sie kennen den Baum nicht – und doch sind sie in gewissem Sinn Aspekte, Repräsentanten des Baums selbst, sind ihm nahe und haben in der Welt der Dämonen, Schwätzer und Zauberer einen Konfliktprozeß ausgelöst. Die Erzählung nimmt nun ohne den ehemals Lahmen wie von selbst ihren Lauf, um mit der Bewässerung des einen Baums dank des selbstzerstörerischen Pandämoniums apokalyptisch zu enden.
Ist es allein der Streit unter den Dämonen, der zu der heilsamen Katastrophe führt, oder haben die Figuren der Erzählung doch auf irgendeine Weise »Bäume bewässert« und so zur Bewässerung des Baums aller Bäume geführt? Können die Bäume, der Baum, auch für anderes, außer für sich selbst stehen? Steht der Baum als Weltenbaum und Baum des Lebens für die Tora, das Torastudium und das rechte Leben, mit ihrer Kraft, Böses an sich selbst zunichte werden zu lassen? Und für die Gerechten, die dem Baum verglichen sind, der an Wassern gepflanzt seine

Frucht bringt zur rechten Zeit? Rabbi Nachmans Hörer lassen sich diese Frage vom soeben zitierten ersten Psalm der Bibel beantworten.
Der *Lahme* zeigt Nachman auf seinem Weg zu größerer erzählerischer Selbständigkeit, wenngleich diese noch nicht ihren vollkommenen Ausdruck findet. Trotz formaler Mängel aber läßt Nachman die Frage nach dem Verhältnis von menschlicher Aktivität und apokalyptischer Unberechenbarkeit bei der Befreiung vom Bösen am Beispiel des Wegs, den der Lahme zurücklegt, zu einer erzählten Erfahrung werden.

Der König, der zum Abfall vom Glauben zwang oder Vom Stier und vom Lamm

DIES ist die erste der von Martin Buber frei nacherzählten sechs Geschichten. Bei der Neubearbeitung von 1927 schied er sie aus, da sie »mir allzufremd geworden ist, als daß ich sie weiter mitführen möchte«. Die negative Reaktion einiger Kritiker mochte ihn dazu veranlaßt haben. Moritz Heimann etwa urteilte: »Am niedrigsten steht die erste . . .; schon darum, weil sie den Juden im Glaubenskonflikt mit der nichtjüdischen Landesgewalt zeigt und also mehr politisch als religiös ist. Dementsprechend ist das ethische Ergebnis von empörender Unfreiheit; das Festhalten am Glauben wird so sehr als oberste Tugend empfunden, daß daneben ein unverhüllter Verrat nicht einmal bemerkt, geschweige denn als Pflichtenkonflikt benutzt wird. Dazu stimmt es nicht übel, daß die Einkleidung an das Buch Esther anklingt. Der Ton ist frostig und lehrhaft.«
Für die chassidische Auslegung spielt sich hier Weltgeschichte nach einem Muster ab, das von der Vision der vier Weltreiche im 2. Kapitel des Danielbuchs geprägt ist. Die vier Königsgenerationen sollen für Babylonier, Perser (die Reminiszenzen an das Estherbuch sind deutlich), Griechen und Römer stehen. Bei einer solchen Lesung fällt somit die Vertreibung der Juden von der Iberischen Halbinsel 1492, die ja Nachman den Stoff liefert, in eins mit der Zerstörung des Tempels und dem babylonischen Exil im 6. Jh. vor unserer Zeitrechnung. Zugleich mag

Nachman auch auf seine eigene Zeit mit ihren Zwängen und neuen Verlockungen sehen.
Dennoch steht nicht eines für das andere, ist nicht alles gleichförmig, identisch. Anfänglich steht das Festhalten am Glauben nicht als die oberste Tugend da. Im Gegenteil, das Gebot, Gottes Namen zu heiligen, d.h. im *Kiddusch haSchem* das Martyrium um des Glaubens willen zu erleiden oder zumindest das Land zu verlassen, kommt nicht in den Blick. Erzähllogisch muß der Held, um die Abfolge der Reiche zu erleben, im Land verbleiben und also seinen Glauben verleugnen. Es mag sich aber auch in Osteuropa nach den großen Pogromen, die 1648 begannen, eine nachsichtigere Haltung gegenüber der erzwungenen Apostasie durchgesetzt haben.
Zunächst aber denkt der Marrano-Minister nur an seinen ökonomischen Status. (Nachman verfährt ironisch mit ihm, wenn ihm der irdische König ob der ihm erwiesenen Loyalität das offene Bekenntnis zu dem verleugneten göttlichen König wieder gestattet.) Erst allmählich gewinnt das Bewußtsein der Notwendigkeit, als Jude unbeirrt »in Tallit und Tefillin« (vgl. Numeri 15,38 ff; Deuteronomium 6,8; 11,18) zu leben, die Oberhand, sowohl in der zwiespältig gezeichneten Figur des Marrano als in der Fehl-Entwicklung des vierten und letzten Königs. Der anonyme Weise, der aus der Tradition redet, und die Juden, die in Tallit und Tefillin unversehrt durchs Feuer gehen, verstärken diese Tendenz. Am Schluß erkennt der Marrano-Minister die wahren Zusammenhänge.
So ist in Nachmans Mythologie auch geschichtsbewußtes Denken erkennbar. Die Könige sind, über ihre jeweilige Strenge oder Milde hinaus, nicht einfach austauschbar. Der vierte König erlangt seine Machtfülle auf autonom bürgerlich-moderne Weise, d.h. durch einen an bürgerlichen Verkehrsformen orientierten wirtschaftlichen Imperialismus. Dieser König kann als Repräsentant des zu sich gekommenen absoluten bürgerlichen Subjekts verstanden werden. Damit verfällt zugleich das alle Verbindende; die Tradition fällt auseinander in »Heilsgeschichte« und »Realgeschichte«. Der König versteht nichts mehr von dem, was ihm aus der Tradition entgegentritt. Chassidisch ausgedrückt ist er »von der anderen Seite«, steht sein metallener Golem den zwölf Edelsteinen im Brustschild des Hohenpriesters, den Urim und Tummim, gegenüber

(vgl. Numeri 27, 21 und Daniel 2, 31-46). Der König bezieht die Wirkung der Metallstatue, wenn die Mächtigen erniedrigt und die Niedrigen erhöht werden, auf alle anderen, doch nicht auf sich selbst. Alles verdinglichend nimmt er »Stier« und »Widder« wörtlich. Auch den Rat des Weisen kann er nicht verstehen und wird ihm auch angesichts des Feuers nicht folgen, da er nur die anderen Könige sieht, nicht aber die Juden. Die Doppelbedeutung des hebräischen *schewet* – Rute, Szepter einerseits, und Stamm andererseits – verweist auf den Sinn des weisen Rats: Die Kraft des »eisernen Stammes«, Israel, entspringt dem Zentrum und Brennpunkt aller 365 Sonnenbahnen, aller Tage. Dort wird man aller Angst ledig – so Israel in Frieden und Freiheit leben darf.
Als dieser König dem Marrano-Minister das »Privileg« entzieht, fügte Buber eine Verfluchung des Königs ein: »So wahr sich Gott darüber erbarmen möge, daß ich von nun ab Mantel und Riemen wieder im Dunkel und hinter verschlossenen Türen tragen muß, sollst du mir, harter König, mit deinem Geschlecht verflucht sein.« Für Nachman wäre dies undenkbar und wohl auch, wie es sich gezeigt hat, unnötig. Die Machtfülle des Königs trägt ihre Zerstörung bereits in sich: es bedarf keines Fluchs, um die Machtverhältnisse umzukehren. Auch wenn Israel bis in das Detail seines eigenen Lebens, »Tallit und Tefillin«, von den herrschenden Mächten abhängig zu sein scheint und obwohl alles dagegen spricht: die Völker sind im tiefsten von Israel abhängig und nicht umgekehrt. Die Wahrheit dieses Verhältnisses wird im Verlauf der Geschichte zunehmend offenbar. Nachman weiß, daß es Königreiche gibt, denen das Feuer nichts anhaben kann, weil die Juden dort Tallit und Tefillin tragen dürfen. Und vielleicht nicht nur, weil sie es dürfen, sondern wohl auch, weil sie selber es unbeirrt tun.
Martin Buber hat 1955 seine Entscheidung revidiert und diese Erzählung wieder in seine Sammlung aufgenommen.

Vom Königssohn aus Edelsteinen

EINE schlicht und geradlinig erzählte Wundergeschichte, angetan, den Zaddik ins hellste Licht zu heben. Sie baut sich aus zahlreichen Entsprechungen und Oppositionen auf. Aus diesen Entsprechungen und Op-

positionen zwischen den einzelnen Figuren hebt sich die Einzigartigkeit des Zaddik in seinen Funktionen und Fähigkeiten immer deutlicher heraus. Sie kulminiert in der Erfüllung des (ungeforderten) Versprechens des zweiten Zaddik zur Edelsteinnatur des Königssohns. Der Königssohn mag eine Art Erlöserfigur sein, doch liegt sein mögliches Handeln außerhalb der Erzählung; hier dient er eher als Demonstrationsobjekt, das sowohl die Kraft seiner Schwester als die des zweiten Zaddik spiegelt.
Für den König sind die Juden die letzte Ressource, dazu da, bei Gott Fürbitte zu tun. Unter den Juden aber ist der Zaddik derjenige, der dank seiner besonderen Kommunikation mit Gott fähig ist, erfolgreich einzutreten. Er ist die Repräsentations- und Kommunikationsfigur der Juden vor König und Gott, zugleich eine mächtige Gegenfigur zum König, von der Fruchtbarkeit und Zukunft des Reiches abhängen können. Beide Male sind die Zaddikim »verborgene« – sie weisen auf ihr Nichtwissen hin und wehren sich dagegen, an die Öffentlichkeit gezogen zu werden. Allein der Druck auf die Juden zwingt sie zum öffentlichen Handeln. Der verborgene Zaddik »gehört einer höheren Ordnung an« (Scholem) und *muß* sagen, er wisse gar nichts, da er sich seiner selbst nicht bewußt ist und zum Wirken gezwungen werden muß. Der unspezifische erste Wunsch des Königs nach »Kindern« ist erfüllt, und damit hat auch der erste Zaddik seine Funktion erfüllt. Es nimmt nicht wunder, daß er, in die Verborgenheit zurückgekehrt, stirbt. Ein anderer Verborgener ist an seine Stelle getreten. Der Übergang von der Verborgenheit in die Öffentlichkeit ist lebensgefährlich. Doch gibt es auch die gelingende Verwandlung eines verborgenen in einen dauernd wirksamen »öffentlichen« Zaddik, wie es für den zweiten, größeren Zaddik der Erzählung gilt. Er ist fähig, den spezifischen Wunsch nach einem Sohn zu erfüllen, und darüber hinaus zum Wesen des Sohnes das Risiko einer »ungedeckten« Verheißung einzugehen und es auf eine Auseinandersetzung mit Gott ankommen zu lassen.
Eine wichtige Fähigkeit des Zaddik ist es, von Unfruchtbarkeit zu heilen. Die Kabbala assoziiert den Zaddik mit der Zeugungskraft; er hat den Schlüssel zur Fruchtbarkeit. Anders als bei der eigenmächtigen Verheißung der Edelsteinnatur des Sohnes und der Heilung der Krätze zu ihrer Enthüllung, bedarf es keiner Absprachen mit Gott, um den Schlüssel zu gebrauchen.

Ebenso selbstverständlich ist der Umgang des Zaddik mit der Magie. Er bereitet den Edelsteintrunk für König und Königin und siegt über die Zauberer, denn er ist »größer als alle Zauberer«. Biblische Anspielungen legitimieren den Umgang des Zaddik mit der Magie, der nur ein guter, legitimer sein kann. Der Zaddik steht, anders als ein Zauberer, für mehr als nur Magie.
Die Königstochter stirbt nicht durch den Zaddik, sondern an ihrer eigenen schwarzen Magie. Wasser soll ihren Fluch unauflöslich machen. Als sie erfährt, daß die Zauberer ertränkt werden sollen, wodurch der im Wasser liegende Zauber aufgehoben würde, will sie ihren Fluch bewahren und damit unaufhebbar machen – auch auf festem Boden gäbe es niemanden mehr, der ihn aufheben könnte. Sie kommt am eigenen Fluch um, und ihr Fall ins Wasser hebt ihn auf. Die Zauberer spielen keine Rolle mehr. Die Figur der Prinzessin ist zweifellos die einzige sehr negativ gezeichnete Frauenfigur in Nachmans Erzählwerk (abgesehen von der schönen Gefangenen in der siebten Erzählung, die aber nicht genügend herausgearbeitet ist, um verglichen zu werden.)
Wissenschaft und Weisheit, Schönheit und Musikalität können sie nicht vor der Eifersucht bewahren, die nur den einen Trost kennt, daß ihr Bruder eben nicht von Edelstein ist. Das in der Wunde entdeckte Geheimnis ist unerträglich. Diese »Krankheit« verlangt nach den Zauberern (die Juden werden nicht gerufen), und die Zauberer sind bereit, ihrer Eifersucht nachzugeben und ihrer Dämonie zum Sieg über sich und ihren Bruder zu verhelfen. Der König ist es zufrieden, den Sohn zu haben, und macht Zaddik und Juden nicht für den zunächst unerfüllten Teil der Verheißung haftbar. Sie aber ist von der angekündigten Edelsteinnatur ihres Bruders affiziert. Aus welchen Gründen auch immer – die böse Königstochter gewinnt die Erkenntnis und verursacht, daß sich das Versprechen des Zaddik erfüllt. Ihre Erkenntnis entspringt dem positiven Wesenszug, dem Wunsch, ihrem Bruder zu helfen, ihm die Wunde zu verbinden. Sie kann aber die Erkenntnis seiner wahren Natur nicht ertragen. Das Leiden, das sie ihm daraufhin zufügt, führt dazu, daß sich der Sohn »entpuppen« kann.
Ihre Weise, das Böse zu repräsentieren, zeigt Nachmans Auffassung: er läßt Böses am Guten definiert sein und billigt ihm keine Eigenständigkeit zu. Es hat den gleichen Ursprung wie das Gute, Schwester und Bru-

der sind (beinahe) ebenbürtig. Das entscheidende Mehr des Bruders verdankt sich dem Zaddik und seiner Kommunikation mit Gott. Das Böse spielt eine entscheidende Rolle, wenn es darum geht, das Gute zutage treten zu lassen – gleichviel ob die Edelsteinnatur des Prinzen von Anfang an verborgen da war oder ob sie erst allmählich durch Wunde und Aussatz entstand und sich dank ihrer herausgeschält hat.

Vom demütigen König oder Der König und der Weise

So kurz die Geschichte, so überschaubar die Figuren, so hoch ist die Komplexität, so zahlreich sind die Fragen, die man gern beantwortet hätte. Ein Weiser als Kundschafter zwischen zwei Königen – vom ersten König ausgeschickt, die Siegel-Namen eines zweiten zu verifizieren und sein fehlendes Bildnis zu beschaffen.

Der erste König nennt den Grund dafür, daß sich der zweite als »großer Held« bezeichnet: sein unzugängliches Land. Es fällt dem Weisen jedoch nicht schwer hineinzugelangen. Zuerst einmal wird es ihm theoretisch gezeigt, indem er den »Witz der Sache«, den Witz jenes Landes kennenlernt, der sich als verlogen und verletzend herausstellen wird. Als Mikrokosmos Mensch erschaut er im Zentrum des Makrokosmos des »Landes aller Länder, der Stadt aller Städte usw.« den Spötter, den Genius des Landes. Der quintessentielle Spötter zeigt ihm das Wesen des Landes, in das er sich nun aufmacht. Er beobachtet das Treiben dort: Die innere Schau und das, was er jetzt zu sehen bekommt, stimmen überein.

Nun endlich beginnt der Weise zu handeln und nimmt praktisch an Lug und Trug des Landes teil – läßt sich betrügen und wird betrogen. Vielleicht versucht er es auch selbst mit Bestechung. Er verlangt sein Recht, kämpft sich erfolglos von Instanz zu Instanz, um auf diese Weise endlich vor den verborgenen König zu gelangen, der als »Mann der Wahrheit und der Demut« firmiert, was nun zu erklären und zu erweisen die Aufgabe des Weisen sein wird – von der Beschaffung des Bildes ganz zu schweigen.

Der Weise kennt die Verhöhnungen und Lügnereien des Landes und läßt den seinen Leuten fernen König wissen, daß er das Land durchschaut. Es gehört Mut dazu, dem Zorn der Minister standzuhalten und dem König die Meinung und die Wahrheit zu sagen. Nun muß sich der Weise entscheiden – entweder ist dieser König, der ihm hinter dem Vorhang lauscht, der Erzlügner des Landes, oder er ist wirklich der »Mann der Wahrheit«. Als weiser Mann schließt er aus Ferne und Verborgenheit des Königs auf seine Wahrheitsliebe, allerdings nicht ohne Kritik an ihm geübt zu haben. Wie das Heldentum des Königs ist auch seine Wahrheit passiv, defensiv, inkommunikativ.

Nur der Erweis der Demut des Königs und die Erlangung seines Bildes können den Beweis für die Richtigkeit der Schlußfolgerung durch den Weisen erbringen. Der Weise beginnt den König über die Maßen zu loben und zu preisen – gegen alle bisherige Erfahrung in seinem Lande. Damit stellt er die Demut des Königs auf die Probe, aktiviert sie erst eigentlich. Je mehr der König verherrlicht wird, desto niedriger und demütiger wird er, er wird buchstäblich zu nichts. Zugleich wächst sein Wunsch ins Unbezähmbare, den zu sehen, der so weise ist, dies alles zu wissen und zu verstehen. Der König muß sich zeigen, um selbst zu sehen und zu erkennen. Er wird erkannt, indem er erkennt. Der Weise malt sein Bild selbst. Er bringt es dem König – dessen Bildergalerie ist somit vollständig, die Namen des zweiten Königs sind verifiziert und bestätigt, der Weise hat seine Aufgabe erfüllt, sein König verdankt ihm viel.

Die Freiheit des Lesers, dieses enigmatische Meisterstück zu deuten, ist zweifellos groß. Das Beziehungsgeflecht zwischen Sender-Empfänger, Botschaft(er), Empfänger-Sender, erlaubt es, verschiedene Möglichkeiten durchzuspielen: etwa »heilsgeschichtlich« – sei es korporativ als individualistisch; innermenschlich, auf die Seelen- und Triebkräfte gelesen, sei es mit Freud oder Jung; auch eine innergöttliche Lesung mag man nicht ausschließen. Diese und andere Möglichkeiten sind gewiß nicht alle einander gleichwertig oder gleich richtig. Doch solange wir nicht sicher sind, ob der Erzähler etwas ganz Bestimmtes zu sagen beabsichtigte und was er zu sagen beabsichtigte, können und werden wir danach fragen. Für die Figur des Weisen könnten unsere Antworten so lauten:

- ein Chassid, ausgesandt, den wahren Zaddik zu entdecken;
- Zaddik, Messias oder schlicht Mensch, der durch die Trugwelt hindurchfindet und das Bild des Königs, eines Königs erlangt;

- der Weise als Personifikation von Chochma = Sophia = Logos = Wort;
- die Seele in ihren Aspekten als »anima activa«, als »intellectus agens«;
- der Weg von der vorgeburtlichen Existenz durch das Leben von der Geburt bis zum Tod – Selbstfindung?

Aber noch eine andere Möglichkeit steht dem Leser offen: diesen Text mit anderen zusammenzusehen und ihnen zu konfrontieren; z. B. mit Franz Kafkas *Vor dem Gesetz* oder *Eine kaiserliche Botschaft*.

Der König, der viele Kriege führte oder Von Spinne und Fliege

NACHMAN will seine Reise erzählen, warnt aber sogleich seine Hörer, daß sie nicht alles verstehen werden – und erzählt von mehreren Reisen. Der Ausgang der visionär erlebten letzten Reise bleibt offen – der Berg ist noch nicht bestiegen, die Strategie des Widersachers unbekannt und das Rätsel der Schönen Gefangenen nicht gelöst. Die Erzählung bleibt ohne befriedigenden Abschluß; zudem sind ihre letzten Sätze verstümmelt, was auf eine Selbstzensur der Bratzlawer schließen läßt.

Wie die nachfolgende Erzählung *Vom Raw und dem einzigen Sohn* kann auch diese eine Geschichte des Scheiterns genannt werden, wenngleich hier das Scheitern des Helden ebensowenig ausdrücklich beschrieben wird wie andernorts der Erfolg, der Erlösung bringt. Grundsätzlich ist der fehlende Schluß auch für die Möglichkeit des Gelingens offen – trotz des guten Omens im Traum entsteht jedoch der Eindruck des Scheiterns. Nachman erzählt hier nicht nur von seinen Reisen, sondern verarbeitet auch verschiedene andere biographische Elemente, so daß das Oszillieren der Erzählung zwischen Zuversicht und Gefährdung, Gelingen und Scheitern kein Mangel, sondern Notwendigkeit ist.

Im Hintergrund dieser Erzählung stehen neben Nachmans plan- und zielloser Reise durch die Ukraine – der romantischen Queste eines suchenden Büßers – der Tod seiner Frau Sossja und seine rasche Wiederverheiratung, die Gewissenskonflikte auszulösen scheint. Ferner beeinflußt ihn die alte, immer noch folgenreiche Auseinandersetzung mit dem Zaddik Arieh Lejb, dem »Shpoler Sejde«, der hier unverkennbar

und leibhaftig selbst auftritt. Die polemischen Züge und die Schuldzuweisungsversuche Nachmans sind jedoch so verhüllt, daß sie die Erzählung nicht herabwerten.
Alle hier genannten Momente werden, vielfach gebrochen, in der ganzen nichtjüdischen und jüdischen irdischen und in der himmlischen Welt gespiegelt. Traumhaftes und visionäres Geschehen kennzeichnet die Suche des Königs nach seiner Identität und seiner eigentlichen Aufgabe. Er will alle Welt auf den rechten Weg führen, weiß aber nicht, wie er das bewerkstelligen soll und sucht jemanden, der ihm seinen Traum deutet. Anstelle der Deutung eines Weisen aber steht eine Vision des eigenen Lebens, der himmlischen Präexistenz der Seele bis – ja bis zu welchem Moment? Der König muß sich seine Vision selbst deuten – die Deutung wird aber nicht erzählt; die Vision hat kein erkennbares Ende, der Übergang zur Deutung und zum Handeln des Königs fehlt. Es ist, als sei der König selbst verwirrt über das Geschehene. Er erfährt von seiner unvergleichlich hohen Bestimmung; seine Seele ist (war) absolut makellos und damit potentiell zur Seele des Messias bestimmt.
Er erfährt aber auch vom Widerstand Samaels, der von der »Anderen Seite« aufkommt; Samael zweifelt am Sinn seines Daseins, wenn diese Seele, so wie sie ist, auf die Welt hinuntersteigen darf. Aus diesem Prolog im Himmel wird klar, daß Samael mit seinem Helfer, dem krummen Alten, eine Machination plant (oder bereits betreibt), die die himmlischen Absichten mit dieser makellosen Seele hintertreiben soll. Der Leser wird im unklaren darüber gelassen, was Samael plant. Naheliegend ist es, den Traumdiamanten und seine grotesken Gestalten mit dem Stein der »Schönen Gefangenen« (vgl. Deuteronomium 21, 10-14), der alle Anmut erzeugt, zu verbinden. So wie die Feinde aus dem Diamanten erzeugt werden, so gehen, wie eine andere Bratzlawer Quelle sagt, aus jener Schönen Gefangenen Kinder hervor. Der Stein, ihr Stein, ist eine *petra genitrix*. Dann aber liegt die Gefahr, daß der König scheitert, in seiner Verbindung mit ihr.
Die Erzählung entspräche mit dieser Auslegung auch jüdischer Folklore, die das Scheitern eines messianischen Helden durch seine Begierde nach einer Frau, die ihn im entscheidenden Moment straucheln läßt, erzählt. Die »Schöne Gefangene« ist biblisch dem Sieger unter gewissen Bedingungen zwar als Gattin erlaubt, die nachbiblische Tradition aber

steht dem kritisch warnend gegenüber und verweist auf Absalom, der, aus einer solchen Verbindung hervorgegangen, sich wider seinen Vater David aufgelehnt hat. So wäre diese Frau mit ihrem magischen Stein ein Symbol für etwas Negatives, und der König täte gut daran, sich seines (dank des Blatts gut ausgegangenen) Traumes zu erinnern und auf der Hut zu sein.

Eine andere Möglichkeit, Samaels und des Alten Strategie näher zu bestimmen, ist, an eine von ihnen verursachte Vertauschung von Seelen vor der Geburt zu denken. Die makellose Seele wäre einem irdisch mächtigen König eingegeben worden, der entweder erst Jude werden muß oder sich erst als Jude selbst zu entdecken und zu bewähren hat. Der Text läßt beides zu. In jedem Fall muß sich der König seiner eigentlichen Aufgabe jenseits aller Eroberungen und jenseits allen Prunks bewußt werden und sie zu verwirklichen suchen.

Vorbild für den siegreichen König mag Napoleon gewesen sein. Rabbi Nachman war betroffen und fasziniert von Napoleons Eroberungen. Was Napoleon als weltlich-irdischer Herrscher, das ist Rabbi Nachman verborgen als wahrer Zaddik. Sei es wie es sei, auch wenn der König die ihm uranfänglich zugedachte Seele trägt und auch schon Jude ist, Samael und sein Helfer werden ihm viele Hindernisse in den Weg legen. Er ist noch zu sehr mit sich und der Deutung seiner Geschichte beschäftigt, um sich der Aufgabe selbst zuzuwenden. Immerhin weiß er, welche Hemmnisse auf ihn zukommen.

Vom Raw und dem einzigen Sohn

Ausnahmsweise verläuft diese Erzählung im ersten Teil in realistischen Bahnen. Auch ihr jüdischer Charakter ist unverstellt und zeigt in Figuren und Inhalt Nachmans Zeit und Welt – das jüdische Osteuropa am Ende des 18. und Beginn des 19. Jhs. Die Gegnerschaft, die die traditionell-orthodoxen Mitnagdim gegen den schnell aufkommenden Chassidismus mit seinen charismatischen Vaterfiguren hegen, wird hier zu einer dramatischen Konfrontation verdichtet zwischen Vater und Sohn, Vater, Sohn und Kaufmann, und letztlich indirekt – und nicht länger realistisch – zwischen Raw und abwesendem Zaddik. Diese Opposition hat fatale Folgen – sie verhindert das durch eine besondere Konstellation möglich gewordene Kommen des Messias. Auch wenn der Raw den Zaddik demütig noch erreichen würde, könnte seine späte Einsicht nichts mehr ändern. Eine, vielleicht die entscheidende, Chance ist vertan worden – aus Dünkel, Aberglauben und Entscheidungsschwäche.

Liest man Salomon Maimons (1753-1800) deftige Beschreibungen der Zustände von Straßen und Brücken in seinen Lebenserinnerungen, so wundern einen die Pannen bei den Reiseversuchen des Sohns und seines unwilligen Vaters nicht. Wer das Mißgeschick nicht als Zeichen und gar Gottesurteil deuten möchte, wie der Raw es aus seiner Opposition gegen den Zaddik tut, muß es keineswegs.

Die hergebrachten »statischen« Ideale des Vaters, Tora- und Talmudexpertise und die entsprechende Abkunft, können das Bedürfnis des Sohnes nach »Geschmack« bei Studium und Gebet nicht verstehen, ebensowenig wie die chassidische, im Zaddik verkörperte Dynamik. Doch nicht nur das: Der Erzähler polemisiert auch gegen den Raw, indem er ihn »negative Zeichen« mit negativen Urteilen des Himmels über die Reise zum Zaddik gleichsetzen läßt – Dummheit und Arroganz zugleich.

Der Sohn müßte sich durchsetzen. Beim dritten Anlauf zur ersehnten Reise zum Zaddik versucht er es wohl, begeht aber einen Fehler. Es hätte schon etwas ganz Besonderes und Auffälliges zu geschehen, damit sie wieder umkehren müßten. Das Auffällige aber kommt höchst gewöhnlich und unauffällig daher. Der fremde Kaufmann in der Herberge läßt ihnen die Initiative und viel Zeit, bis sie so nebenbei das Gespräch auf den Guten Juden, den Zaddik, bringen. Die wie spontan und nebenbei geäußerte Kritik des Reisenden am Zaddik findet beim Raw sogleich offene Ohren. Voller Fürsorge überfährt er seinen Sohn und verläßt sich ganz auf nur ein Kriterium unter vielen: Absichtslosigkeit – der Mann spricht ohne Arg das aus, was er selbst gesehen hat. Wider besseres Wissen vergißt der Raw, daß es für solche Nachrede mindestens zweier Zeugen bedarf – eine neuerliche Spitze des Erzählers gegen den Repräsentanten der etablierten Ideale.

Schuld des Vaters und eigene Schwäche lassen den Sohn hinsterben – die Hemmnisse, die zugunsten der kriterien- und bedingungslosen Entscheidung für den abwesenden Zaddik zu überwinden waren, haben sich als stärker erwiesen. Das einzige Element des ersten Teils, das nicht realistisch ist und erst im zweiten Teil verständlich wird, ist die Bezeichnung des Sohnes als »Kleine Leuchte«.

Kleine Leuchte und Große Leuchte, der Zaddik, gehören zusammen, ihre Konjunktion hätte Messias bringen können. Die Kleine Leuchte muß zur Großen Leuchte kommen, um von ihr das Licht zu empfangen und es vollkommen zu spiegeln. Die Unterschiedlichkeit von Sonne und Mond (die sich im Schöpfungsbericht der Genesis auch am hebräischen Konsonantenbestand zeigt, Gen. 1,14.16, schreibt »Leuchten« defektiv, und Jesaja 30,26 sagt, daß am Ende der Tage des Mondes Licht sein werde wie das der Sonne) ließen eine reiche Symbolik der Leuchten entstehen. Seit langem stehen Sonne und Mond nicht mehr im rechten Verhältnis zueinander. »Mond« steht auch bei Nachman oft für den Schüler, die »Sonne« für den Meister und Lehrer. Der Sohn des Mitnagged muß als schlichter Chassid zum Meister, dem chassidischen Zaddik, kommen, um sein Licht, den *tikkun* seines ihn fortwährend bedrückenden Mangels, zu empfangen und als Kleine Leuchte zusammen mit der Großen Leuchte das Kommen der Erlösung auszulösen, Messias zu rufen. Der Zaddik seinerseits ist, um sein Werk zu wirken, auf die Vollkommenheit der Kleinen Leuchte und ihre Spiegelung seines Lichts angewiesen. Eine verfehlte Begegnung, wie sie in der kabbalistischen und chassidischen Überlieferung nicht selten erzählt wird – doch kein belangloser Zufall, sondern, wie deutlich wird, ein Werk, bei dem das Böse die Hand im Spiel hat.

Der Nachsatz der Geschichte identifiziert den Kaufmann mit »Samael«, der gängigen mythologischen Ausdrucksweise dafür. Einige Züge in der Figur des Kaufmanns suggerieren diese Identifikation, doch nimmt die Geschichte selbst sie nicht ausdrücklich vor. Denn es ist der Raw, der dem Fremden wiederbegegnet, weil er in seiner blinden Herabsetzung des Zaddik die Not des Sohnes mißachtet und damit das Böse in Bewegung gebracht hat und es erst dann als Böses erfaßt, nachdem ihm der Sohn zum Opfer gefallen ist. Vereinfacht gesagt: Hätte er kein »Zeichen« für die Reise gefordert, wäre sie nicht verhindert worden. Ohne »Zeichen« wäre es dem Bösen unmöglich gewesen, den Hebel anzusetzen. Alle Hindernisse, die sich auf dem Weg entgegenstellen mögen, müssen,

auch wenn sie nicht klar als Hindernisse erkannt werden, bekämpft werden, wie es der Sohn versucht, doch letztlich nicht vermag.
Der Zaddik bleibt passiv, im Hintergrund. Auch am Schluß sagt der Text nicht, daß der klagende Raw ihn selbst erreicht hätte, nur, daß er sich zu ihm aufmacht. Die Hindernisse auf dem Weg zum Zaddik, die durchaus in der Ambivalenz des Zaddik selber liegen könnten, sind dynamische – sie kommen dem Menschen auf dem Weg zum Zaddik gewissermaßen entgegen, sind seinetwegen, wenn nicht gar von ihm selbst ausgesandt, um den Menschen zu prüfen und nicht – ihn prüfen zu lassen.
So deutet Rabbi Nachman den Zusammenbruch seiner eigenen aktiven messianischen Hoffnungen auf eine für ihn charakteristische doppelbödige Weise. Für diesmal ist die Vorbereitung des Kommens der Erlösung gescheitert. Ungeachtet der Polemik und der Schuldzuweisungen des Erzählers wird deutlich, daß es keine Kriterien für die Entscheidung gibt. Jeder muß sich selbst für oder gegen den Zaddik entscheiden. Er ist der Stein des Anstoßes. Er kommt einem nicht entgegen – es sei denn in der Weise von Hindernissen, die es zu überwinden gilt.

Vom Klugen und vom Einfältigen

DIESE Erzählung (Anfang 1809) bedient sich eines bewährten Erzählmusters. Ein recht gegensätzliches Paar erhält hier besonderes Profil durch seine hebräischen Namen in der spezifischen Einfärbung, die das Jiddische ihren Benennungen gibt. Der Weise, Kluge ist »chacham«; der Einfältige ist »tam«. Tam bedeutet »lauter«, »schlicht«, »einfältig«, »naiv« – nicht »närrisch«, und der Begriff wird nur eingeschränkt ironisch verwandt. »Chacham« seinerseits bezeichnet im Hebräischen ein hohes und prestigeträchtiges Ideal des Judentums: den ebenso toragelehrten wie toragemäß lebenden Weisen. Im Jiddischen aber treten Ironie und (nicht zynischer) Spott hinzu: man muß es schon dem Kontext und der Intonation entnehmen, ob ein »chóchem« nicht vielleicht alles andere als klug und weise ist oder auch, ob er nicht nur clever und trickreich handelt. Diese Zweideutigkeit – neben fragloser satirischer Eindeutigkeit – prägt Nachmans Charakterisierung seines »Klugen«.

Verglichen mit der Figur des Einfältigen ist die des Klugen mit ungleich mehr Einfühlung und um so vieles komplexer gezeichnet, als der Kluge dem Einfältigen zugleich überlegen und unterlegen ist. Nachman hat den Klugen so detailfreudig und lebensecht herausgearbeitet, daß es verfehlt wäre, aus Nachmanns krasser Abneigung gegen Philosophie und kritische Weltweisheit zu schließen, er dürfe allein mit dem Tam sympathisieren und für den Chacham nur Spott und Hohn zeigen. Im Gegenteil, mag absolute Einfalt ihn auch geradlinig aufsteigen und endlich auch den König selbst sehen lassen – der Einfältige bleibt vom Spott des Erzählers nicht verschont. Er und sein Glück wirken etwas stereotyp und wie ein Ideal. Die Überlegenheit des Klugen hingegen, seine Einsamkeit, seine Selbstbezogenheit, auch der Gleichmut, der ihn um seiner Überzeugung oder Verblendung willen den Abstieg hinnehmen läßt, und die Zähigkeit, mit der er seine verlachte rationalistisch ideologisierte Leugnung des Königs durchhält, sind realistische Spiegelungen auch Nachmanscher Selbst- und Lebenserfahrungen, wenngleich mit umgekehrten Vorzeichen. Vollkommenheit und Unvollkommenheit, die nur vom Graveur der Ringe selbst wahrgenommen werden, verursachen Leiden. Der Einfältige dagegen vergleicht nichts miteinander, ist darum wunschlos glücklich und bleibt stets in der Freude.

Wie die beiden Figuren endlich miteinander versöhnt werden, erfahren wir nicht mehr. Nicht, daß der Tam einfach über den Chacham siegen würde. Bestenfalls wird man den Schluß ein durch ein Wunder erreichtes, eher unfreiwilliges Bekennen dessen nennen, »daß es einen König gibt«. Es könnte fraglich bleiben, ob die vom Baal Schem bewirkte Befreiung aus dem Schmoren des Klugen im eigenen Saft die Existenz des Königs beweisen kann. Die jiddische Fassung fügt denn auch hinzu: ». . . und daß es einen wahren Baal Schem gibt.« Anders als in der elften Erzählung kann hier nicht am Ende erfahren werden, wer der wahre und wer der falsche Königssohn ist. Der Kluge hat aber wohl einen langen Weg vor sich. Immerhin hat er in seiner Qual den Jugendfreund endlich wieder als seinen »Bruder« um Hilfe angerufen. Zuvor, im Haus des Ministers, hatte er es noch vorgezogen, den Teufel als »Bruder« anzusehen (wenn auch vielleicht nur im Scherz).

Klug oder einfältig, sie gehören zusammen, wie entgegengesetzt auch ihre Lebenswege in Aufstieg und Abstieg sich voneinander entfernt haben. Schließlich mußte auch der Einfältige auf eine Reise gehen, um klüger und weiser zu werden. Und obwohl er lauter, fromm und mächtig ist – ja gewürdigt worden war, den König selbst zu sehen –, vermag der Einfältige den Klugen doch nicht allein zu retten. Vor dem Haus des Baal Schem erinnert er sich des Verschwundenen. Demütig bittet er den Baal Schem um die Rettung des Klugen.

Ein Dritter, der Wundermann, verklammert die beiden Figuren, die sonst nicht wieder zueinanderfinden würden. Gegenspieler von Dämonen oder eines Teufels kann nur der Baal Schem sein – der Tam zittert vor dem Teufel, und der Kluge weiß ihn ebensowenig zu erkennen wie an den König zu glauben.

Da die Geschichte sich allmählich als eine vom Kampf zwischen Vertrauen und Skepsis entpuppt, darf man fragen, wer denn mit dem Klugen gemeint sein könnte, wenn der Einfältige ein Chassid ist, der allmählich zur Größe eines Zaddik heranwächst. Der Kluge ist mitnichten ein Mitnagged, ein Gegner des Chassidismus aus den Reihen des traditionell rabbinischen Judentums – er würde nie die Existenz des Königs leugnen –, sondern eher ein Maskil, ein westlich-rationalistisch-aufgeklärt-aufklärerischer Jude, der sein Vatererbe vernachlässigt und es verkommen läßt, wie auch er selbst schließlich tragikomisch verkommen muß. Nachman polemisiert gegen den Rationalismus, doch er tut das in einer Weise, die nicht apologetisch belehrend ist, vielmehr die eigene Komplexität oder, wenn man will, Zerrissenheit durchscheinen läßt und darum um so besser von der ersehnten Einheit erzählen kann.

Vom reichen Bürger und vom Armen

Die unverkennbare Verwandtschaft mit der zweiten Erzählung *Von Kaiser und König* läßt auf hellenistische Wurzeln und orientalische Herkunft auch dieser komplizierten Romanze schließen. Anders aber als bei *Kaiser und König* gibt es keine nah verwandten Varianten oder Parallelen. Der orientalische Einfluß auf Nachmans Erzählen zeigt sich hier nur an zahlreichen einzelnen Motiven und dem Kolorit, das über dem Ganzen liegt. Nachman hat sich 1809 von Vorlagen freigemacht und versteht es nun, souverän und zugleich kompliziert zu erzählen, wenngleich auch hier ohne Rücksicht auf schöne Unwahrscheinlichkeiten verschiedenster Art.

Der Held, der Sohn des reichen Bürgers, muß seine Resignation und Lethargie überwinden; der ehemals Arme muß lernen, daß sein Aufstieg sich allein seiner Frau und vor allem seiner schönen Tochter verdankt. Das Schicksal der Mutter wiederholt sich in dem der Tochter – aber ihrer beider Versprechen haben Bestand, so daß zuguterletzt alle einander erkennen, gemeinsam das langgesuchte Dokument wiederfinden und ihren ursprünglichen Bestimmungen entsprechend wiedervereint werden können. Die Gegensätze von Arm und Reich sind verkehrt und aufgehoben worden, alle sind miteinander versöhnt, und das Paar, das diese Gegensätze vereint, tritt die allein legitime Herrschaft an.

Die Bratzlawer Ausleger suchen jede Figur und jedes Detail der Erzählung in den großen Rahmen ihrer Allegoresen einzupassen. So sehen sie z. B. das siebenfache Wasserversteck als die »sieben Wasserplätze des Volkes Israel beim Exodus aus Ägypten und dem Wüstenzug« an. Der Motivforscher seinerseits fragt danach, ob und wie das siebenfache Verstecken eines Mannes mit einer Frau in verschiedenen Gewässern mit einer volkstümlich-marokkanischen Auffassung zusammenhängen könnte, nach der ein Moslem nach intimem Umgang mit einer Jüdin sich in sieben verschiedenen Gewässern zu reinigen habe. Mit der Bratzlawer Lesart wird zugleich der reiche Bürger als »Mose« bestimmt, die Frau des Armen als »die einfachen Kinder Israels«. Die schöne Tochter des Armen ist die »Herrlichkeit Israels« in ihrer Doppeldeutigkeit als »obere Knesset Israel« und zugleich als »Schechina«. Dementsprechend steht der Sohn des reichen Bürgers für den »Messias«, der im »Exil« auf seine Stunde wartet. Die um die Schöne freienden Könige spielen dabei die Rolle verschiedener messianischer Aspiranten. Sie erschweren, ja machen es unmöglich, den echten Bräutigam von den falschen zu unterscheiden.

Eine andere Bratzlawer Auslegung sieht im reichen Bürger die Patriarchen Israels, insbesondere Abraham, und zwar Abraham als den »Vater der Proselyten«. Die beiden Armen stehen für die »heidnische« Völkerwelt: er für ihre große Materialität (»Lot und seine Töchter«), sie hingegen für die höhere geistige Essenz der Völkerwelt, die sich mit der Israels zu verbinden bestimmt ist. Ihre schöne Tochter heißt folgerichtig

»Ruth«. Ruth stammt von dem Volk der Moabiter ab, ist aber auch die Ahnin Davids und damit des Messias. Ungeachtet ihrer Herkunft steht sie hier für die »Knesset Israel« im höheren Sinne und für die »Schechina«.

Die kühne Rettungstat des reichen Bürgers wird gleichgesetzt mit dem »Abstieg des Wesens« Abrahams in das Reich des Bösen (in Genesis 38 erlistet sich Tamar Nachkommenschaft von dem Jakobssohn Juda). »Abraham« steigt hinab, um das zuvor ins Böse hinabgestiegene »Wesen des Lot« zu retten (Lot verband sich nach Genesis 19 mit seinen Töchtern, woraus auch das Volk der Moabiter erstand). Und so vollzieht sich diese Rettung: Boas, Abkomme der Vereinigung Judas mit Tamar, wird die Moabiterin Ruth aus der Gewalt des Bösen befreien und so endlich die Seele des Messias aufsteigen lassen.

Auch die königlichen Freier sind in diesen kabbalistischen Schriftinterpretationen, wie sie auf Nachmans Text wie auf einen Toratext appliziert sind, nicht einfach »falsche Messiasse«, sondern konkrete große Figuren der jüdischen Geschichte! Gestalten, die je in ihrer Zeit so mächtig und heilvoll wirkten, daß sie das Kommen des Messias verzögern konnten, ja verzögern mußten. Als wanderte die »Seele des Messias« durch die Generationen Israels und verkörperte sich in wachsender Vollkommenheit, bis endlich die »Schechinaseele« das verlorene Dokument für ihn zu finden weiß. In dieser Lesart wird Nachmans Text als ein Code verstanden und dechiffriert, der sich aus Prägemustern einer mystisch gelesenen Bibel zusammensetzt. Nachman trägt ebensowohl zu dieser mystischen Lesung bei, kommentiert die Schrift auf neue, narrative Weise, als daß er auch von den heiligen Schriften her verstanden werden kann und muß.

Auch wenn das Befremden, das hier die vorgestellte Deuteweise beim Leser auslöst, einem gewissen Verständnis gewichen sein wird, so sind doch die Schwächen und die Grenzen solcher Leseweisen um so deutlicher, je enger sie ihr Netz über den Text zu ziehen suchen und alle biblischen »Abläufe« mit ihm in eine Beziehung zwingen müssen. Allein die Bereitschaft der innerbratzlawischen Tradition, verschiedene Auslegungen nebeneinander gelten zu lassen, bewahrt sie vor dogmatischer Erstarrung. Der Leser sollte diese überraschenden kabbalistischen Lesarten zur Kenntnis nehmen, sie nicht zu Ungunsten anderer überbewerten, sich vielmehr seine eigenen Gedanken machen und sich Nachmans Worte ins Gedächtnis rufen, wonach es besser ist, gar keine Andeutungen und Anspielungen zu suchen und aufzudecken, denn »wenn Wort und Sache verborgen sind, läßt sich damit das, was zu wirken notwendig ist, besser tun«.

Also können hier die anonym-universalen Figuren der zehnten Erzählung unschwer auf dem Weg, den die lurianisch-kabbalistische Weltsicht kennt, angetroffen werden. Sie selbst aber stellen sich einer wie komplex auch immer angelegten Identifikation entgegen und können damit »offen« genug bleiben, auf daß sich die Imagination ihrer um so eher bemächtige und sich mit ihnen identifiziere.

Vom Königssohn und dem Sohn der Magd, die vertauscht wurden

Am Schabbat, dem 14. Oktober 1809, brachten die Schüler Nathan und Naftali ihrem Meister die neuesten Nachrichten von Napoleons Eroberungen und gaben ihrer Verwunderung über seine Karriere Ausdruck: als einfacher Knecht geboren und nun der mächtige Kaiser! Rabbi Nachman antwortete ihnen: »Wer weiß, welche Seele er hat? Vielleicht ist er vertauscht worden! Es gibt ja eine Kammer der Vertauschungen, wo zuweilen Seelen vertauscht werden.« Daraufhin erzählte er ihnen die Geschichte von den vertauschten Söhnen. Die heutige Bratzlawer Exegese bemerkt dazu, daß Napoleon am selben Tage mit den besiegten Österreichern den Vertrag von Schönbrunn geschlossen habe – eine Koinzidenz, der es nicht an Bedeutung fehle: »Dieser Vertrag trug Napoleons Einfluß nach Osteuropa hinein, in die Nähe des Bereiches von Rabbi Nachman.«

Nach derlei Andeutungen betritt aber die traditionelle Auslegung wieder festeren Grund, indem sie auf »Tausch und Wandlung« bei zahlreichen biblischen Figuren verweist – etwa auf die Brüderpaare Ismael und Isaak, Esau und Jakob. Ihre spannungsvollen Beziehungen haben die Entfremdung zwischen Israel und der Völkerwelt nach sich gezogen und können ihr Auseinandertreten erklären. In der Dialektik dieser Konfrontation ist oft Wahrheit in Falschheit und umgekehrt Falschheit in Wahrheit gefangen. Demgemäß zieht sich durch die biblische und auch durch alle nachbiblische (biblisch gelesene) Geschichte das Bemühen, der Wahrheit und den »Funken der Heiligkeit, die in die Welt der Unreinheit gefallen sind«, aufzuhelfen. Damit soll der Erzählung ein mystischer Sinn unterlegt werden, was aber leicht dazu führt, die konkrete Erzählung in beliebige Abstraktionen, die auf alle möglichen Texte zutreffen mögen, aufzulösen.

Beim Verzicht auf außertextliche Stützen und Verweise hingegen erkennt man, daß Nachman hier den Prozeß einer Selbst-Erkenntnis, der (Wieder-)Entdeckung, des Wachsens und der Integration einer Identität erzählt. Wohl läßt er beide Figuren, nicht allein die des wahren Königssohns, lernen, sich (wieder) zu erkennen; doch sind beide einander so zugeordnet, daß sie als Einheit gesehen werden wollen – hier nicht wie sonst eine Einheit der Gleichrangigkeit, sondern eine (Einheit der) Über- und Unterordnung.

Die Vertauschung der Neugeborenen schafft extreme Ausgangspositionen, die durch die Vertreibung des wahren Königssohnes völlig festgeschrieben zu sein scheinen. Dann aber werden die Herangewachsenen von Reue über ihr Verhalten gepackt. Ihre Träume bringen sie beide zur Vorstellung eines unabwendbaren knechtigen Daseins. Der eine jagt dem Symbol seiner Sünden nach, der andere dem der abgelegten Herrschaft. Die Begegnung des vertriebenen echten Königssohns mit dem abgedankten falschen König im Waldesdickicht hat nicht zur Folge, daß die wahren Identitäten erkannt werden und konsequent zum Rollentausch führen. Der wahre Königssohn erfährt zwar die Identität des anderen, doch damit nicht zugleich auch die eigene. Das Königtum wird ihm nicht einfach zufallen; er wird die Fähigkeiten eines Herrschers erst erwerben müssen, allerdings die eines besonderen Herrschers. Sein Helfer, der Waldmensch, eine Art Verbindung von Mensch und Natur, läßt ihm das Brot zukommen, mit dem er sich den »Knecht« untertan machen kann; auch ein Instrument, das er trotz seiner Macht über die Natur eintauscht, um das rationale Schlußfolgern zu erlernen. Diese Fähigkeit wird ihn die beiden Prüfungen bestehen lassen, die dem Land den ursprünglichen Namen zurückgeben und durch eine Veränderung des Vorfindlichen alles in den harmonischen Gleichklang von »Kunst« und »Natur« versetzen. Er vermag die Rolle der königlichen Figur am Garten zu erkennen: König des Friedens (*schalom*) – eine Anspielung auf Salomo und die Restaurierung eines Goldenen Zeitalters. Danach wirkt die Zurechtrückung des im Thronareal Verstellten wie etwas Leichtes. Vertauschung und Verrückung sind aber nicht nur rückgängig gemacht, sondern der wahre Königssohn hat sie »außen« (Garten) wie »innen« (Thron) bewußt zu überwinden gelernt. Alles hebt an, die nun vertraute, zuvor künstlich erzeugte Melodie zu spielen. Der wahre Königssohn hat das ihm ursprünglich zugedachte Selbst gefunden oder vielmehr erworben. Damit endlich kann er die eigene Identität erkennen, anerkennen und annehmen. Die eigene und damit auch die Identität des anderen können widerspruchslos ausgesprochen werden. Dank diesem anderen, dem wahren Sohn der Magd, und mit diesem anderen, ist er nur der geworden, der er ist.

Die in dieser Erzählung gestellten Aufgaben sind mit dem Verstand zu lösen, und der Weg zur Selbsterkenntnis scheint unbeschwert von überindividuellen Verantwortungen und universeller »heilsgeschichtlicher« Implikation. »Jeder ist sich selbst Messias« auf dem Weg zur Erkenntnis, Annahme und Integration des eigenen Selbst – so möchte man hier eine Formulierung der chassidischen Haltung zum überkommenen messianischen Ideenerbe aufnehmen. Die endgültige Bestätigung der Wahrheit dieser Erkenntnis des Selbst ist jedoch erst dann erfahrbar, wenn die geringe Zurechtrückung der Welt sich als die rechte erweist und die Welt von der Nacht bis zum Thron zu klingen anhebt. Harmonie und Identität von Ich, Welt und Thron werden untrennbar zusammengehören.

Ernst Bloch und Walter Benjamin zitierten ein »von der kommenden Welt« handelndes tiefes Diktum eines »wahrhaft kabbalistischen Rabbi«, das aber Gershom Scholem als Autor für sich in Anspruch nahm: »Alles wird sein wie hier – nur ein ganz klein wenig anders.« Es scheint, als hätten Benjamin und Bloch mit ihrer Zuschreibung so unrecht nicht gehabt – Rabbi Nachman war es, der den Tausch und die Veränderung auf das nur ein klein wenig andere hin zu erzählen wußte.

Vom Mann des Gebets

Die Anfang 1810 vorgetragene, umfangreichste Erzählung Nachmans hat nichts Geringeres als seine Phänomenologie menschlicher Suche nach dem Sinn und Ziel des Lebens zum Inhalt. Der Sturm des Chaos hat dieses Suchen ausgelöst und viele Verirrungen verursacht. Alle Menschen scheinen in die Irre zu gehen; auch eine königliche Familie ist auseinandergerissen und zerstreut worden. Doch alle diese Irrungen und Wirrungen werden durch den »Baal Tefilla«, das ist der »Mann« oder »Meister« des Gebets, der Vorbeter, und seine Gefährten wieder rückgängig gemacht und gelöst.

Vor dieser kabbalistisch dramatisierten Weltgeschichte steht eine Einleitung, in der Nachman die Idealvorstellung vom Zaddik entworfen hat: Ein großer »Vorbeter« und wahrer Seelenkenner weiß, wie allmählich, hier und dort, meist einfache Leute für ein wahrhaft gemeinschaftliches Leben neuer Art zu gewinnen sind. In einer idealen Abgeschiedenheit richten sie sich ein, jeder nach seinen Bedürfnissen, ganz auf Gott gerichtet.

Nicht für lange allerdings, denn die Nachricht vom Land der geldbesessenen Reichen versetzt den Meister in große Sorge. Das spornt einige seiner Leute an, sich an der Rettung der Reichen zu versuchen. Sie scheitern, und es scheitert auch der Mann des Gebets. Er gibt nicht auf, doch er wird die Aufgabe nicht allein meistern können. Die Anbetung des Geldes wurzelt so tief, daß sie bis in die Uranfänge hinabreichen könnte.

Mit den Reichen steht der wahren Gemeinschaft eine bourgeoise Gesellschaft gegenüber, für die allein das Geld Maßstab und gemeinsamer Nenner ist. Die Reichen versichern sich aber schließlich des Rats und der Hilfe des Mannes des Gebets, denn er erzählt ihnen eine Geschichte, die ihre Wirkung tut, auch wenn sie unverstanden bleibt. Ihre Furcht vor einem Welteroberer, dem Helden, der kein Interesse am Reichtum hat, spielt dem Mann des Gebets in die Hand.

Der Mann des Gebets erzählt die Geschichte von der königlichen Familie, bevor das Chaos ausbrach und wie das Chaos sie betroffen hat. Dabei erweist er sich als Mitglied dieser Familie, der wohl auch der Held angehören könnte. Die Geschichte hingegen, die der Streiter im Heer der

Helden erzählt, liefert einen zweiten, umfangreicheren Bericht, der in menschheitsgeschichtlicher Perspektive erst nach dem Chaos einsetzt.

In neun Episoden stellt diese Geschichte neun sehr parteiische Anschauungen vor, die je ein einzelnes Lebensziel, nachdem es einmal gefunden ist, verabsolutieren. Die Geldanbeter finden sich allerdings nicht unter diesen »Parteien«, wie ja auch der Mann des Gebets den Reichen nichts vom königlichen Schatzmeister erzählt hatte. Damit stehen neun königliche Figuren und dazu eine zehnte, ebensovielen Parteien, nämlich neun und einer, gegenüber. Sie gehören zusammen. Nachdem der Erzähler die einander ausschließenden Lebensziele karikiert und ihre Repräsentanten mit Spott und Hohn übergossen hat, schafft die Begegnung der Parteien mit den passiven königlichen Gestalten ansatzweise eine Zurechtrückung der verzerrten Teilziele. An den Gründen für die Einsetzung dieser »neuen« Könige zeigt sich, wie unzulänglich sie sind. Allein die Partei der wandernden Beter, die, ohne ein eigenes Land zu besitzen, unterwegs sind, und auf die der Baal Tefilla auf seinem Wege trifft, hatte das einzig wahre und höchste Ziel gefunden (oder auch bewahrt). Wohl sind sie alle Zaddikim, doch auch sie können von ihrem neuen König zu noch größerer Vollkommenheit und Gottesnähe geführt werden.

Der Weg des Tikkun hat mit der Begegnung vom Mann des Gebets mit dem Helden begonnen. Sie beide wissen die übrigen königlichen Verstreuten zu finden, denn sie sind unterwegs. Der Weg aber, der zur Heilung von der Geldvergötterung führt, kann nur gemeinsam mit dem König selbst beschritten werden. Er führt an einen besonderen Ort, auf den Berg, von dem auch das Schwert des Helden stammt und an dem Geld nicht zählt. Dank der auf jenem Berg gekochten Speisen kann die Widerlichkeit von Silber und Gold ruchbar werden (pecunia olet). Ihr Duft macht das Geld zum stinkenden Kot. Endlich erkennen die Armen, daß der Besitz noch des letzten Groschens schmachvoller ist als ihre würdelose Armut.

Nachdem die Reichen von der Macht des Geldes befreit sind und der Baal Tefilla alle Parteien und auch die Reichen in allen ihren Sinnen mit Buß- und Umkehrübungen von ihren Verirrungen geläutert hat, kann der König mitsamt seiner wiedervereinigten »heiligen Gemeinschaft«

nach Kräften über eine sinnvolle, d. h. auf Gottesweisheit, Buße und Umkehr, auf Gebet und rechtes Handeln gerichtete Welt herrschen.
Ist die kleine Gemeinschaft des Anfangs vom Erzähler vergessen worden oder ist sie in dem Zug der vom Mann des Gebets unterwegs gefundenen Beterschar aufgegangen? Der Mann des Gebets wirkt auf zwei verschiedenen Ebenen, die einander durchdringen und allmählich miteinander verschmelzen. Einerseits entstammt er seiner Zeit, in der er als Zaddik eines kleinen Kreises von Jüngern nach der Art des Bescht oder Nachmans wirkt. Andererseits aber ist er das hohe Mitglied des Königshofs und trägt die Züge der Heiligkeit und Macht einer höheren Welt, von der alles gelenkt und geordnet wird, zwar verborgen noch und unvollkommen, bis endlich die Folgen des Chaossturms beseitigt sind.
Wenngleich auch andere, etwa der Held, an diesem Leben auf zwei Ebenen teilhaben, so tut es doch der Mann des Gebets auf ganz besondere Weise. Er schafft sich zu Beginn eine auf das wahre Ziel gerichtete Gemeinschaft, aus der heraus er sich unbeirrt um die Reichen müht; er ist es schließlich, der alles Volk einschließlich der erlösten Reichen läutert, um sie auf den rechten Weg zu bringen.
Greifbare chassidische Ideale verschmelzen unmerklich mit der Welt der kabbalistischen Mythologeme auf dem langen Weg des Tikkun aller Ziel- und Sinnsuche. Dementsprechend läßt sich Nachmans Mann des Gebets zugleich kabbalistisch vor dem Baum der Sefirot wie auch zeitgeschichtlich-konkret lesen: die Relationen der königlichen Familie und ihrer Untertanen als Aspekte und Kräfte der Sefirot; der Sturm als auf Revolution und Haskala, die Verirrungen falscher Zaddikim und auf die notwendige Suche nach anderen, neuen Wegen weisend.
Am Ende der Erzählung wird angemerkt, daß Rabbi Nachman zu ihrem besseren Verständnis auf zahlreiche Verse der Kapitel 30 und 31 des biblischen Jesajabuchs sowie auf Jesaja 2, 19-21 hingewiesen habe. Und wirklich, wie in einigen anderen Texten Nachmans werfen auch hier die bezeichneten Verse Licht auf die ihre Motive verarbeitende Phantasie des Erzählers. Auch wenn bisher noch nicht bedacht worden ist, in welchem Verhältnis solche biblischen Verweise zu den Erzählungen stehen, scheint es doch überzeugend, in diesen Zitaten Nachmans eigene Hinweise und nicht Funde seiner ersten Leser zu sehen – zu eigenartig ist die Art und Weise, wie jene ja nicht leicht verständlichen Äußerungen Jesa-

jas in der Erzählung verarbeitet sind. Doch auch, wenn die Schriftverweise redaktioneller Herkunft sein sollten, lenkt ihre endzeitlich gestimmte Erlösungshoffnung den Leser nicht in eine andere Richtung als sie die Erzählung selbst anstrebt: Tora, Umkehr, rechtes Handeln.

»Kehrt um, ihr Kinder Israel,
zu dem, von dem ihr euch so weit entfernt habt!
Denn an jenem Tag wird ein jeder seine silbernen und goldenen Götzen verwerfen ...
Spruch des Herrn,
der in Zion einen Feuerherd hat,
in Jerusalem einen glühenden Ofen.«
(Jesaja 31, 6f., 9)

Von den sieben Bettlern

NACHMAN brachte seine letzte Erzählung, die ebenso wie die erste in besonderer Weise unvollendet ist, im April 1810 in Fortsetzungen zu Gehör. Von ihr soll er gesagt haben: »Und wenn ich nur diese eine Geschichte erzählt hätte – ich wäre immer noch ein großer Mann.« Hier sind alle seine Quellen zusammengeflossen, haben sich alle Echos zu einer ganz ihm eigenen Stimme vereinigt. Bibel, rabbinische Aggada, die kabbalistische Literatur um den Sohar, Reminiszenzen der ihm vertrauten Folklore der Ukraine und des Vorderen Orients und »Anleihen« aus eigenen Erzählungen (z. B. der sechsten und zwölften) dienen als Material. Nachman macht es seinen Hörern und Lesern jedoch nicht leicht – die Erzählung wirkt zunächst unübersichtlich, ja verworren; sie ist zweifellos recht komplex.

Die beiden einleitenden Rahmenerzählungen werden nicht wieder aufgenommen und ihr Zusammenhang mit dem Hauptstück, der Hochzeitsfeier und ihren sechs Bettlergeschichten, muß vom Leser selbst hergestellt werden. Das Nichterscheinen des siebten Bettlers, seiner Geschichte und seines Geschenks, läßt die Erzählung abrupt enden, zumal schon der sechste Bettler seine Kraft nicht wirklich für die zu rettende vergiftete Königstochter einzusetzen scheint. Dennoch weiß der Leser, wie die Geschichte weitergehen und vollendet werden müßte.

Zur anfänglichen Desorientierung trägt die Verschachtelung der einzelnen Erzählungen bei – wenn sich eine Erzählung in der Erzählung findet: der erste Bettler erzählt und läßt den Adler zu Wort kommen, der seinerseits den kleinen Erzählwettstreit der Leute im Turm erklärt.
In der Einleitung überträgt ein König seinem Sohn die Herrschaft und gibt ihm ein Vermächtnis oder auch eine Warnung mit: immer in der Freude bleiben. So durchzieht die Freude, wie sie verlorengeht und wie sie wiedergewonnen wird, die ganze Geschichte. Nach einer anderen Version des Vorspruchs sagte Nachman: »Ich will euch erzählen, wie man aus der tiefen Schwermut zur Freude kommt . . .« Diese Freude weiß die Schwermut in sich aufzunehmen und so zu überwinden. Sie zu gewinnen ist das Ziel der Erzählung von den sieben Bettlern.
Der Königssohn soll auch dann noch, wenn er dereinst die Herrschaft abtreten muß, in der Freude bleiben. Doch vergeht ihm die Freude bereits während seiner Regierungszeit, da das Land die wahre Weisheit verliert. Für Geld und Prestige florieren zwar »chochmes« (jidd. sowohl »Weisheiten« als »Sophisterei«, »Dreh«); doch man vernachlässigt ihren Nutzen für die Verteidigung des Landes (so Bratzlawer Ausleger über das verlernte Kriegführen). Der junge König wird den Teufelskreis nicht selbst durchbrechen können. Wir erfahren nicht, ob und wie er die Freude wiedererlangt. Die unmittelbar darauffolgende Geschichte von einer alle erfassenden Flucht und den verlorenen Kindern im Wald läßt nach ihrer Verbindung mit den Königen der Einleitung fragen. Betrifft die Flucht eben dieses Königreich, und entstammen die Kinder diesem Reich? Lösen der Verlust der Freude und die Folgen der »chochmes« die Flucht aus? Und ist es später vielleicht der Geburtstag jenes Königs, an dessen Ende die sechs (sieben) Tage der Hochzeitsfeier der Bettelkinder beginnen? Vielleicht auch gehören das Leben der vergifteten Königstochter (Erzählung des sechsten Bettlers) und das von Schwermut vergällte Leben des jungen Königs der Einleitung zusammen. Wie stehen er und der König, der die ihm entflohene Königstochter verfolgt, zueinander? Sie alle bedürfen der Heilung – doch wird weder die ihre noch die seine erzählt.
In Märchen von »drei«, »sechs« oder »sieben« »Brüdern« oder »Gesellen«, die »durch die Welt kommen« und an die man sich hier erinnert fühlen könnte, müssen sich schon alle Gesellen zusammentun, um eine Königs-

tochter zu freien oder zu befreien. So bedarf es vielleicht auch hier aller Kräfte, vereinigt auf das junge Paar, um jene Königstochter und jenen König zu heilen. Ohnehin kann ihre Heilung nicht erzählt werden, bevor nicht der siebte Bettler seine letzte Vollkommenheit übergeben haben wird. Wenn alle vollkommenen Fähigkeiten des Menschen, vom Kopf hinab bis zu den Füßen, übertragen sein werden, wird die Freude siebenfach, d. h. vollkommen, sein – da das Paar der einsam klagenden Vögel zueinander gefunden hätte, die Königstochter und der junge König geheilt wären, der König des Anfangs sich wirklich und wahrhaftig, in vollendeter Freude, wie das junge Paar freuen würde.

So ließen sich Linien ausziehen und »Leerstellen« auffüllen, könnte Kontinuität innerhalb des Ganzen hergestellt werden. Wer mag, kann aber andererseits auf Brüche, Sprünge, Unausgeglichenheiten zwischen den Teilen, auf mangelnde Passung und auf die fehlenden Schlüsse verweisen. Erinnert man sich aber der auch von Rahmenerzählungen mehr oder minder künstlich zusammengehaltenen *1001 Nacht*, der *Canterbury Tales* und des *Decamerone* etwa, wird diese letztgenannte Kritik erheblich geschwächt: Rahmenerzählungen sind oft nur ein Vorwand, der die Zusammenführung heterogener Geschichten zu einem neuen Ganzen möglich macht. Das Ende der Sammlung kann offengelassen werden (vgl. etwa die *Canterbury Tales* und die allmähliche künstliche Auffüllung von *1001 Nacht* auf exakt so viele Nächte). Rahmen wollen zum Ende gar nicht wiederaufgenommen werden, sie haben einleitend ihrer zusammenbindenden Pflicht Genüge getan. Daß sie nicht wiederaufgegriffen werden, erlaubt es anzufügen und macht es möglich weiterzuerzählen.

Hier treten die Bettler bereits in der zweiten Rahmenerzählung auf, um dann wieder bei der großen Hochzeit zu erscheinen. Darum, und wegen ihrer festliegenden Siebenzahl, kann Nachman nicht beliebig fortfahren. Er muß sich vor dem »siebten Tag« entscheiden, *ob* überhaupt und *wie* er seine Erzählung zu ihrem Ende bringt. Nachdem Nachman bis hierher recht frei erzählen und Bettlergeschichten aneinanderreihen konnte, liegt jetzt der Wunsch, zu Ende zu erzählen, im Widerstreit mit dem Zwang zu entscheiden, wie denn vollendet werden soll und kann. Nach dem großen Aufbau hätte Nachman mehr denn je, und dazu im Angesicht des nahen Todes, erzählen müssen von der aus der tiefsten

Tiefe entspringenden vollkommensten Erlösung, hätte einen über sich selbst hinausreichenden und hinausweisenden Schluß finden und aussprechen müssen, hätte die Erlösung anbrechen lassen müssen und sei es, daß er sie durch das Wort im Wort vorwegnahm. Zu dieser alles zwingenden letzten Aufgipfelung der Kräfte war er nicht (mehr) fähig. Von der aus der tiefsten Schwermut heraus gewonnenen Freude kann wohl erzählt werden, wie sie »einmal« da war, sie kann aber in der Erzählung davon nicht umschlagen und verwandelt werden in die eigene dauernde Freude des endlichen *tikkun*. Der siebte Bettler ist noch nicht erschienen – darum dauert ein anderes stetiger an als die von einem zum anderen Tag erneuerungsbedürftige Freude: die Erwartung seines Kommens. Die Gewißheit einer dauerhaften Erwartung wird auch zu den Gründen zählen, die Nachman veranlaßt haben, seine Geschichte nicht zu ihrem Ende zu bringen. Doch es bleibt ein Unterschied zu der ersten Geschichte: 1806 hieß es noch: »Und endlich hat er sie befreit« . . . Hier fehlt nicht nur das »wie«, sondern auch das »daß«.
Die Bettlerhochzeit in der mit Balken, Erde und Kot überdeckten Grube (Buber: »mit grünen Reisern und Feldblumen ausgeziert«) konstrastiert mit dem festlichen Bankett der Einleitung. Sie spricht den Leser unmittelbar an, mag sie sich auch kabbalistischer Symbolik verdanken. Die Grube mag ein Symbol der Schechina sein, die Mangel leidet, da sie vom Influx der göttlichen Fülle (dem Pleroma) abgeschnitten ist. Die Grube, die aber doch an ein großes Grab denken läßt – in tiefster Not bestürmte man ja die Himmel, indem man ein armes junges Paar auf dem Friedhof verheiratete! –, wird nun bei Nachman zum Ort der Freude par excellence. Aus der Tiefe wird die höchste, alles heilende Freude aufsteigen.
Wenn in den Märchen jene Genossen, »die durch die Welt kommen«, von vornherein ungewöhnliche Fähigkeiten besitzen und Namen tragen, die diese charakterisieren, so sind diese hier gerade die unansehnlichsten Mitglieder der Gesellschaft, behaftet mit ihren vermeintlichen Mängeln und nach ihnen benannt. Nur den in der Hochzeitsgrube Versammelten offenbaren sie sich als die Meister der Meister, als Vollkommene. Es sind, wenn man will, Zaddikim, die mit anderen Meistern und, wie es scheint, auch anderen Zaddikim, im Wettstreit stehen. Ihre Vollkommenheit, die vollkommener ist als die aller anderen und die ge-

gen die Illusion und (Selbst-)Täuschung der Welt steht, liegt in den »Grenzüberschreitungen«, zu denen sie befähigt sind. Ihre Wettstreitgeschichten beweisen die Mangelhaftigkeit der Welt: Vollkommenheit wird erst in der Grenzüberschreitung sichtbar.

Der *erste*, blinde Bettler ist ebenso alt wie jung – also der älteste und der jüngste zugleich. Er erinnert sich nicht nur an alles, woran sich auch die anderen Erzähler erinnern, sondern gedenkt auch des Nichts, das vor allem Leben war. Darum braucht er die Welt nicht in Augenschein zu nehmen. Er schenkt dem Paar ein diese Welt und ihre Zeit überschreitendes, d. i. ewiges Leben.

Die vom Adler gegebenen Erklärungen gehören zu den wenigen Passagen in Nachmans erzählerischem Werk, in denen kabbalistisch durchtränkte Allegorisierung nicht vermieden ist: Die Schiffe als die Leiber der Menschen, so daß auf dem Turm verwahrte »tote Seelen« reden, die schließlich ins (ewige?) Leben zurückkehren sollen.

Der *zweite*, taube Bettler schenkt das wahrhaft gute Leben. Sein Wasser und sein Brot enthalten alles nur erdenkliche Gute, jenseits allen Mangels und noch den Reichtum des reichsten Landes übertreffend. Ähnlichkeiten mit der zwölften und sechsten Erzählung (der »Witz einer Sache« als ihr Erkenntnisgrund; das Beugen des Rechts und das Prozessieren) sind leicht auszumachen. Traditionell wird der Garten in seiner Vielfalt auf die Seelen hin ausgelegt, der Gärtner wäre damit der wahre Zaddik, den die abgestumpften Sinne nur nicht mehr wahrzunehmen wissen. Das überfeine Wahrnehmungsvermögen des »Tauben«, das er seinem guten Leben verdankt, vermag die Abstumpfung rückgängig zu machen.

Der *dritte*, der Stammler, ist der vortrefflichste Dichter und Weise. Seine Weisheit entspricht jedem der Tage des Schöpfungswerkes, das heißt, er verfügt über alles Wissen, das den einzelnen Schöpfungstagen jeweils zugeordnet werden kann. Nur seine Frage: »Weise wie welcher Tag?« läßt ihn noch klüger sein, als der vor ihm auftretende Weise es war.

Die schöne Erzählung von Quell und Herz (die eine reiche Wirkungsgeschichte in der hebräischen und jiddischen Literatur erzeugt hat; siehe z. B. Anskis *Dibbuk*, 1920) ist ebensowohl aus sich selbst verständlich wie sie kabbalistisch inspirierte Auslegungen angeregt hat. Die Sehnsucht Israels nach der Schechina und das Bangen der Schechina nach der

»Knesset Israel« ist ein der soharischen Literatur vertrautes Thema. Die Schechina, bzw. ihre Sefira Malkut ist im Exil und sehnt sich nach der Quelle (Chochma oder auch Bina). Der Quell verströmt sich, das Herz empfängt davon und gibt an die »unteren Welten« weiter. Das Herz der Welt kann ohne den Quell nicht leben. Der Quell aber, ohne Zeit in der Zeit lebend, bedarf des Herzens, das ihm Zeit schenkt, vermittelt durch den Stammler und den »Menschen der wahren Güte und Liebe«. Die Zeit entsteht aus Liebeserweisen und allen guten Werken. Zum Ende eines jeden Tages wird der Ertrag des Tages daran eingebracht, und jeder Tag hat seine eigenen Gleichnisse und Lieder. Diese Lieder sind, so scheint es, mit den guten Taten verwandt, fast identisch. Auch liegt in ihnen alles Wissen und alle Weisheit.

Es war ein Rabbi Nachman immer wieder bewegender Gedanke, daß man nie alt werden dürfe, sich stets erneuern müsse. Er findet auch hier Ausdruck in der steten Erneuerung der Schöpfung durch das für den Quell zu Zeit verwandelte Tun. Für Aristoteles gibt es Zeit nur, wenn eine Seele sie zählt; für Nachman gewinnt sie sich aus dem guten Handeln, das dem Quell geschenkt wird, um ihn vor dem Verlassen der Welt und damit die Welt vor ihrem Untergang zu bewahren. Die Sehnsucht von Herz und Quell zueinander ist unendlich, sie können nie zueinander kommen. So singen sie einander Lieder, in denen alle Wissenschaft und Weisheit liegt – die Lieder des »Stammlers«? –, ihr täglich erneuertes Leben ist das Leben im status quo.

Der *vierte*, krummhalsige Bettler ist der Meister aller Laute und Stimmen der Welt. Nicht Dichter und Sänger, sondern Stimmenimitator, der seine Stimme selbständig werden lassen kann und sie über so große Entfernungen »werfen« kann, daß es möglich wird, die voneinander getrennten klagenden Vögel wieder zu vereinen und damit auch zwei weit voneinander entfernte Länder von ihrem nächtlichen Klagezwang zu befreien. Diese beiden Vögel mögen kabbalistisch an die beiden Cheruben erinnern, die über der Heiligen Lade thronten, während das Heiligtum bestand. Nach seiner Zerstörung teilen sie das Exil der Schechina. Um Mitternacht erhob und erhebt sich auch heute noch, unter dem Einfluß der Kabbala, der *tikkun chatzot*, die Mitternachtsklage frommer Beter. Die losgelöste Stimme kann den Raum der Trennung überwinden und sie beenden; doch es wird nicht erzählt, daß sie es auch getan hätte – die erste der möglichen, aber noch nicht verwirklichten Erlösungstaten dieser Erzählung. So fällt das Genrebild der praktischen Vorführung der Fähigkeiten des Krummhalsigen anschaulich aus, bleibt aber unbefriedigend.

Im *fünften*, buckligen Bettler verkörpert sich das »Wenige, das das Viele faßt«. In den Beispielen, die er zum besten gibt, findet sich einmal auch die Ironie und der Sarkasmus, deren der Erzähler fähig ist; unmittelbar daneben stehen gefällige Konkretisierungen eines Konzepts, das sowohl im *Midrasch* als in der arabischen Volksliteratur anzutreffen ist. Die Grenzüberschreitung, der Weg auf »0« zu, richtet sich auf den Baum des Lebens (vgl. Daniel 4). Um allen Tieren und Vögeln Raum zu bieten, wächst dieser Baum um ein weniges jenseits der Grenze von Raum und Nicht-Raum. Man kann sich ihm überhaupt nur dank dreier Tugenden nähern. Schön ist die Schilderung der Geduld der »beati possidentes« mit denen, die diese Qualitäten noch nicht erlangt haben – das alte jüdische Ideal der gegenseitigen Bürgschaft in der Gemeinsamkeit des Volkes und der Anteil aller am Weg zur Tora und zu Gott. Endlich trägt der Bucklige die Menschen über die Grenze zum Baum hinüber, dank seinem Wenigen, das das Viele faßt. Die verkrümmten, buckligen Schultern des fünften Bettlers sind das vollkommene Wenige, das das Viele faßt, denn sie vermögen alle über die Grenze von Raum und Nicht-Raum hinauszutragen.

Der *sechste* Bettler, der ohne Hände, will seine vermeintlich fehlenden Hände zur Rettung der von zehn Giftpfeilen versehrten und ohnmächtigen Königstochter nutzen. Ihr unglückliches Verhältnis zu ihrem traumgeplagten gewalttätigen Mann ist eine gut getroffene »self-fulfilling prophecy«, wenn nicht mehr. Vielleicht darf man diesen König auch nicht nur als bösen König lesen.

Die Betonung liegt hier aber ganz auf den Vorbereitungen, die zu treffen sind, um die hohen Schwierigkeiten, die sich in der Zehnzahl ausdrücken, zu meistern. Hier geht es um einen Wettstreit zwischen Zaddikim, die alle etwas Besonderes – im Sinn alter jüdischer Überlieferungen von jeweils »Zehn Dingen« – zu tun vermögen. So können sie »durch Umkehr und Buße« ein Fehlverhalten gänzlich rückgängig machen – also sogar die Pfeile, die schon getroffen haben, wieder zurückholen.

Die »Zehn Dinge« werden über das Spektrum ihrer rabbinischen und kabbalistischen Applikationen gespielt, mit dem Ergebnis, daß sich der sechste Bettler als der erweist, der das je »eine Zehntel« aller Wettstreitenden durch seine »neun Zehntel« ergänzt und zur Vollkommenheit bringt. Die Anspielungen auf den biblischen Exodus aus Ägypten und die Rettung des ausziehenden Israels vor dem Verfolger Pharao sind unüberhörbar. Hier kommt es allerdings nicht zur wunderbaren Durchquerung des »Wasserschlosses« – die Prinzessin bleibt in ihrer Ohnmacht, liegt erstarrt inmitten der ragenden Wassermauern – ein höchst unvollkommener Exodus. Eine Momentaufnahme ist zum stehenden Bild geworden und trifft die Situation des unveränderlich erscheinenden Exils. In der Flucht der vergifteten Königstochter hat sich auf andere Weise die Massenflucht der die beiden Kinder einführenden (zweiten) Einleitung wiederholt. Die Lähmung der Königstochter zu heilen und sie aus dem unzugänglichen Schloß in Sicherheit zu bringen – das ist die allerschwierigste Aufgabe, und nur einer kann sie lösen. So ist es wohl möglich, sie zu heilen, aber diese Heilung wird nicht erzählt. Ganz im Gegenteil, erst nach der Darlegung der verschiedenen Vorbereitungen und der Heilungsmöglichkeit erfährt der Leser von der Geschichte der Königstochter. Und sogleich danach bricht die ganze Erzählung abrupt ab, bleibt ohne Schluß. Der siebente Hochzeitsfeiertag steht aus, denn sein Bettler ist nicht gekommen und hat sein Geschenk noch nicht überreicht. Nachmans große Erzählungen begannen mit der Befreiung der Königstochter und enden auch damit – die eine und selbe Königstochter, die eine und selbe Befreiung. »Doch wie er sie befreit hat, das hat er nicht erzählt . . .«

Jener *siebte* Bettler müßte gewiß der vollkommene Tänzer sein. Seine Füße wären die Boten der nun vollendet-vollkommenen Freude der Befreiung; er würde über die Hügel, die Berge und die Wasser eilen, um seine Behendigkeit dem jungen Paar zu schenken. Das Abbild des vollkommenen »oberen Adam«, des »Adam eljon«, wäre damit von Kopf bis Fuß in Braut und Bräutigam vollendet. Ihnen müßte alles das gelingen, was zu vereinen und zu versöhnen, zu befreien und zu heilen ist.

Der siebte Bettler, der ohne Füße, der vollendete Tänzer wird erwartet – die verirrten Kinder haben ihn ja getroffen und auch von seinem Brot gegessen. Sie wissen, wen sie erwarten.

Vor über vierzig Jahren hat der jiddische Dichter Itzik Manger (gest. 1969) ein kleines Gedicht »an den siebten Bettler« gerichtet:

Sibeter betler, far'endik di majsse!
Mir senen di lezte herer.
Asoj fil jidn hobn sikh nisht derwart,
zu wos-zshe wartstu merer?
Sibeter betler, du drimlst, du shwajgst,
un di wolkns wern shwerer –
mir wartn, derzejl. Tomer wert zu shpet,
wer weln sajn die herer?

Siebter Bettler, vollend die Geschichte! / Wir sind die letzten Hörer. / So viele Juden haben es nicht erlebt. / Was also wartest du? / Siebter Bettler, du schläfst, du schweigst / Die Wolken werden schwerer – / Wir warten, erzähl. / Vielleicht wird es zu spät, / Wer sind dann die Hörer?

Nachwort

Im Gespräch mit einem Bratzlawer Chassid kam die Rede auf die Übersetzung der Erzählungen Nachmans ins Deutsche, und die Augen des jungen Mannes leuchteten auf: »Rabbi Nachman hat es gesagt: Bevor Messias kommt, wird mein Name in aller Welt verbreitet werden.« Demnach dürfte das Kommen des Messias nicht mehr lange auf sich warten lassen – ist doch Rabbi Nachman im letzten Jahrzehnt »entdeckt« und sein erzählerisches Werk geradezu stürmisch verbreitet worden, so daß es sich in einigen Ländern großer Popularität erfreut, vor allem bei seinen jüdischen Lesern. Dieser späte Erfolg kommt nach einer schon langen und ungewöhnlichen Rezeptions- und Wirkungsgeschichte. Nicht, daß Nachman einfach vergessen worden wäre oder auch nur ein Schattendasein gefristet hätte. Stets war sein Name von einer Aura umgeben, die mißtrauische Distanz ebensowohl wie Verehrung umschloß, eine Aura aber, die ein Gefühl besonderer Eingeweihtheit manifestierte, mit der sich leicht die unterschiedlichsten Subjektivitäten auf Nachman als *porte-manteau*-Figur übertragen ließen. Ein Grund dafür ist vielleicht der, daß Rabbi Nachman eine »Doppelbegabung« war und verwirrend viele Rollen zu spielen vermochte. Zum einen ist er der sich von anderen bedeutenden Zaddikim auffallend und anstößig abhebende Zaddik mit messianischen Aspirationen, zum anderen ein anspruchsvoller Erzähler auf bislang unbegangenen Wegen – und ein Dichter auf der Schwelle zur jiddischen und hebräischen Literatur der Moderne, einer ihrer Klassiker. Zaddik und Rebbe wurde er nur für eine relativ kleine Anhängerschaft und blieb bis heute ein Außenseiter, wenn auch ein religiös genialischer. Als Dichter reichte seine Ausstrahlung weiter, doch war sie bis vor kurzem vielfachen Brechungen und Verzerrungen unterworfen.
Schon zu Lebzeiten Nachmans erwuchs dem Chassidismus ein mächtigerer Gegner als die orthodoxen »Mitnagdim« es je sein konnten: die Aufklärung und besonders ihre spezifisch innerjüdische Spielart, die Haskala, die den Chassidismus, seine naive Gläubigkeit, seine Wundergeschichten und seine alltägliche Praxis als fortschrittsfeindlich, dunkelmännisch und abergläubisch bekämpfte.

Um Nachmans Einfluß zu bekämpfen, verfaßte J. Perl, ein Satiriker der Haskala, einen »Schluß« für Nachmans erste Erzählung *Vom Verlust der Königstochter* und eine diese Geschichte ergänzende, täuschend »echte« eigene Geschichte mit dem Titel *Vom Verlust des Königssohns*. Sie parodiert, zweisprachig natürlich, Nachman in endlosen Abenteuern und rückt erst an ihrem Ende mit ihrer eigentlichen aufklärerischen Absicht heraus, nachdem sie hoffen konnte, als authentisches Werk Nachmans das Vertrauen chassidischer und anderer Leser gewonnen zu haben. Diese List war möglich, weil Rabbi Nathan von Nemirow in seiner Vorrede zum Druck von 1815 selbst darauf hingewiesen hatte, daß verschiedene Versionen kursierten und die Erzählungen nicht alle so wiedergegeben worden seien, wie es sich gehöre. Unvergleichlich wirksamer als dieser Angriff Perls aber war der breite Siegeszug der sich assimilierenden Rationalität und der Vernunfthoffnungen im Judentum. In der Helligkeit der endlichen Emanzipation und der Welt der abendländischen Bildung war den Nachmanschen Geschichten nur mehr wenig abzugewinnen, vom einfachen jüdischen Volk einmal abgesehen. Ein krasses Beispiel zeigt die *Geschichte des Chassidismus* des großen Historikers Simon Dubnow (ermordet 1942), der in Nachmans *Sippurej Maassijot* nur Hervorbringungen einer Phantasie im Fieberwahn sehen konnte.
Aber hat nicht schon 1906 der junge Martin Buber mit seinem ersten Werk, den *Geschichten des Rabbi Nachman*, sich dieser Vernachlässigung und Verkennung erfolgreich entgegengestemmt und den Namen Nachmans als den des »letzten jüdischen Mystikers« weit bekannt gemacht? Seine Auswahl aus den Erzählungen, zusammen mit (textgetreu wiedergegebenen) Aphorismen Nachmans ist schließlich aus dem Deutschen in zahlreiche Sprachen übersetzt worden; Teile davon sogar ins Hebräische, so daß auch hier die jüdische und die nichtjüdische Welt ihre Kenntnis vom Chassidismus Buber verdankt.
In diesem Jugendwerk ging Buber mit unbekümmerter Begeisterung ans Werk, sah sich über ein Jahrhundert hinweg als den wahren und verständigen Jünger Nachmans – im Gegensatz zu dessen Schülern wie R. Nathan – und schrieb Nachmans Texte in größter Freiheit um, nachdem er guten Glaubens versichert hatte, das von ihm Vorgefundene sei unzumutbar entstellt. (Die Selbstkritik und die Bescheidenheitstopoi

Nathans machten es den Späteren, von Josef Perl dem Satiriker bis zu Martin Buber dem Vermittler, leicht, ihre Neuschöpfungen zu legitimieren.) Bubers Erfolg war groß, und nur seine ostjüdischen Leser im Westen meldeten Zweifel an. Ansonsten scheint niemand nach dem Original und Bubers Verhältnis zu ihm gefragt zu haben. So schob sich Bubers eigenes Werk in bester Absicht zwischen Nachman und die meisten seiner Leser. Bubers Erfolg hat, so paradox es klingt, die Beschäftigung mit Nachmans Werk für fast sieben Jahrzehnte stagnieren lassen.

Nachmans erzählerisches Werk steht vom Mittelalter an bis auf seine Tage allgemein jüdisch und speziell chassidisch einzigartig da. Nicht, daß die ältere jüdische Kultur und Tradition nicht zu erzählen gewußt hätte – ganz im Gegenteil. Und im Chassidismus ist das Erzählen von Geschichten zu einer religiös wichtigen und verdienstlichen Beschäftigung geworden. Was macht Nachmans Sonderstellung aus? Nachman ist nicht ein auf Bibel, Talmud und Midraschliteratur, auf der schriftlichen und mündlichen Tora aufbauender, sie zitierender, tradierender und kommentierender, mehr oder weniger anonymer Traditionsautor, sondern ein seiner Autorschaft sehr bewußter Schriftsteller, auch da, wo er Folklore-Material aufgreift. Er schafft als einer der ersten überhaupt, ohne sich der Traditionsliteratur verpflichtet zu fühlen und ihr das hergebrachte Verhältnis steter expliziter Bezugnahme zu zeigen. Dies ist für sein erzählendes Werk um so bedeutsamer, als er in seinen Lehrvorträgen alle Bestandteile der schriftlichen und mündlichen Tora virtuos in seine Dienste zu nehmen vermag. Im Chassidismus speziell wandelte sich die traditionelle religiöse Einstellung zu *Maassijot*, Geschichten. Was zuvor als nutzloser Zeitvertreib mißbilligt worden war, gelangt nun zu besonderen Ehren. Die starke Betonung der Immanenz Gottes überall in der Welt weiß Gott nun auch in weltlichen Geschichten zu finden, die nun zu einem wirkungsvollen Instrument der religiösen Kommunikation werden. Auch für Nachman und Nathan »schreit die Herrlichkeit Gottes aus den Geschichten selbst der Gojim«. Charakteristisch aber für den Chassidismus allgemein sind die Erzählungen der Chassidim von und über ihre Zaddikim – Anekdoten, Aussprüche, Legenden und Wundergeschichten von eigenwilligen Charismatikern. Etwas überspitzt gesagt: neben Toraauslegungs- und Homilienliteratur nur Hagiographie. Wenn hingegen Nachman erzählt, ist nicht von Wundern die Rede. Und Hagiographie ist eher fehl am Platz, wenn aus Nachmans Dialektik und den Paradoxien seiner Persönlichkeit ein Vorbild für seine Chassidim gewonnen werden soll. Nachman erzählt, ohne sich je selbst zu nennen; alle Akteure seiner phantastischen Texte sind namenlos.

Nicht nur im Genre und um der schöpferischen Einzelpersönlichkeit ihres Autors willen unterscheiden sich Nachmans Texte. Nachman schaffte sich auch eine eigene Mythologie, d. h. er verband die Theosophie der lurianischen Kabbala in ihren zentralen Aussagen, wie sie dem Chassidismus in popularisierter und ethisierter Form vertraut waren, mit seinen märchenähnlichen alten und neuen Handlungssequenzen, Figuren- und Motivkonstellationen und brachte so genuin Eigenes und Neues hervor. Der lurianische Mythos von der Selbstverschränkung Gottes, dem »Bruch der Gefäße« und der damit notwendigen »Reparatur« ist wie alle großen Mythen flexibel, was Nachman mühelos zu nutzen versteht, so daß seine Erzählungen wohl von diesem Muster informiert und geprägt zu sein scheinen, nicht aber von ihm deformiert und ideologisch belastet werden.

Nachman als erzählend erzählte Persönlichkeit, die lurianisch-kabbalistische Grundaussage und die vorgefundenen oder geschaffenen Erzähl- und Handlungsmuster ergeben eine neue Verbindung, die mythopoetischen Glauben an die befreiende Kraft des Wortes bekennt. Bemerkenswert ist überdies, daß Nachman und Nathan das Erzählen und die Arten von Erzählungen theoretisch fortgeschritten zu reflektieren vermochten. Die Ansprüche, die mit Nachmans Erzählungen gestellt werden, bewegen sich auf einem Spektrum, das von höchster spiritueller Kraft noch »jenseits der Tora« bis zur Frage Nachmans reicht, was denn die Kritiker eigentlich wollten: »Sind's denn nicht hübsche Geschichten, schön zu erzählen?!« – Wir Leser von heute wissen diesen Spielraum zu schätzen.

Die 39 Jahre von Nachmans Leben spielten sich gewissermaßen zwischen »Eckdaten« der Geschichte des osteuropäischen Judentums ab. In jenen Jahrzehnten konsolidierte sich der Chassidismus, ohne daß man von einem fühlbaren Einfluß Nachmans sprechen könnte. In der Vielgestaltigkeit des Chassidismus, der eigentlich Lehre (und Praxis) religiöser Erneuerung ist und nicht Neuerungen bringende religiöse Lehre, nimmt Nachman dennoch eine Sonderrolle ein, da seine Lehre und Praxis Neuerungen und Eigentümlichkeiten über die Vielfalt des zeitgenössischen Chassidismus hinaus gebracht haben.

Als er im April 1772 geboren wurde, war der Baal Schem Tow, Stifterfigur des Chassidismus und Nachmans Urgroßvater, ein Dutzend Jahre tot. Im selben Jahr 1772 starb der einflußreichste Schüler des Baal Schem, Dow Baer, der »Maggid von Meseritsch«; seine zahlreichen Schüler und Kollegen waren in eine vielgesichtige und konkurrierende Selbständigkeit innerhalb des so schnell und mächtig in Südosteuropa erstarkten Chassidismus entlassen. Der Chassidismus hatte sich bereits als eine neue jüdische Kraft etabliert, wenngleich der Widerstand der traditionell-orthodoxen Opposition, der Mitnagdim, nicht gerade schwächlich war. 1772 versuchten die Mitnagdim zum ersten Mal mit Hilfe des Banns die Ausbreitung der Bewegung einzudämmen, doch ohne wirklichen Erfolg. Und 1772 begann mit seiner ersten Teilung die sichtbare Auflösung Polens.

Als Nachman im Oktober 1810 starb, war gut die Hälfte aller Juden in Rußland und im dreimal zerteilten Polen chassidisch. Aus kleinen Konventikeln war nur fünfzig Jahre nach dem Tod des Baal Schem Tow eine wohletablierte und institutionalisierte mächtige Strömung geworden, die sich seither an die Spitze der orthodoxen Richtungen gesetzt hat. Für manche Historiker beginnt aber bereits um 1810 der Niedergang des Chassidismus in den »Zaddikismus«, d. i. die bewundernde Abhängigkeit, ja Hörigkeit des einfachen Chassid von seinem allgewaltigen Zaddik, dessen Herrschaft sich fest auf die Entwicklung mächtiger Dynastien gründet (mit der Ausnahme der Bratzlawer . . .). Immerhin lebt der Chassidismus auch heute, und ein gewisser »Zaddikismus« muß dem Chassidismus notwendig inhärent sein, ist es doch der Zaddik, dessen besonderes und dauerhaftes »Haften« an Gott, *Dewekut,* und seine Kommunikation mit ihm wie auch sein »Abstieg« zu den Menschen, der seinem Chassid eine intensive Bindung des eigenen schlichten Lebens an »das verbrennende Feuer« Gott überhaupt erst ermöglicht. Und es bedurfte nicht erst des Machtzuwachses und der Dynastiebildung späterer Zaddikim, um die Analogien zwischen Gott und dem Zaddik sehr weit zu treiben, wie es gerade Nachman besonders intensiv tat – auch das charakteristisch für den Bratzlawer Sonderweg.

Die folgende biographische Skizze dient nicht der Spiegelung oder Erklärung der literarischen Schöpfungen Nachmans. Sie soll vielmehr einiges Licht auf seine zu wenig bekannte Persönlichkeit und seine Stellung im Chassidismus werfen.

Nachman wurde 1772 in Medzhibozh (Podolien, Ukraine) in die chassidische Elite hineingeboren. Sein Großvater väterlicherseits, Rabbi Nachman von Horodenka, gehörte zum engeren Kreis um den Baal Schem Tow (BeSchT, 1700-1760). Mütterlicherseits war Nachman Urenkel des Bescht und damit von Erwartungen und Verpflichtungen begleitet. Seine Mutter Fejge war eine Tochter der Hodel (Odel), der berühmten und verehrten Tochter des Baal Schem Tow. Fejge soll die seherischen Gaben ihrer Mutter geerbt haben. Zwei seiner Onkel mütterlicherseits waren führende Zaddikim, besonders der geehrt-gefürchtete Rabbi Baruch von Medzhibozh (ca. 1750-1812).

Nachmans Kindheit verlief äußerlich sorglos. In Medzhibozh war sein Urgroßvater begraben – ein Anziehungspunkt für viele Pilger, die bei ihren Besuchen viel vom Bescht und den anderen großen Zaddikim erzählen konnten. Unzweifelhaft waren auch hohe Erwartungen auf das Kind gerichtet. Bei der Darstellung seiner Kindheit fehlen die Klischees einer typischen talmudistischen oder chassidischen Kindheit; sie wird eher als grüblerisch und asketisch geschildert. Nachman habe große Einsamkeit verspürt und oft vergeblich nach Zeichen der Zuwendung und Nähe Gottes gesucht. Selbstverfaßte Gebete in der Muttersprache Jiddisch, das Auswendiglernen und flehentliche Herausschreien aller einzelnen Klagerufe in den Psalmen, nächtliche Besuche am Grab des großen Ahns und kalte Bäder zur Winterzeit gehören zu den Auffälligkeiten von Nachmans Kindheit. Das Lernen soll ihm schwergefallen sein, doch unter Tränen habe er sich mit zäher Geduld um das Verständnis eines jeden Worts gemüht. Dennoch muß er schon als Kind neben dem großen traditionellen Curriculum (wie Bibel, Mischna, Talmud, Rechtsentscheide) alles nur Erreichbare an kabbalistischer und ethischer Literatur gelesen haben. Auch philosophische und hebräische naturkundliche Bücher, die er später seinen Jüngern verbieten sollte, wird er studiert haben. Für die damalige Zeit ist es bemerkenswert, daß Nachman sich besonders intensiv die Bibel unmittelbar erarbeitete, so daß er auch in ihren entlegeneren Bereichen zu Hause war, was später dem

Lehrer, Tora-Ausleger und Erzähler zustatten kam. So intensiv aber sein geistiges und emotionales Leben gewesen sein mag – den Menschen um ihn herum zeigte er sich verschlossen.
Einen großen Milieuwechsel brachte die damals nicht ungewöhnliche frühe Heirat. Als kaum Dreizehnjähriger wird er mit Sossja, Tochter eines Steuerpächters aus dem weiter östlich, nahe dem Dnjepr gelegenen Dorf Ussiatyn, verheiratet. Wie üblich leben die jungen Leute bei den Eltern der Braut, wodurch es Nachman möglich ist, weiter zu »lernen«. Hier kann er auch seiner Liebe zu Gott und zur Natur ungestümen Ausdruck geben, Wälder und Felder zu Pferd und zu Fuß durchstreifen, sich auf dem großen Fluß treiben lassen und in Weite und Einsamkeit verlieren. Er freundet sich mit Schimon Baer an, seinem ersten Jünger und lebenslangem Vertrauten.
Seine von Kindheit an geübte Askese verliert an Naivität und wird strenger – er fastet wochenlang von einem Sabbat zum anderen (am Sabbat zu fasten ist streng untersagt), und bekämpft alle seine Begierden und Gelüste, um z. B. seinen Jähzorn zu überwinden. Ein großes Problem scheint die »allgemeinste« Begierde, die Sexualität gewesen zu sein. Mit ihr kämpft er zeitlebens in der Absicht, sie völlig zu brechen. Phantasien, Ängste, Konflikte und Schuldgefühle mögen ihn dazu gebracht haben, der Sexualität eine so große Bedeutung beizumessen. Im Unterschied zu den meisten chassidischen Richtungen besteht er auf der Notwendigkeit, diesen Trieb zu brechen. Nur das Gebot Gottes und »die Bedürfnisse der Frau« machen ihm Zeugung und Sexualität zur Pflicht. Nachman und Sossja haben sechs, vielleicht auch sieben Kinder miteinander, Töchter und einen Sohn.
In äußerlich ereignislosen Jahren entwickelt Nachman allmählich ein Bild seiner selbst, das sein ganzes Leben prägt. Er kennt große Selbstzweifel und leidet an sich selbst. Dies, zusammengenommen mit einer sehr hohen Selbsteinschätzung, lernt er aber nicht als Schwächen und Mängel zu sehen. Vielmehr werden die Selbstzweifel zu Kennzeichen seiner, wenn auch verborgenen, Größe und seines authentischen Zaddiktums. Seine Leiden sind »Leiden aus Liebe«, Leiden der Liebe Gottes und Leiden aus Liebe zu Gott – eine dem Judentum seit alters vertraute Sicht vom Leiden.
Alles in Nachmans Leben wird in diese Dialektik und in ein Koordina-

tensystem von höchster »Größe« und niedrigster »Kleinheit« eingefügt werden. Alles Leben spielt sich in Paradoxien und Extremen ab: äußerliche Siege, innere Versagens- und Schuldgefühle; innerliches Leben voll Reichtum, auszehrende Leere und Dürre. In Ussiatyn aber beginnen einige, Nachman als ihren »Rebben« zu betrachten, doch sein Ruf dringt nicht weit. Bei der Wiederverheiratung seines Schwiegervaters legt er auf der Hochzeit in Mohilew-Podolsk erstmals auf seine eigene Weise Tora aus und erregt öffentliches Aufsehen. Nachman zieht 1790 nach Medwedewka und nimmt, als die Mitgift aufgebraucht ist, widerstrebend die Rebbenschaft einer kleinen Gruppe von Chassidim an.
Wenngleich Nachmans Anhängerschaft auch allmählich wuchs, blieb sie doch geringer an Zahl als die der meisten anderen bedeutenden Zaddikim und ihrer »Schulen«. Nachman war kein volkstümlicher Zaddik, der stets ein offenes Herz und Ohr für die zahlreichen großen und kleinen Sorgen des Alltags gehabt hätte. Wohl konnte er liebevoll zugewandt sein, ebenso aber auch schroff und abweisend. Er schätzte die häufigen sabbatlichen Besuche seiner Chassidim nicht und beschränkte die Besuche Auswärtiger später auf nur drei Male im Jahr. Und gelegentlich enttäuschte er die Jünger, wenn er statt der erwarteten Lehrworte in langes Schweigen fiel oder sie ganz von sich wies. Nachman prüfte die zu ihm Kommenden eindringlich und nahm ihnen eine Art Lebensbeichte ab. Seine Anziehung muß überaus stark gewesen sein. Aus diesen frühen Jahren stammt eine Sammlung von Sentenzen und Lebensregeln, an der sich in Nachman ein Nebeneinander von Nachahmung großer Vorbilder und der Entfaltung eigener und origineller Gedanken zeigt. Neben der schon üblichen chassidischen Ermutigung zur Freude, auch der an Essen und Trinken, stehen strenge Nachmansche Weisungen. Auffallend nicht nur seine überaus zahlreichen Aussprüche zum Stichwort »Zaddik«, sondern auch die Betonung des Glaubens (*emuna*), die für das Judentum allgemein und den Chassidismus im besonderen als etwas ungewöhnlich gilt.
Das Ereignis von weittragender Bedeutung, auf das Nachman bis an sein Lebensende wieder und wieder zurückkommen wird, war seine Reise ins Land Israel zwischen Mai 1798 und dem Frühsommer 1799. Die beiden darüber verfaßten Berichte tauchen diese Reise in mythisches Licht und lassen sie als einen eigentlichen *rite de passage* erscheinen.

Abgesehen von den objektiv großen Gefahren einer solchen Reise wird jede, auch die geringfügigigste Besonderheit mit einer Aura von Bedeutungsfülle umgeben. Nichts, was der Meister getan oder was ihm zugestoßen, das nicht in das Ganze eines tieferen Sinns der Fahrt und zu ihren offenen oder geheimen Absichten, Hindernissen und Zielen passen würde. Die Einzelheiten und ihre Summe ergeben eine schier unauslotbare Sinnfülle, zeigen Wirkungen bis in die Fernen und hinauf in die höheren Welten.

Der Wunsch, das Land Israel zu sehen, war im 18. Jh. nicht mehr ungewöhnlich. Obwohl die Fahrt viele Fährnisse mit sich brachte und keineswegs jeder Reisende das Ziel erreichte – auch der Bescht mußte in Istanbul umkehren –, faßte Nachman den Entschluß, sich von nichts und niemandem abhalten zu lassen. Um seinen 26. Geburtstag kündigte er das Vorhaben an und wies alle Einwände und Klagen seiner Familie brüsk von sich. Anfang Mai 1798 brach Nachman mit dem Gefährten Schimon über Nikolajew und Odessa nach Istanbul auf. Sie sollten für die Reise vier Monate brauchen. In Istanbul war wegen der napoleonischen Kriegsgefahr ein Schiff nur sehr schwer zu finden. Nachman verhielt sich dort seltsam, verleugnete seine Identität vor anderen Juden und verwirrte sie durch provozierendes Benehmen. Er wollte, so heißt es, feindlich gesonnene dunkle Mächte und »Hindernisse« durch tarnende oder getarnte Niedrigkeit und Selbsterniedrigung irreführen und von sich ablenken. Nach mancherlei Abenteuern ging er Anfang September 1798, kurz vor den Hohen Feiertagen, in Haifa an Land. Chassidim nehmen ihn herzlich auf, doch umgehend bemächtigen sich seiner eine tiefe Niedergeschlagenheit und der Wunsch, nach Haus zurückzukehren. Als sei die Reise selbst wichtiger gewesen als das Ziel. Über den Aufenthalt selbst weiß man recht wenig. Nachman blieb in Galiläa, gelangte nicht nach Jerusalem. Immerhin besuchte er das Grab des Rabbi Schimon bar Jochai (2. Jh.), der als der Verfasser des Buches *Sohar*, der »Bibel der Kabbala«, verehrt wird und dem Rabbi Nachman sich seelisch zutiefst verbunden fühlte, da die »Messiasseele« auch in Rabbi Schimon bar Jochai eine ihrer Verkörperungen gefunden hatte.

Nach vergeblichen Versuchen, das Land zu verlassen, trieb die Kunde von Napoleons bevorstehender Belagerung der Hafenstadt Akko Nachman zur Abreise. In der Verwirrung fand er sich versehentlich auf

einem türkischen Kriegsschiff wieder, war dem Tode mehrfach nahe und wurde schließlich von Juden der Insel Rhodos freigekauft. Noch einige kleinere Abenteuer, und nach über einem Jahr war er zurück in der Ukraine. Wie sollte Nachman diese Reise vergessen – sie hatte ihm Zugang zu der höchsten Weisheit gewährt und ihn gelehrt, wie alle Gebote nicht nur »körperlich«, sondern auch rein »immateriell« erfüllbar sein können. Seine Reise war die geheime »Queste«, eine Reise durch die großen Wasser, Prüfung, Initiation, Erleuchtung und Neugeburt. Er hatte mehr erreicht als der Bescht und hatte alle Hindernisse überwunden. Auch seine Fähigkeiten als Erzähler dürften vielfach gefördert worden sein.
Kurz nach der Rückkehr zog Nachman um nach Slatopolje nahe Shpola; ein Schritt mit schwerwiegenden Konsequenzen: Dieser Ort war Sitz eines 75jährigen Zaddik, Rabbi Arieh Lejb von Shpola (1725 bis 1812), genannt der »Sejde« (Großvater, Alter) von Shpola. Nachman drängte sich in das Gebiet dieses verehrten Zaddik und verletzte unmißverständlich dessen Autorität. Der Shpoler Sejde nahm die Herausforderung an. Der Konflikt dauerte bis zu Nachmans Tod und führte unter anderem dazu, daß Nachman 1802 aufgab und weit nach Westen, nach Bratzlaw in die Nähe seines Onkels, des Baruch von Medzhibozh, zog. Für Nachmans Biographen wird der Sejde von Shpola zur Figur eines Helfers des Satan, wurde gar »Rebbe des Teufels« genannt. Für Nachman war er ein falscher Zaddik, einer der Pseudoführer und -propheten, die »den ganzen Tag in Tallit und Tefillin herumsitzen«. Rabbi Arieh Lejb seinerseits sprach Rabbi Nachman ab, ein wahrer und zur Menschenführung berufener Zaddik zu sein, was Nachman nicht unberührt lassen konnte. Auch andere Zaddikim werden ihn und seine Legitimität in Zweifel ziehen.
Dieser Zank mit dem »Alten«, in dem sich Nachman als der mißverstandene Unschuldige gab, und Nachmans Kritik am in die Jahre gekommenen Chassidismus weiteten sich immer mehr aus. Beide Kontrahenten suchten Parteigänger, um den anderen in den Bann zu tun, was keinem gelang. Aber von den Zaddikim, die zunächst für Nachman sprachen, blieb im Lauf weniger Jahre allein der berühmte Rabbi Levi Jizchak von Berditschew Nachmans Fürsprecher. Die Gründe für die konfliktreiche Entwicklung lagen sowohl in Nachmans unverbindlichem Wesen, in seiner schroffen inneren Uneinigkeit, als auch in der am

Ursprungsideal der Chassidut rückwärts orientierten Kritik. Diese Kritik mußte die zeitgenössischen Zustände und damit die dafür Verantwortlichen scharf aburteilen.

Der neue Enthusiasmus hatte in seiner frommen Rebellion und seiner geistlichen Erweckung starke Anziehungskraft ausüben können und hatte Tausende junger Menschen an sich gezogen, ohne dabei aber die überlieferte Auffassung von Tora und ihrer Praxis so zu dehnen und zu belasten, daß es zu einem Schisma gekommen wäre. Der Widerstand der Gegner, der Mitnagdim, war schwächer geworden: zum einen, weil die neue Chassidut so erfolgreich war, daß in manchen Regionen und besonders in der Ukraine Widerstand kaum Aussicht auf Erfolg hatte, zum anderen, weil man sah, daß sich die Chassidim und ihre Zaddikim zwar gelegentlich anstößig verhielten, aber nicht daran gingen, die Halacha und die damit verbundenen Ideale zu mißachten. (Sabbatai Zwi und Jakob Frank hatten ihre Grenzen antinomistisch zu überschreiten und zu sprengen gesucht, mit, wie es sich ansah, entsprechenden inneren und äußeren Katastrophen.) Chassidisch intensive Frömmigkeit im ganzen Lebensvollzug, der Vorrang des andächtig-emotionalen Betens vor dem Studium und die Verehrung charismatischer Persönlichkeiten, eben der Zaddikim, hatten den kleinen Aufbruch breit und populär werden lassen. Nach dem Tod des Bescht 1760 und dem des Dow Baer von Meseritsch 1772 kam es natürlicherweise zu Verzweigungen und damit zu Dissonanzen und konkurrierenden Führungsansprüchen. Macht, Einfluß und nicht zuletzt soziale und wirtschaftliche Beweggründe spielten dabei ihre Rollen. 40 Jahre nach dem Tod seines Urgroßvaters kritisierte Rabbi Nachman Veräußerlichung und Luxus, die sich an den »Höfen« einiger Zaddikim zu zeigen begannen. Statt als die Herausforderer ihrer Generation sähen sie sich als ihre Wahrer. Nachman geißelte Kompromisse dort, wo es für ihn auf Eindeutigkeit ankam, sah Verweichlichung, wo schlichte Ursprünglichkeit gefordert war. Ihm war der Chassidismus zu populär, zu wenig anspruchsvoll, zu weltlich und zu etabliert geworden.

An sich und seine Anhänger stellte Nachman steigende Ansprüche. Damit einher ging ein wachsendes Bewußtsein von seiner Besonderheit, ja Einzigartigkeit jenseits der Elite seiner Zeit. Mit dem Bewußtsein der Besonderheit wuchsen aber auch Selbstzweifel und Unsicherheit – eine

Aufgipflung, die wohl zu extrem schwankenden Seelenzuständen, nicht aber zu einem Zusammenbruch führte. Der Zaddik vermochte innere Unsicherheiten in Sendungsbewußtsein, auch in Dünkel und zuweilen in eine Art von heiligem Größenwahn umzuwandeln. Er beharrte auf der Einzigartigkeit von Person und Sendung, trotzig selbst gegenüber der mächtigen chassidischen Elite. Seine eigene äußere Einflußlosigkeit wurde geradezu als Zeichen der innerlichen, (noch) verborgenen wahren Macht interpretiert. Waren im ursprünglichen Chassidismus »fremde Gedanken aufzuheben« – sündige Ablenkungen bei Gebet, Studium und Gottesdienst –, so versteht Nachman nun seine Selbstzweifel als solche »fremde Gedanken«, die integriert, »aufgehoben« werden müssen. Die Selbstzweifel werden zu sublimen Geheimnissen seiner Seele.

Im Sommer 1802 ließ sich Nachman in Bratzlaw nieder, wahrscheinlich unterstützt von dem in der Nähe residierenden Rabbi Baruch von Medzhibozh. Der Konflikt zwischen ihnen brach nach einem Jahr aus. Hier, in der Kontroverse zwischen Enkel und Urenkel des Bescht konnte es nur um dessen Erbe und seine rechte Fortführung gehen. Erneut zeigte sich, daß Nachman aus der Kontroverse, der inneren wie der mit den Zeitgenossen, lebte. Die Anschuldigungen der anderen, so sagte er einmal, hülfen ihm, sein Los vor dem göttlichen Richterstuhl zu mildern, zukünftige Strafe schon vorab zu gewärtigen. Und: Je mehr Kontroverse, desto mehr Wasser gelangt an den Baum (d. i. der Zaddik) und desto besser wächst er.

Auseinandersetzung und Kampf gehören zu Wachstum und Reife. Man hat gesagt, Nachman glaube an einen Gott, dessen Größe sich gerade darin manifestiere, daß er bezweifelt werde; und dementsprechend an einen Zaddik, dessen Größe sich an seiner Verfolgung ablesen läßt und an eine Welt, worin Wahrheit nur durch unablässigen Kampf in sich selbst und mit anderen erlangt werden kann. Nachman sieht sich nicht nur als *den* verfolgten Zaddik, sondern auch als *den einzigen wahren* Zaddik seiner Zeit überhaupt. Ja oder Nein – an ihm scheiden sich die Geister. Gespött und Anfeindungen zwangen ihn dazu, diesen Anspruch nur indirekt und verhüllt zum Ausdruck zu bringen: »Es gibt einen Zaddik, welcher . . .« Der Anspruch war nicht Größenwahn; seine Komplexität und seine Begründungen standen sehr hoch. Das drückt sich etwa in der kabbalistischen Idee von jener besonderen Seele aus, die alle Menschenseelen bzw. alle Seelen Israels in sich enthält. Diese Seele wandert durch die Zeiten und erhält immer wieder in einigen wenigen Gestalten Körper, von Adam bis zum letzten, endgültigen Messias – Gestalten, zu denen auch Rabbi Nachman sich zuweilen zählte. Die messianische Seele enthält die »Familien« aller Seelen, d. h. in ihr sind alle Seelen in verschieden großer Affinität und Nähe wurzelhaft enthalten. So ist ihr Träger, der wahre Zaddik, ein verborgen mächtiger Herrscher, da in seiner Seele alle anderen verwurzelt sind. Der Vergleich mit Macht und Größe Gottes selbst drängt sich auf, wie denn überhaupt Nachmans Lehre diejenige chassidische Theorie und Praxis ist, die die Analogie und Parallelisierung von Gott und Zaddik weiter zieht als die anderen und vor kühnen Spekulationen über die Größe des Zaddik nicht zurückschreckt. (Hierin liegt ein tiefer Grund für die Weigerung der Bratzlawer Chassidim, außer dem wiedererwarteten Rabbi Nachman je einen anderen Zaddik oder »Stellvertreter« einzusetzen, weshalb sie auch die »toten Chassidim« genannt wurden . . .) Wie in einigen der archaischeren unter den Psalmen können auch hier die Widersacher des Zaddik zu Widersachern Gottes selbst werden, aber können auch die Kräfte und Fähigkeiten des Zaddik voll göttlicher Lebenskraft und Unmittelbarkeit sein, ohne die nicht gut leben ist. »Das Wort Gottes kommt aus dem Munde des Zaddik.«

In seiner ersten Bratzlawer Zeit war Nachman guter Dinge und ohne Schwermut, gab sich dem Tanz mit seinen Jüngern hin und feierte die Entdeckung Bratzlaws als etwas Großes: Bratzlaw ein neues Zion, Zentrum der Macht des Zaddik überhaupt, wenngleich noch halb verborgen. Nachmans Lehrvorträge waren voll lyrischer Kraft und mystischer Hochschätzung der Natur, die ihn umgab. Seine Lehren wurden wie Offenbarungsakte aufgenommen. Er lehrte seine Anhänger zu festen Zeiten – und das nicht nur drinnen im Lehrhaus, sondern zog auch lehrend mit ihnen durch die Natur. Er stellte das Ideal der täglichen *Hitbodedut* auf, das jeden Jünger auffordert, die freie Natur zur Einsamkeit vor Gott aufzusuchen, um mit dem Schöpfer zu sprechen und die Seele vor ihm auszugießen. Doch ließ er auch Kritik an seinen unverständigen Jüngern laut werden: Er habe nur wenige, wenn überhaupt, mit denen er sich wirklich unterreden könne.

In Bratzlaw fand auch Nathan Sternharz von Nemirow (1780-1845) zu Rabbi Nachman, nachdem er sechs Jahre lang »seinen« Zaddik gesucht hatte. Nathan von Nemirow wurde für die letzten neun Jahre von Nachmans Leben der vertraute Schüler, mit dem Nachman intensiv zusammenarbeitete, wenn es um die Aufzeichnung seiner Lehrgespräche und Dikta ging. Nachman verließ sich auf seine Aufzeichnungen und Formulierungsgabe. Nathan wurde der Redakteur und Übersetzer von Nachmans Erzählungen. Er widmete sein Leben dem Werk Nachmans und dessen Herausgabe im Druck. Seine eigenen Werke sind vom Geist des Meisters und Freundes durchtränkt.

In Nachmans Lehren fällt nun die zunehmende Betonung der Innerlichkeit des Individuums auf, die man »fast unjüdisch« genannt hat. Um im Gegensatz zu den Bestrebungen des Bescht und des Chassidismus allgemein das zu scharfe Sündenbewußtsein der Menschen ihrer Zeit zu verringern, förderte Nachman selbst das Bewußtsein seiner Sündhaftigkeit und brachte es wieder in seine Lehre und Spielart des Chassidismus hinein. Ihm war der Zaddik weniger derjenige besondere Mensch, der mittels seiner eigenen *Dewekut* die Jünger ständig Gott anhangen und mit ihm kommunizieren läßt, als vielmehr der gefährdete Befreier von Sünde. Der Zaddik löst und erlöst von Sünde und Sündenbewußtsein, so daß man bei Nachman von der Rückkehr zu einem vor-chassidischen, stark kabbalistisch geprägten Stand reden muß. Nicht, als hätte Nachman ignoriert, wie übermäßige Beschäftigung mit Sünde überhaupt erst sündigen lassen kann. Sein Sündenbewußtsein wird gewissermaßen dadurch legitimiert, daß Nachman lehrte, Heiligkeit könne sich gerade durch ihre Abwesenheit erweisen, oder, anders und faßlicher ausgedrückt, daß »nur ein gebrochenes Herz ein ganzes Herz« sei. Wenn der Zaddik weniger der stets gottverbundene ideale Mensch ist, sondern eher der, der die Distanz von Gott und die Distanz Gottes schneidend verspürt, dann ist verständlich, daß bei Nachman auch in Hinsicht auf das endzeitliche Interesse eine Rückwendung zur Kabbala der Zeit vor dem Chassidismus stattfindet. Im Chassidismus war – nach dem sabbatianischen Fiasko – im allgemeinen keine besondere messianische Unruhe zu verspüren, außer bei Rabbi Nachman von Bratzlaw. Seine Hoffnung auf den *tikkun,* die langwierig zu erreichende endgültige (Wieder-)Einrichtung der uranfänglich intendierten Harmonie in und zwischen den oberen Welten und der untersten Welt, unserer Schöpfung, führte Nachman allmählich zu spürbaren messianistischen Hoffnungen und Aktivitäten. Eine erste offenere Andeutung zur Erlösung und seiner möglichen messianischen Rolle darin tat er auf der Hochzeit seiner Tochter Sara im Frühjahr 1803. Die Geburt des einzigen Sohnes Schlomo Ephraim im Frühling 1805 ließ die Hoffnung auf die nahe, durch ihn oder mit seiner Hilfe herbeigeführten Erlösung des Hauses Israel mächtig ansteigen. (Beide Familien, denen Nachman entstammte, beriefen sich übrigens auf davidische Abstammung.)

Es fällt schwer, im einzelnen zu analysieren, welche messianischen Vorstellungen Nachman aus der Fülle der möglichen übernommen und für sich entwickelt hat. Es scheint, als habe er sich vor allem als den Messias ben Joseph, den Mitmessias und leidenden »Vorläufer« des siegreichen Messias ben David gesehen. Die anschwellende Erwartung des Nahens der Erlösung ist am besten ablesbar an den besonderen privaten Riten, die Nachman sich und seinen Jüngern nun einrichtete, individuelle Fasttage und spezielle Zusammenstellungen einzelner zu sagender Psalmen – Zeichen einer kurzfristigen Endzeiterwartung. Im Frühjahr 1806 sandte Nachman zwei seiner Jünger aus, damit sie Nachmans Lehre unterwegs behutsam doch deutlich genug unter das Volk brächten, des Inhalts, daß die Erlösung sich vorbereite, und dabei wohl auch etwas über Nachmans besondere Rolle. Ebenfalls im Frühsommer 1806 nahm Nachman den Brauch von Kabbalisten des 16. Jhs. wie Rabbi Jizchak Luria in Galiläa wieder auf, freitagnachmittags weißgekleidet der Prinzessin Schabbat in den Feldern entgegenzugehen.

Nur wenig später jedoch brachen Nachmans messianistische Aktivitäten wie ein Kartenhaus zusammen. Die Aussendung der beiden Jünger wurde ein Fiasko. Nachmans Sohn starb, kaum ein Jahr alt, im Juni 1806. Wenn hiermit und durch noch andere Ereignisse das Herbeidrängen des Endes jäh und schmählich scheiterte, so waren doch Nachmans Hoffnungen langlebiger und sollten ihn nicht verlassen. Vielleicht würde sich das Kommen des Messias wegen des Todes seines Sohnes hinauszögern. Vielleicht würde Messias erst nach und durch den eigenen Tod kommen können, wenn denn Nachman das Kommen eines letztendlich erfolgreichen Messias vorbereitete.

Unzweifelhaft aber ist, daß Nachmans große Erzählungen intensiver mythopoetischer Ausdruck und vielfache Variierung seiner Erlöser- und Erlösungshoffnungen sind. Sie geben der messianischen Sehnsucht einen innerlichen, auf die Kraft des Wortes allein bauenden Ausdruck. Nachman wußte lange vor 1806 schon Geschichten zu erzählen, doch setzte sich erst in den kanonischen Erzählungen die volle Identifikation mit messianisch aktualisierter *tikkun*-Hoffnung durch – von der ersten, unvollendeten, bis zur dreizehnten, unvollendeten, Erzählung; unvollendet, weil Nachman sich selbst eine Rolle im entscheidenden Geschehen zusprach.

Nach dem Scheitern entschloß sich Nachman 1807, Bratzlaw zu verlassen, für immer, wie er sagte, um sich auf eine Reise zu machen, incognito und ohne Ziel, eine Sühne- und Bußfahrt also. Eine solche Reise ist nicht nur ein der Romanzenliteratur vertrauter Topos, sondern muß auch zeitgenössisch Faszination ausgeübt haben, was Nachman selbst mit den umherwandernden Suchenden seiner Erzählungen verbindet. Sinn und Ziel dieser Reise lassen sich kaum anders erklären denn als Ausdruck einander widerstrebender Gefühlsbewegungen, auch solche der Schuld und eines daraus entspringenden Wunsches nach Einsamkeit und Sühne. Gleichviel ob Apotheose oder Scheitern, eine Reise kann ontologische Erfahrung sein und sinnbildlich für das Ideal der Vollkommenheit stehen. Vielleicht ist auch diese Reise nur ein weiterer Versuch, sich selbst und alle Menschen zum *tikkun* zu bringen? Sie wird als »die Reise nach Nawritsch« bezeichnet, weil Nachman dort sein Umherziehen abbrach und über Ostrog nach Saslaw zurückkehrte, wo die Familie seiner an Tuberkulose tödlich erkrankten Frau Sossja lebte. Dorthin ließ er Sossja nachkommen, wo sie Anfang Juni 1807 starb. Bereits im August wurde für Nachman eine zweite Ehe arrangiert, die drei Monate nach Sossjas Tod geschlossen wurde (ohne je, laut einer späteren Quelle, vollzogen worden zu sein). Um diese Zeit treten die ersten Anzeichen der Tuberkulose auch bei Nachman auf. An einem Sabbat kurz nach der Rückkehr nach Bratzlaw erzählte er »seine ganze Reise«, die siebte Erzählung.

Ende 1807 begab er sich für acht Monate nach Lemberg (Lwow) in Behandlung, d. h. Liegekuren – eine Zeit, die von dem geschwächten Lehrer keine Vorträge und Erzählungen überliefert. In einer späten Notiz ist jedoch zu lesen, Nachman habe dort einige Geschichten erzählt, von denen besonders die aus dem Land Israel großen Anklang gefunden hät-

ten. Immerhin betrieb er in Lemberg die Veröffentlichung seiner Lehrvorträge und Homilien, deren erster Teil, von Rabbi Nathan redigiert, noch zu seinen Lebzeiten 1808 erschien. Im galizischen, zu Österreich gehörigen Lemberg kam Nachman nicht nur mit dem allgemeinen westlichen, von Wien sich verbreitenden »Geist des Fortschritts« weitaus stärker als in Bratzlaw in Berührung, sondern pflegte auch persönliche Kontakte mit Vertretern der jüdischen Aufklärung. Selbstverständlich hielt er die Haskala für äußerst gefährlich, konnte sich aber auch nicht einfach losmachen von der Anziehungskraft, die das rationalistische Denken und seine gebildeten Repräsentanten auf ihn ausübten. Von Lemberg aus befahl er plötzlich, ein großes und geheimes Manuskript in Bratzlaw zu verbrennen, weil er dieses Werk als mitschuldig am Tode des Sohnes, an dem seiner Frau und an seinem eignen Scheitern ansah.
Mit scharfer Kritik an der »Doktorei« und in nicht besserer physischer Verfassung kehrte er 1808 aus Lemberg zurück. Seelisch jedoch war ihm wohler, Freude und Gottvertrauen wurden wieder zu Themen seines Lehrens. Zwischen Sommer 1808 und April 1810 trug er den Jüngern die umfangreichen Erzählungen neun bis dreizehn vor. Im Mai 1810, fünf Monate vor seinem Tod, verließ Nachman Bratzlaw erneut, um in das östlicher gelegene Uman zu ziehen. Bratzlaw war ihm zu eng geworden. Uman war eine Stadt, in der wohl sechsmal so viel Juden lebten. Er kannte sie von früheren Besuchen her und war besonders von dem alten jüdischen Friedhof angezogen, denn auf ihm waren die Opfer eines ukrainischen Massakers von 1768 beigesetzt worden. Es heißt, daß er die Seelen dieser Opfer durch seinen Tod erlösen wollte. Und er wünschte, auf diesem Friedhof begraben zu werden.
Aber schließlich gab es auch in Uman eine kleine Zahl von Maskilim, mit denen er bereits 1802 in Kontakt gekommen war. So wohnte er jetzt zur großen Verstörung mancher seiner Jünger im Hause eines solchen »Freidenkers«. Das war die gefährliche äußerste Grenze Israels und, kabbalistisch ausgedrückt, die »Stirn der Schlange«, das Böse in Israel und außerhalb Israels, gegen das Nachman kämpfte. Die irritierende Intimität mit den Maskilim erklärte Nachman mit dem notwendigen »Abstieg« des Zaddik bis hinab zu den »Kräften der anderen Seite«; dunkle Mächte, die aber auch Anziehungskräfte auf ihn ausübten. Und sei es

nur, daß man miteinander diskutierte und Schach spielte. Nachman ließ sich aus der neuen deutschen Literatur vorlesen, unter anderem Schillers *Kabale und Liebe*. Die treugebliebenen Jünger hingegen erfuhren keine gute Behandlung; er fühlte sich in seinem Ringen unverstanden und kritisierte sie scharf. Bei ihrem Besuch zu Schawuot ging er so weit, sie anzuherrschen: »Ihr seid mir nicht sündhaft genug, daß ich euch lehrte . . .«

Am Sabbat der Tröstung, Nachamu, Mitte August 1810, mahnte Nachman die in Uman anwesenden Jünger: »Verzweifelt nicht! Es gibt keine Verzweiflung.« Und weiter heißt es: »Er brachte diese Worte langsam und mit großem Ausdruck hervor und sagte: ›Es gibt gar keine Verzweiflung.‹ Er sagte diese Worte mit solcher Stärke und wunderbarer Tiefe, daß er damit jedermann für alle Zeit lehrte, daß man nie verzweifeln dürfe, was auch immer es ist, das man zu erleiden habe.«

Rabbi Nachman starb im Oktober 1810 in den Tagen des Laubhüttenfestes. Sein Grab ist der einzige noch erhaltene Rest des alten Umaner Friedhofs. Es liegt heute im Hinterhof eines Wohnblocks. Den Bratzlawer Chassidim stellt es die höchste Vollkommenheit des Landes Israel dar. Fast möchte man sagen: Ubi Nachman, ibi Jerusalem. Und so wie Nachman seine große Kraft aus seiner Fahrt ins Land Israel genommen hatte, so streben seine Chassidim danach, wenigstens einmal im Leben, koste es was es wolle, am Grab des »lebendigen Wassers, der Quelle der Weisheit« stehen zu dürfen. An jedem Sabbat aber, der auf sein Ende zugeht, wird in den Bet- und Lehrhäusern der Bratzlawer aus den *Sippurej Maassijot* vorgetragen – ein Heute, das sich bewußt ist, mehr als das Heute zu sein.

Glossar

Adam eljon ›oberer Adam‹, auch Adam kadmon, die erste Manifestation des göttlichen Schöpfungs- bzw. Emanationsprozesses. Urbild des ›ersten Adam‹ der biblischen Schöpfungsgeschichte.

Andere Seite aramäisch: ›sitra achra‹, Bezeichnung für das von der Gottheit abgespaltene Böse.

Baal Schem Tow abgekürzt Bescht, wörtlich ›Meister des guten (göttlichen) Namens‹; Ehrenbezeichnung des Rabbi Israel ben Eli'eser (ca. 1700–1760), der Gründerfigur des → Chassidismus. Er wirkte als charismatischer Wanderprediger, Erzähler, Amulettschreiber und Wunderheiler. Seine Lehren und Taten wurden von seinen Schülern und im Volksmund bewahrt.

Baal Tefilla Vorbeter.

Bruch der Gefäße kabbalistische Bezeichnung der Urkatastrophe beim Schöpfungs- bzw. Emanationsprozeß. Die Gefäße zerbrechen an der Überfülle des Lichts, das sich mit der (unteren) Materie vermischt; eine ›Erklärung‹ der Entstehung des Bösen (auch als »Tod der Könige« bezeichnet).

Chassid »Frommer«, inhaltlich kein Gegensatz zu Zaddik; hier: Mitglied einer chassidischen Gruppe, die meist um einen → Zaddik geschart ist.

Chassidismus (hebr.: ›chassidut‹) Erneuerungs- und Erweckungsbewegung, die im 18. Jh. im südöstlichen Polen und in der Ukraine aus verschiedenen asketischen und mystischen Bewegungen nach den inneren und äußeren Katastrophen des 17. Jhs. (Chmielnicki-Pogrome, Sabbatianische Bewegung, Jakob Frank) zu einer Massenbewegung anwuchs. Strebt Neubelebung und Befriedigung der geistig-religiösen Bedürfnisse der weniger torakundigen einfachen Leute an, betont darum anfangs und später den Vorrang des andächtigen Gebets vor Torastudium und Toragelehrsamkeit. Popularisiert und ethisiert die Systeme der → Kabbala, betont die Freude und die Möglichkeit, Gott in seiner Immanenz durch alles Tun und durch alle Dinge hindurch, meist durch die Vermittlung eines Zaddik, anhangen (→ Dewekut) zu können.

Dewekut die enge Bindung an Gott, das ›Haften‹ und ›Hangen‹ an ihm; zentraler Begriff und Ideal des Chassidismus, wird dem einfachen Chassid durch die Dewekut des Zaddik möglich.

Elija Prophet, lebendig in den Himmel aufgefahren, Helfer und Tröster der Armen, Herold der messianischen Zeit, sehr volkstümliche Figur.

Eretz Israel Land Israel.

Frank, Jakob (1726–1791) gründete 1756 eine extreme sabbatianische (→ Sabbataj Zwi) Sekte in Podolien (Frankisten) mit anarchistisch-nihilistischen Tendenzen und Scheinkonversionen zum Katholizismus.

Hitbodedut Begriff der Bratzlawer: sich in die Natureinsamkeit regelmäßig zurückziehen, um mit dem Schöpfer zu sprechen, das Gewissen zu erforschen und zu meditieren.

Ijjar achter Monat des jüd. Kalenders, April/Mai, 29 Tage.

Kabbala wörtl. ›Überlieferung‹, bezeichnet die esoterisch-mystischen Strömungen des Judentums. Zahlreiche und komplexe spekulativ theosophisch-mythische Systeme. Entsteht unter neoplatonischen Einflüssen, die mit eigenen biblischen u. a. Vorstellungen verschmolzen werden. Entfaltung seit dem 12. Jh. Nach der Vertreibung von der Iberischen Halbinsel mit stärker endzeitlich eschatologisch ausgerichteter Tendenz. Spätform, die außer der Soharliteratur Nachman beeinflußt, ist die → lurianische Kabbala.

Likkutej Moharan Titel der gesammelten Toravorträge und -homilien Rabbi Nachmans; in zwei Teilen 1808 und 1811 erstmals veröffentlicht.

Luria (lurianische Kabbala) R. Isaak Aschkenasi Luria, gen. der ARI (1534–1572), entwickelte das letzte große, sehr gnostisierende, kabbalistische System in extremer Umformung früherer Konzepte. Lehrte eine scharfe Scheidung zwischen göttlichem Ungrund und der Welt der Emanation. Dramatisierte den einlinig progressiven Lauf der Emanationen in mehrere Akte → Zimzum, Bruch der Gefäße und den Prozeß des Tikkun.

Knesset Israel wörtl. ›Versammlung Israels‹, bezeichnet die physische und spirituelle Gesamtheit des jüdischen Volkes. Partner und Gegenüber der → Schechina.

Kascha russ., Gericht, Grütze aus Buchweizen u. ä.

Kiddusch ha-Schem wörtl. ›Heiligung des (göttlichen) Namens‹, d. i. das Martyrium.

Maggid Künder; Bezeichnung volkstümlicher Buß- und Wanderprediger vor und im Chassidismus.

Marrano, Marranen ursprünglich ein Schimpfwort, bezeichnet die im 14. und 15. Jh. in Spanien und Portugal Zwangsgetauften, die insgeheim ihr Judentum weiterzuführen suchten; vielfach Opfer der Inquisition; Auswanderungen.

Maskil aufgeklärt, aufklärerisch; Anhänger der Haskala.

Menora Leuchter, insbesondere der siebenarmige; altes Symbol des jüdischen Volkes; kabbalistisch Symbol der zehn Sefirot → Sefira.

Messias ›Gesalbter‹, Heilbringer; menschliche Figur, auf die sich vielfältige und unterschiedliche, apokalyptische oder restaurative, Zukunftshoffnungen konzentrieren.

Messias ben David die aus dem Hause und dem Geschlecht des König David stammende Messiasfigur, endlich siegreich, im Gegensatz zu

Messias ben Joseph (auch ben Ephraim) die Messiasfigur aus dem Stamm Ephraim bzw. Joseph; wird vor dem Kommen des Messias ben David erwartet, leidet und fällt im Entscheidungskampf um die Erlösung.

Midrasch ›Erforschung‹; aktualisierende Auslegung der schriftlichen Tora durch die Rabbinen und Weisen des Frühjudentums und der talmudischen Epoche.

Mikwe Tauchbad mit ›lebendigem‹ (Fluß- oder Regen-)Wasser zur rituellen Reinigung. Im Chassidismus auch vor dem Gebet benutzt.

Minjan die für den öffentlichen Gemeindegottesdienst erforderliche Mindestzahl von zehn männlichen Betern (ab 13 J.).

Mitnagged ›Gegner‹, pl. mitnagdim, die traditionell-rabbinischen Gegner des Chassidismus. Für die Bratzlawer auch die gegnerischen Chassidim.

Mussar ›Zucht‹, Ethik; die auf die spirituelle und ethische Praxis zielende Literatur.

Name ›Der Name, er sei gepriesen‹, geläufige Segensformel bei Erwähnung Gottes, dessen Name nicht ausgesprochen wird.

Niggun Melodie; Lied ohne Worte.

Nissan siebter Monat, Beginn des Frühlings, März/April, 30 Tage.

Nistar Verborgener (Zaddik); einer der 36 verborgenen Gerechten, dank deren die Welt Bestand hat.

Pessach erstes der drei Wallfahrtsfeste, Feier des Auszugs aus Ägypten, am 14. Nissan Festmahl (Seder).

Raw Meister, Lehrer; Bezeichnung des ordinierten offiziellen Rabbiners im Gegensatz zu Rabbi oder Rebbe.

Rebbe chassidischer Rabbi, Zaddik, nicht unbedingt auch ordinierter Rabbiner.

Sabbataj Zwi (1626–1676) rief sich 1665 zum Messias aus und verkündete mit großem Echo die nahe Erlösung Israels. Nach seiner Konversion zum Islam lebte die messianische Bewegung dennoch weiter, indem sie den Abstieg des Messias in das Reich der Sünde als erlösungsnotwendig lehrte. Der Sabbatianismus war ein wichtiger Faktor für

Entstehung und Entwicklung auch des Chassidismus.

Samael alter Name für Figuren des Bösen; Bezeichnung des Teufels als Ankläger (der Sünden) Israels.

Schawuot ›Wochenfest‹; 50 Tage nach Pessach, erstes Erntedankfest. Gedenken der Tora-Gabe am Sinai.

Schechina ›Einwohnung‹; die Gegenwart Gottes; femininer Aspekt der Gottheit; die zehnte, der ›unteren Welt‹ nächste → Sefira (Malkhut), Spiegel und Filter zwischen Gottheit und Schöpfung.

Sefira pl. Sefirot; Emanationen aus dem göttlichen Ungrund bilden als zehn Potenzen Wirkkräfte und Aspekte des innergöttlichen Lebens und seiner Wirkungen ein komplexes kommunikatives System, das sowohl die irdische Welt beeinflußt als auch von Israels Tun beeinflußt werden kann, da auch die Sefirot der Reharmonisierung, des → Tikkun bedürfen. Teilen sich in drei obere (Keter bzw. Chochma, Bina und Daat) und sieben untere Sefirot.

Sejde jidd.: Großvater, Alter.

Siddur das Gebetbuch für den täglichen Gottesdienst.

Sohar ›Glanz‹; Sammelname für das Hauptwerk der Kabbala (›Bibel der Kabbala‹) in Form von Auslegungen der Tora, Homilien usw. Entstand im 13. Jh. in Spanien, wird traditionell aber dem palästinischen Rabbi Schimon b. Jochaj (2. Jh.) zugeschrieben.

Sprüche das biblische Buch Mischlej, Proverbia Salomonis.

Sukkot Hütten; Laubhüttenfest, drittes Wallfahrts- und zweites Erntedankfest im Herbst.

Tallit Gebetsmantel, viereckiges Tuch aus Wolle oder Seide, weiß mit blauen oder schwarzen Streifen, wird beim Morgengebet angelegt.

Talmud größtes Werk der ›mündlichen Tora‹, umfaßt die Diskussion vor allem der Halacha aus ca. 5 Jahrhunderten.

Tefillin lederne Gebetsriemen (griech. Phylakterien), am linken Arm und auf der Stirn beim Morgengebet getragen.

Tikkun ›Besserung‹, ›Wiederherstellung‹; kabbalistischer Begriff für den langwierigen Prozeß der Erlösung, bei dem der Mensch durch sein Tun und Lassen mitwirken muß, indem die im → Bruch der Gefäße ›herabgefallenen Funken‹ aufgehoben und zu ihrem göttlichen Ursprung zurückgeführt werden.

Tikkunej Sohar ein Buch der → Sohar-Literatur.

Tikkun Chatzot mitternächtlicher Gebetsgottesdienst besonders der Kabbalisten zum Gedächtnis der Zerstörung des Tempels und des Verlusts des Landes.

Tora Lehre, Weisung; im engeren Sinn die feststehende Tora, schriftliche Tora, d. i. der Pentateuch (das Fünfbuch, Genesis bis Deuteronomium); im weiteren Sinn auch die gesamte hebräische Bibel; sowie als dynamisches Konzept die ›mündliche‹ Tora, d. i. die weitergehende Auslegung und Aktualisierung der schriftlichen Tora in Midrasch, Talmud und Kommentaren.

Zaddik wörtl. ›gerecht‹, Gerechter, heiliger Mann; in der Bedeutung → ›Chassid‹ nicht entgegengesetzt; bezeichnet im → Chassidismus den charismatischen Menschen- und Seelenführer; die höchste weltliche und religiöse Autorität und das Vorbild für den Chassid.

Zimzum Zusammenziehung; in der → lurianischen Kabbala der Akt der Selbstbeschränkung der alles erfüllenden Gottheit, wodurch ›leerer Raum‹ für die Schöpfung (Emanation) entsteht, in dem sich bei diesem Prozeß die Urkatastrophe des → Bruchs der Gefäße ereignet.